U0897549

文案功夫

成为金牌文案的6大核心能力

乐剑峰 著

中信出版集团 | 北京

图书在版编目（CIP）数据

文案功夫：成为金牌文案的6大核心能力 / 乐剑峰
著. -- 北京：中信出版社，2019.9
ISBN 978-7-5217-0797-7

Ⅰ. ①文… Ⅱ. ①乐… Ⅲ. ①广告文案—写作 Ⅳ.
① F713.812

中国版本图书馆 CIP 数据核字（2019）第 140187 号

文案功夫——成为金牌文案的6大核心能力

著　　者：乐剑峰
出版发行：中信出版集团股份有限公司
（北京市朝阳区惠新东街甲4号富盛大厦2座　邮编　100029）
承 印 者：北京尚唐印刷包装有限公司

开　　本：880mm×1230mm　1/32　　印　　张：13.75　　字　　数：179千字
版　　次：2019年9月第1版　　印　　次：2019年9月第1次印刷
广告经营许可证：京朝工商广字第8087号
书　　号：ISBN 978–7–5217–0797–7
定　　价：75.00元

目录

第三章
布局功：打造文案内部的黄金结构

第四章
醒目功：强化文案外在的视觉效果

第五章
异想功：拓展创意的思维边界

第六章
穿越功：探寻广告的守恒原力

序　我相信笨功夫的力量

一转眼，我竟然已经在创意行业折腾了 20 多个年头。

到今天，还常有读者告诉我说当初是因为看了我的书，被文案的魅力所吸引，才决定投身广告业。可后来才发现，理想丰满，现实骨感，真实的职业人生远不如想象的那样光鲜。这个时候，我往往会劝他们再等一等，再给自己一点时间。

因为，文案是一门功夫，它需要热情，更需要恒心。

我相信笨功夫的力量。它可以让我们坦然面对那些必须要经历的磨砺。大学毕业时，我坚持用几十封手写的求职信，打动多位国际 4A（美国广告代理协会）公司的老板，获得了北上广的面试机会。我从月薪 1 500 元的见习文案起步，一直做到创意总监，后来又去大学教书，办了公司、学院，甚至还有网络电台。一路起伏，虽然被外界称为“金牌文案”，但我其实更愿意把自己称作“杂牌文案”。不放过每一次值得尝试的机会，让我这个平凡的广告人，收获了不一样的人生。

我相信笨功夫的力量。在奥美、盛世长城这样的公司里，我有幸与广告界的传奇大佬、各国高手共事，我知道，只有多出几倍的付出，才能跟上他们的节奏以及对专业品质的苛求。下班后，我通常都会留在公司资料室不走，从当时罕见的外文创意杂志（*Shots*、*Archive*、*US AD Review* 等）中，找出那些犀利而又隽永的文案，然后一笔一画、逐字逐句地摘录在我的小本子里。多年之后，我创建了自己的公众号“创意渐疯”、编写了热销教材《文案不哭》，正是得益于这段经历。如今，回望那些苦行僧般的日子、那些因创意而闪亮的夜晚，它们就像大海中的灯塔，让我得以在迷雾中辨明自己的航向。

我相信笨功夫的力量。有人说，这是个全民创意的时代，大家都活跃在社交媒体里：手机里，都是民间神文案；各种全球大奖，戛纳、纽约、金铅笔，第一时间就能看到，而且统统免费。广告好像不再是个专业了。果真如此吗？唾手可得的资讯，并没有让我们的创作变得更容易；碎片化的传播语境，让广告的保鲜期变得更短。作为创意人，不仅要关注热点，更需要发掘更清晰的品牌理念，去缔结品牌与消费者之间的联系。这种能力，不是一朝一夕就能练成的。

我相信笨功夫的力量。要想在一个行业扎根，总得有几样看家本领，总得掌握一些“不管环境怎么变化，都不会过时，都不怕找不到工作”的技能。从麦迪逊时代的广告，到现在的社交媒体、超级 IP（知识产权）、网红经济，虽然传播的手段已变，但是能够打动人心的内容，其实没太大变化。很多新人最需要提高的，并不是嘴上挂多少个新名词，而是沉下心来，去观察和理解人性，学习成功品牌的规律，找到自己的兴趣与所长，循序渐进。

我将这些年来的切身感悟，总结成了这本《文案功夫》，分享给所有对文案怀有热忱的人。我希望此书能跳脱教科书式的框架，以一系列面向实战的方法论，帮助大家提高创作能力，而不仅停留在理论的认知上。我将职业文案所需要的核心技能，归纳成六项基本功，它们分别是：

1. 护体功：如何建立文案的基本认知，掌握三大硬核手艺，标题、命名、广告语。

2. 透视功：如何洞悉文案的策略逻辑，运用沟通指南针，直击品牌的传播目标。

3. 布局功：如何打造文案的黄金结构，用最凝练的文字，环环相扣，传递最丰富的信息。

4. 醒目功：如何建立视觉系思维，选对字体、版式与图片，激活图与文的化学反应。

5. 异想功：如何拓展创意的思维边界，解读无中生有的窍门，让灵感源源不断地产生。

6. 穿越功：如何探寻广告的守恒原力，让战胜时间的创意手法，制造刷屏新热点。

这六项基本功，既是职业文案人的日常，也值得每一个营销人反复锤炼。

在各种“爆款文案、带货文案”盛行的今天，很多人觉得似乎只要套用一些公式，就能马上实现“月薪三万”。但事实上，我们要修炼的功夫，除了眼前的文字技巧，更需要经得起时间推敲的内力沉淀。理论上的招式，只有加上真刀真枪的实战，才能转化成内心的“功夫”。

武术宗师李小龙说：“我不怕练一万招的人，我只怕把一招练一万遍的人。”如果这本书也能让你认同这种专注的意义，并坚持探索属于自己的文案之路，那正是我所期待的。

我相信笨功夫的力量。更多经验分享，请关注“创意渐疯”微信公众号与我交流，也欢迎各位在知识星球 App（应用程序）上，搜索由我主讲的“创意乐学”，加入 365 天学习不间断的文案人成长社群。让我们一起见证时间给予的答案。

乐剑峰

2019 年 8 月，于上海定西路

第一章

▼

护体功

掌握文案职业的必备技能

你真的了解文案吗？

钻石恒久远，一颗永流传；滴滴香浓，意犹未尽；科技以人为本；祝你百事可乐……这些经典的广告口号，相信大家都不陌生。时隔多年之后，就算市场环境已经发生了天翻地覆的变化，品牌王者亦不复昨日的光彩，但那些年我们听过的文案，却似乎有一种独特的穿透力，在我们的脑海中挥之不去。

近年来，随着社交媒体与电商平台的发展，文案在商业营销中的价值，被越来越多的人所关注。无论是广告人、企业主、媒体人，还是普通的消费者，都会意识到：文案已经全方位地渗入我们工作和生活，在快速更新、快速迭代的自媒体时代，文字成了见效最快的传播利器。文案这一职位，也已经成了公司里不可或缺的专业岗位，不仅是广告公司，就连企业、媒体和政府组织，也开始寻找专职的文案写手，专门从事创意传播。

文案的基本认知

在这个就连发条朋友圈也需要好文案的年代，文案写作能力，的确称得上人人必备的技能了。但是，与市场对于文案人才的迫切需求相比，职业文案的角色和定位还是很模糊。人们折服于文案的力量，却始终无法统一对文案的认知。我们经常听到这样的问题：什么是文案？到底怎样才算好文案？文案需要学习吗？为什么有些人文采斐然，却无法胜任文案工作？有些人没做过一天广告人，却能轻松写出十万+的段子？爆款文案，对品牌有没有价值？文案工作的前途，到底在哪里？

基本认知一：没有人喜欢看广告

带着这些问题，在本书的开头，我想先请大家来确立一个最基本的认知。有了这个基本认知之后，你就会明白，我们为什么要花那么大的力气来学习关于文案与创意的方法。可以说，这个认知是本书所依托的基石，它就是：没有人喜欢看广告，至少不会主动要求看广告。

看广告是一个被动接收的过程，人们买报纸、看电视、上网是为了里面的新闻或者节目，而不是穿插其中的广告。对读者或观众而言，那些趁人不备肆意叫卖的广告，就是一种干扰，会让他们无法持续地接收信息。只不过有些广告富有娱乐性，突破了受众的心理防线，有些广告策划得比较高明，隐藏得比较深，让人误以为不是广告。而我们作为专业人员的工作目的，就是让受众能够乐于接受广告。

基本认知二：文案很重要，但不是最重要

文案，这个名字初听的确有点怪，就是因为它本身就是舶来品，译自“advertising copywriter”——广告文案撰稿人（当然，也有译成其他版本的，如我在奥美广告时第一张名片上印的职位是“撰文”）。在广告公司里，它既代表公司创意部文稿撰写人员的职位，也可以指广告作品中的文字组成部分（标题、正文、口号、脚本等）。

文案，有时也很重要，但从来都不是最重要的。事实上，广告文案在整个营销的环节中，是最末端的一环，优先级比较低。营销战略才是文案创作之源。只不过，因为文案位于品牌和消费者的连接点，所以容易被大众看到。文案也好，创意也罢，貌似纯粹自由的创造性工作，其实都得受到广告目标的统摄和约束，必须“戴着镣铐起舞”。所以，初学文案写作的人，一定要多花点时间去学习策略的构思与表达，这样才能让你的作品除了有表现力，更有促销力。

我的文案“三观”

文案，是一个让人购买的理由

小米 6X 是一款主打拍照功能的手机。广告标题“拍人更美”，短短的 4 个字，就能体现其独到的卖点。首先，当消费者看到“拍人”两个字时，马上就会联想到生活中的很多场景：参加聚会拍集体合影、和好友们喝下午茶来一张亮眼的自拍、旅游时和家人拍照留念……这些画面，不自觉地唤起了消费者的需求：“这些原本是相机擅长的事，如果手机也能搞定，那该多好。”再看整句文案“拍人更美”，信息更加丰富了，它其实在告诉你：小米 6X，在拍摄人像时的技术优势，比其他所有品牌的同功能手机更胜一筹。如果你正在寻觅一款专注拍人且效果更出众的手机，那还有什么理由不选择它呢？所以说，文案，给了你一个掏钱下单的理由。

文案，是一套精心设计的语言

“别说你爬过的山，只有早高峰。”这句 MINI 越野车的广告文案，流传甚广。人们都爱把早上的拥堵时刻比喻成“早高峰”，其实它并不是真正的“峰”，没法让你去攀爬。但是，文案却把它也归为“峰”的一种，还在标题的上下半句之间设计了一个反差，整句连在一起读，就产生了意想不到的转折效果。另外，这句话里还藏着一个消费者洞察：在快节奏、高压力的生活状态中，作为都市人总会渴望一次远行，让心灵自由。但文案却用不一样的方式提醒你，再不行动，你也只能在“早高峰”放飞自我了，所以它会引发强烈的共鸣，并触发人们的行动。这句文案的设计技巧，就像那句我们常听的玩笑话：“我走过最长的路，是你的套路。”前面一句引发对方猜测（你指的会是哪条路？），后面一句则打破这种猜测（套路居然也算“路”！）。不管是修辞手法，还是心理洞察，这句文案都称得上精心设计。

文案，是不断强化的承诺

“神州行，我看行”，这句经典的广告口号，伴随着“神州行”成为中国移动旗下用户规模最大的品牌之一。除了葛优的精彩演绎，文案本身也功不可没。整句文案采用了 3+3 的句式，前后半句都以同一个“行”字作为结尾，但这两个“行”所表达的意思却又不同：“神州行”的“行”是行走九州大地的行，“我看行”的“行”是“很好、不错”的夸赞之意，既呼应了品牌名，又借助葛优之口，掷地有声地表达了对自身的肯定，同时也传递给消费者一份值得信赖的承诺。当然，光承诺一次是远远不够的，品牌找准了沟通方向，就需要通过不断强化，让这份承诺在消费者的心里扎根，否则会很快被其他的广告信息所取代。

一句承诺式的文案，如果能做到结构工整、读音流畅、语言

简洁，就更容易流传开来，形成坚定、持续的口碑力量。“一旦拥有，别无所求”“头屑去无踪，秀发更出众”“车到山前必有路，有路必有丰田车”均属此类。

文案加美术，谁也挡不住

每则广告作品，都是由语言符号和非语言符号共同构成的。用教科书式的定义来讲，文案，就是在广告中，用语言符号表现广告信息内容的形式。

表现广告创意的内容主要分两种：文字和图像。相应地，在广告公司的创意部里面，也就分为“文案”和“美术”两个工种。

这样的分工，还是美国 DDB（恒美广告）创始人比尔·伯恩巴克（Bill Bernbach）的功劳。在他之前，广告文案要先写出文字方案，然后将它交给美编做视觉化表现。而伯恩巴克从根本上改变了这个系统，他设定了由两个职务组成的团队，一个文案，一个美术，在他们展开各自的工作之前要讨论出创意概念，之后再进行创意表现。

文案加上设计师，构成了一个最基本的创意小组，他们之间的合作，是保证一则广告作品得以成形的前提。这种文案 + 美术的搭档组合，大大提升了创作效率，也促使广告业发展到了前所未有的高度。广告精英们汇聚在美国纽约的麦迪逊大街，夜以继日地工作，开创了一个黄金时代。

广告中的文字，如何形成合力？

我们以最典型的平面广告为例，除了画面中的视觉元素之外，其他的文字部分都可以算作文案，只不过根据功能的不同，它们被安排在整个广告中的不同位置。标题、正文、随文，以及广告口号等要素，构成了一张平面广告的文案结构，让消费者的阅读过程，变成了一次完整的品牌沟通。这张宝马 BMW1 系运动轿车的上市广告“一鸣惊人”，就清楚地说明了这一点。

凡是在广告画面中出现的文字，只要有助于达成创意目的，都需要运用文案思维来进行规划。在这些内容里，有些文案是显而易见的，像标题、正文之类，它们是广告的主体文字，我称之为显性文案。而有些文案不是那么明显，比如广告中的路牌文字、手机屏幕上的文字、T 恤上的文字、视频广告中的字幕说明、广播广告中的音效、微博中的评论与转发语等等，我将它们称为隐性文案。它们很容易被忽略，但如果精心构思的话，就像电影中的彩蛋，有趣又出彩，往往会有奇效。

显性文案和隐性文案，两者可以相辅相成。比如像这套优酷为 2018 世界杯直播所做的推广创意：当你填写好机票信息后，就能生成一张“手持机票和护照”的照片，让你发在自己的朋友圈里炫耀一下。在广告画面中，除了常规的提示性文案之外，机票上的乘客姓名（酷酷）、二维码下方的引导语（扫码开始世界杯之旅），甚至是各种栏目的名称，都需要进一步优化与雕琢。这些都是文案人员发挥创意的好机会。

金牌文案是怎么炼成的

▼

曾经有阵子，有篇题为《月薪三万的文案和月薪三千的文案有什么区别？》的文章特别流行，它的观点见仁见智，不过这个标题倒是广为传播，还有什么比谈工资的话题更扎心呢？它直接拿收入数字做对比，来评价文案能力的高低，一下子就让很多人感觉有了奔头。后来经常有人在面试的时候跟我说，乐老师，我想来做文案，三万的那种。我只能这样回答，文案是需要的，但是，三万是很难的。

如果想要达到三万的水平，起码，你在公司里，就不能只把自己当成单纯的文案，或者不能只关注文案的事，而是必须成为一个精通文案、深谙传播的策划人。文案是你的起点，而不能成为你的局限，你的目标，就是为整个广告的最终效果负责。

朋友圈里的段子手能算文案吗？

如今，似乎“人人懂创意，高手在民间”，谁都有资格在网上发出自己的声音，创意的门槛一下子变得很低。于是，大家好像都对文案有了一种期待，似乎成功文案的标准，就是那种“刷屏”文案、“带货”文案，或者动不动就能写出一个“爆款”“10 万 +”。如果真有那么神奇，那么给三万都算少的了。但是，只要你参与过广告的实战工作，就会明白，商业文案和段子手是两个物种。别看网上的段子比比皆是，各种热点、冷笑话层出不穷，文案这个职业有着它固有的限制与标准，除了文字上的能力，你还需要理解品牌与传播的规律，更要平衡甲方与乙方的认知差异，才能从容应对不同的挑战。

如果“月薪三万”激发了大家对于文案的热情与期许，那么，我的这本书，还是有必要让大家冷静一下，认清这个职业的现实。别看它的表达很简单，但是背后的思考却很繁复，你需要在品牌的大伞下去写作，让对的信息在喧嚣的环境中脱颖而出，这比单写一些天马行空的句子可要困难得多。如果真要给这份职业定一个小目标的话，不妨就用一本旧书的名字《金牌文案》来暂做定义吧。这是我在多年前和王小塞等十三位广告人合著的一本小书，也是我们共同发起的一个文案联盟。文案的创作没有所谓的第一名，但如果想要做到一流的专业水准，自然还是有方法和规律可循的。不然就无法解释，我们这些曾经对广告一知半解的小白，居然也能通过十几二十年的努力，成为大家眼中所谓的“金牌文案”。接下来，我就谈一谈，我理解的“金牌文案”，需要哪三个条件。

文字匠人：遣词造句的高手

金牌文案，必须精通遣词造句，因为这是你的看家本领。无论是朴素的文字，还是精妙的修辞，都应该是你信手拈来的工具。根据广告目的不同，你的文字气质可以随意地创造、转变，成为效果惊人的沟通利器。有时，你需要表现出街头集市的生猛与鲜活，有时，你需要演绎上流阶层的格调与风度，这一切的主动权都由你的思想掌握，并通过笔尖自如表达。

对普通文案来讲，文案的撰写，可能就是一个将卖点表达清楚的过程。而对于金牌文案来说，文字的节奏感、画面感、价值感，是决定作品高下的关键。金牌文案知道商业广告并非艺术，他们不会在广告作品寻找或表现出太强烈的“自我”，也不需要通过华丽的句式或者高深的词语，来显示知识量的渊博。他们会聪明地隐藏在品牌的后面，在弄清楚产品优势和消费者的真实需求之后，寻找最适合的文字，去影响与劝服消费者。

▶ 案例 1-1 地产文案

大家先来读一读下面这两段文字，同样是地产广告，哪一段文字更能打动你？

文案一：她 400 岁，正值妙龄。三年前，在智利，我们挑中了她，很多必要的工作就在那时开始了。两年前，所有启程准备终于完成，她乘船来到上海，她的体重和随身土壤，足足有 27 吨。在上海，她生活了整整一年，这是她适应中国的必要程序。2004 年 12 月，一个飘雪的夜晚，27 吨的她，正式定居北京。一棵 400 岁、胸径一米、高六米的耐寒智利密棕，就这样来到了北京星河湾。另一棵，也是。星河湾，结束中国居住的半成品状态。

文案二：新古典风格建筑，是古典风格的升华之作，建筑整体造型简约，通体洋溢着平和而富有内涵的气韵，并在建筑中推崇优雅、唯美的姿态，描绘出主人高雅之身份。在社区规划上，能够强烈地感受传统的历史痕迹与浑厚的文化底蕴，更是一种对生活充满热情的态度。这里，不仅将城市新核心的区位优势完美彰显，更将新古典建筑的璀璨成就，特别是其在品质和内涵上的突破，淋漓尽致地体现，带来高雅而和谐的居住氛围。

比较之后，是不是会觉得第一篇文案更吸引人，就好像听一位老友在给你讲故事？广告推广的是房子，但文案却将笔墨都花在一棵树的传奇旅程上，以小见大，足见开发商对于园林用材的严苛标准。文案运用了拟人手法，第一句就用“400岁”和“妙龄”的强烈反差激发读者好奇心，随后又用了年份、重量、地名等各种细节，来佐证过程中的曲折，到最后才揭晓主角原来是一棵来自智利的密棕。段落中多次运用短句，文笔简练，层层深入，让品牌理念得以传递。

而第二篇，就真的像一个广告了，或者就像推销员在给你念一份产品说明书。他用了很多的形容词和概念：唯美、璀璨、气韵、新古典风格、城市新核心……这些让人不明就里的形容词堆砌在一起，虽然感觉似乎很高级，但是听完也不知道在讲什么。听众对房屋的特征无法产生具体的印象，也找不到情感上的联系，反而产生了距离感。

▶ 案例 1-2　科技产品文案

我们再来看第二个例子，假设你正在一家手机企业里担任产品文案，有一天，你拿到了这样一段产品评测数据：

中国 ×× 实验室检验报告：检验环境：温度 20℃ ~ 30℃，相对湿度 45%~75%，气压 86kPa~106kPa；测试条件：在手机电量为 1% 的情况下，关闭除通话以外的其他手机服务和功能［包括关闭 VoLTE（长期演讲语音承载）语音通话功能]，使用标配电源适配器充电 5 分钟。充电后，可用手机在信号满格、黑屏、通话音量为 50% 状态下接听电话 2 小时。

很显然，这是一份手机的通话性能与时间数据的专业检测报告。上面的这些数据都是细致而真实的，但是，消费者听不懂这样的数字，他们也没有那么多时间来了解。所以，我们就需要把上面这些很“技术流”的描述，翻译成口语化的、具有传播性的语言。你不妨展开想象，手机的电量到底意味着什么？没电的时候，我们是否就跟这个世界脱节了？有多少人经历过这样的窘境：手机只剩下一格电，一边接听着极其重要的电话，一边四处张望、拼命寻找充电器？

这种情况下，人们最紧迫的需求是什么？不就是希望充电时间再短一点，通话时间再长一点吗？那么，我们能不能从检测报告中提炼出几组数字，来进行明显的对比呢？比如“5 分钟”和“2 小时”？对，还需要两个动词，将它们联系起来，可以让“充电”和“通话”，形成承接关系。就这样，一句简洁有力的口号诞生了，这就是大家后来都知道的——“充电 5 分钟，通话 2 小时”。

文体达人：要拿金牌，先做“杂牌”

如果你已经下定决心要应聘一个专业文案的岗位，那么，请你对将来可能发生的、各种繁复的工作，做好足够的心理准备，因为事实上，广告文案的工作，所做的远不止写几句漂亮的口号和句子那么简单。它的工作核心，虽然看起来只有一种，就是“将品牌信息转变成有利于营销传播的文字”，但实际往往会演变出各种任务，这当中还包括了非撰写类的各种辅助工作，如：校稿、找图、调研、访谈、拍摄跟片、录音监制等。

我经常说，要想成为一名“金牌文案”，首先要让自己成为一个“杂牌”。广告是门综合性的学科，也是个拼经验的行业。你在入行初期所接触的工作种类越多，对整个工作流程就会熟悉得越快，慢慢还能发现自己的长处到底在哪里，能够有针对性地去提高。这里，我将一个文案迟早都会碰到的工作类型罗列出来，并将它分为三道关卡，希望为大家建立起一个清晰的认知。

第一关的工作，是最核心的功夫，它包括标题的写法、命名的方法以及口号的创作，它考验的，是你对人性的洞察力、对文字的排列组合能力以及对语感的把握，如果你能熟练应用，基本就能战胜市面上大多数的文案。它们在广告作品中的位置最为突出，从职业发展的意义上讲，也就更容易展现你的创作能力，让合作伙伴或者同事看到你的强项，有利于升职加薪。

但是，真正能让你在文案这个行业走得更远、更久的，还是后面两道关卡的功夫，它们看上去没有那么醒目，但却涵盖了日常文案工作的方方面面。第二关的工作偏右脑化，需要动用你的形象思维能力，制造各种意外与惊喜；第三关的工作，则偏左脑

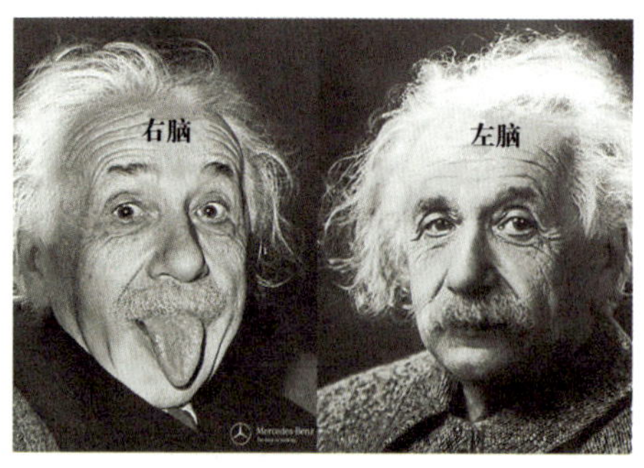

主导，主要依靠缜密的逻辑思维能力来完成整个表达过程，它需要扎实的文字功底，经得起考验的耐力与决心。熬过了后面这两关，你就能够真正无惧文案工作中的大部分挑战了。

第一关：核心技能　　创意难度：★★★★★

- 撰写标题（广告 / 软文 / 微信文章标题）
- 策划口号（品牌 / 产品口号）
- 策划命名（品牌 / 产品 / 服务 / 活动名称）

第二关：延展技能（右脑类）　　创意难度：★★★★★

- 撰写平面广告（报纸 / 杂志 / 海报）
- 撰写短视频脚本
- 撰写电视广告脚本，包括分镜头、旁白、字幕
- 撰写电台、音频类广告
- 撰写各种形式的网络广告、为网站栏目命名
- 撰写策划方案
- 撰写微博、微信等社交媒体传播策划
- 为海外版广告文案做汉化（翻译）

- 撰写广告歌词，或汉化（翻译）外文歌词
- 策划 H5（超文本 5.0）文案、FLASH（网络动画设计软件）动画脚本
- 撰写短信广告文案

第三层级：延展技能（左脑类）　创意难度：★★★

- 撰写企业样本、品牌样本、产品目录
- 撰写品牌宣传单页、各类宣传小册子
- 协助策划人员润色方案文字
- 为微信公众号撰写简介、问候语、菜单栏、签名档等
- 撰写微信公众号文章
- 撰写微博日常内容、评论、转发语
- 撰写电商网站的商品描述
- DM（直邮广告），信封、邮件正文
- 电视专题片脚本
- 电视广告的拍摄清单
- 规划网站栏目及内页文案
- 产品包装文案，包括品牌名、使用说明、产品成分等
- 各类广告作品的创意阐述
- 为产品或品牌的命名方案，做创意阐述
- 为路演或活动命名，并做创意阐述
- 为各种礼品命名，并做创意阐述

- 为专卖店命名，并做创意阐述
- 撰写商店的橱窗或店内 POP（卖点广告）物料文案
- 撰写活动请柬及活动现场宣传品上的文字
- 撰写软文：新闻式、故事式、评论式
- 协助企业内刊的编辑，提供主题方向，审核文字

传播高人：让文字统领创意

金牌文案，绝不仅仅是一个文字高手，更应该成为一个传播高人。

广告的本质是传播，而在今天异常复杂的环境中，硬广面临前所未有的挑战，它的传播力也已经被各种信息所稀释。消费者每天所接触的信息可谓海量，而其中的信息很大一部分来自他们的手机。我们所策划的广告，就是要跟朋友圈的热点、鸡汤、段子、自拍相抗衡，要跟各种明星八卦和微商做斗争，才能勉强争取到一点注意力。但是，跟那些资讯相比，广告的力量实在微不足道，刚发布的内容，稍不留神，就会被下一波热点所淹没。

消费者对新闻事件的关注度、兴趣度，永远排在广告的前面。因此，今天的广告人，要么甘于在执行端上精耕细作，成为一名导演、设计师或创作人，要么就让自己提升为“事件策划人”，用事件营销的思维，来统领整个广告的传播战役。近年来，已经有很多品牌开始尝试这个方式，它们的策划以引起公众的关

注、热议以及媒体的追踪报道为出发点，其中一个重要的手段，就是将广告“伪装”成新闻，借船出海。

航班管家“逃离北上广”，让参与者4小时内离开所在城市，吸引了各路大V（平台上有大量粉丝的用户）、直播、网红及媒体报道，让“说走就走”成了热门话题。

百事可乐微电影《把爱带回家之猴王世家》，借助“六小龄童猴年春晚节目被毙”话题的持续升温，让热搜指数达到峰值。

故宫的“卖萌表情包”、支付宝的“锦鲤抽奖”、国家博物馆的“文物戏精大会”、苹果联合陈可辛的“三分钟”新年视频，都是试图创造出一个新鲜的话题，然后利用社交媒体与流行平台

去扩散，让更多人了解品牌。

在这些案例的传播中，我们看到，传统媒体所占的比重越来越小，“双微一抖”（微信、微博、抖音）成了主战场，网络成了信息快速发酵、快速扩散的主平台。但是，不管传播形式怎么变化，无论活动内容有多精彩，文案，还是在其中扮演着至关重要的角色。你会发现，最终让我们记住每一个事件，并进行自发传播的，还是需要一个好听、好记的主题名称。它所体现的，不就是刚才说的命名能力吗？

所以，要想成为这个时代的金牌文案，你既要具有传播的思维，同时也要提高自己的文字能力。

传播的思维，就是“公关化”的思维，也是“搞事”的能力。文案的工具不限于文字，你可以考虑各种社交媒体的互动，以及丰富的线下活动等，整合艺术家、明星、机构等各种跨界资源，来为你的营销目标服务。

其次，你还要用文字把不同元素穿在一起。根据前期的研究，你需要挖掘出一个与众不同的概念或内容，然后再形成一系列容易在媒体中发酵的事件。而良好的文字功底，将帮助你提炼出一个简明扼要的主题，进而让它成为整个传播的统领。

▶ 案例 1–3　淘宝“我要上春碗”

在这个案例中，“我要上春碗”不单单是一句文案，而且是淘宝在自家年货节期间推出的一次极具话题性的营销活动。“春碗”巧妙地借助央视的热播节目《我要上春晚》，给人一种息息相关的亲切感，马上让人联想到浓厚的年味、丰盛的年夜饭以及亲友团聚的温馨画面。同时，“我要上春碗”又是一句行动口号，号召大家立刻参与，为家人做一道创意年味菜，并在站内和微博上晒出自己的创意“春碗”。同时，淘宝又邀请了一众跨界明星、

流量红人，为他们量身打造创意年菜的故事，引发网友们的好奇与关注。活动推出的第一天，在淘宝站内就有 68 万人参与，在微博上累计产生 7 亿阅读数和超过 17 万次的讨论数，迅速登上了热门话题榜，让淘宝年货节的曝光率得到了指数级的放大，营销目的就此达成。这句主题，也就当之无愧地成为整场传播战役的统领。

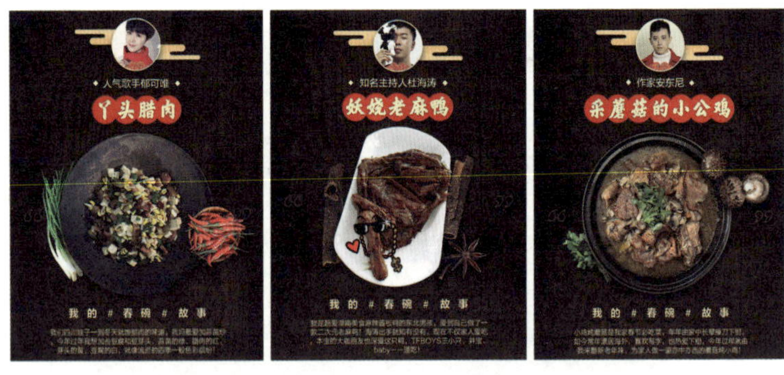

总结一下，有“文字匠人”的手艺、“文体达人”的阅历，再加上“传播高人”的策略，金牌文案的称号才能实至名归。到那时，“月薪三万”可就是你的起步价了。

好标题，万变不离这“五心”

撰写标题，是文案工作中一项极为重要的基本功。20 世纪六七十年代，广告界的先行者们就特别重视标题。奥美的创始人大卫·奥格威曾经说过：阅读标题的人数一般是阅读正文人数的 5 倍。也就是说，如果标题无法起作用，那么你很有可能会流失 80% 的读者。而在今天，如果你的标题没过关，那么连剩下的那些读者也可能留不住了。

手机媒体的“物理属性”，加大了一则标题所要担负的责任。打开微信里的公众号，可能密密麻麻都是等你去查看的“红点”。当你点开小红点，首先看到的是标题，其次才是正文。因为微信的界面不像报纸或者杂志，标题和正文都在一个页面上，微信是把标题和正文分为两个层级呈现，这也就残酷地决定了：如果标题这一关都没过，读者连点击它的兴趣都没有的话，那么后面的工作都是白忙活。

尽管现在很多人反感"标题党"，认为那是虚张声势，但是，如果仔细研究过"标题党"，你会发现"标题为王"在传播中还是很管用的。在这一节，我就来为大家剖析一下"好标题"的奥妙所在。我精选了上千条标题，结合自己的经验，为大家归纳出写出五种好标题的必经之路，我称之为"五心"标题法。

网络上有很多文章传授标题的各种写作技巧，听上去都很有道理，但真正能记住、实用的方法却极少。当某个时刻，你感到灵感枯竭，实在想不出标题，不妨回忆下这"五颗心"，看看能否从中获得启发。它们就是——抓心、"信心"[①]、贪心、走心、好奇心。

这些词，让文案更抓心

- 凯迪拉克广告：

  ***确认过眼神*，是收放自如的人。**

- 健康类自媒体软文：

  网红带火的5款饮品，把掌声送给*社会人*[②]！

- 汽车类自媒体软文：

  给车子这样贴膜，感觉我*被安排得明明白白*。

---

① 这里的"信心"是在消费者和品牌之间建立信赖感的意思。

② 社会人，网络用语，调侃语气，形容对方很牛，有社会大哥的霸气。

- 楼盘推广软文：

  羡慕*Skr*[①]人，大城生活的标准，你家占了几样？

- 城市发展成果新闻：

  徐汇vs[②]长宁：上海西区两位“优等生”，*谁将C位出道*[③]？

- 可口可乐推广软文：

  论*求生欲*，谁能比得过可口可乐？

第一条路径是抓心，就是先用某些关键词抓住读者的眼球，然后再去抓住他们的心。我们可以在原本的文字内容当中，有意识地加入一些流行词或者带有热点新闻属性的词语，来增加标题的时效性。

文中案例出现的词，只是一小部分，网络上的各类怪词可谓层出不穷，像戏精、吸猫、小奶狗、佛系青年、直男癌、加班狗等等。社交媒体，就像一个新鲜名词的自动售卖机，每天都在快速、大量地产出各式各样的流行词。文案能够合理而准确地使用这些流行词，就能够有效地拉近和读者的心理距离。因为一个词的流行，其实是一段时间内社会文化的缩影，它能流行起来，说明大家和它是有共鸣的。如果能将它与广告内容自然地结合起来，就能营造一种轻松、熟悉的

---

① Skr，网络用语，“很厉害”的意思。这里是“死个”的谐音。——编者注

② vs，表示比赛等双方的对比。——编者注

③ C位出道，网络用语，指某个艺人实力较强，是团队核心人物。——编者注

沟通氛围。

如果在标题中嵌入一些关键词，它还可以帮你筛选出究竟哪些人才是你的目标人群。这些关键词，就像你和特定人群约定的“暗号”或者某种“气味”，这也是一种特别的打招呼的方式，你们的“暗号”一对上，目标人群就会乖乖地“到你的碗里来”了。比如说，“千万不要让加班狗看到这个视频”，“那些考研的人后来后悔了吗”。如果你正好是在加班，或者正准备考研，可能就会不自觉地想点进去看看里面讲什么。

还有一个常用的办法就是，尝试用新闻标题的语气来描述事物。比如，“今天奔驰开餐厅，什么都卖，就是不卖车！”“号外：不怕冷的锂电池，已经诞生！”，像这样具有强烈新闻性的标题，会给人一种非看不可的紧迫感。因为新的事物总是最容易引起人们的兴趣，不管是新产品上市、老产品出了新功能，还是使用老产品的新方法、解决旧问题的新方式……只要你为读者提供的信息里带有新闻价值，他们就会看过来。

▶ 案例 1-4 农夫山泉

来看看农夫山泉的“故宫瓶”系列。当时网络热剧《延禧攻略》大火，不少品牌都在追它的热点，这种时候，雷同的信息就很容易被淹没。但农夫山泉另辟蹊径，与故宫合作，打造出一系列堪比“故宫表情包”的产品包装，既能巧妙地与《延禧攻略》

的宫廷主题产生强关联，又不失趣味和新鲜感，迅速赚足了大众的眼球。

▶ 案例 1–5 京东电器

再来看看京东是如何结合流行词汇来卖电器的。在“双 11”

期间，京东推出名为“220V 带电新人类”的促销活动，从大家“根本想不到”的角度，机智地赋予了各种电器全新的价值。文案中，嵌入了年轻人常用的聊天热词，如“水货”“悬了”“韭菜”“不转不是 ×× 人”等，通过对词语意义的解构，强化了产品的独特卖点，让人觉得既新奇，又贴切。

从怀疑到下单，只差一个“信心”的距离

- 香飘飘奶茶广告：

  香飘飘奶茶，一年卖出*7亿多杯*。杯子连起来可绕地球三圈。

- 奥妙洗衣粉广告：

  去除*99种*顽固污渍，*1种*解决方案。

- 营销类自媒体：

  ***扎克伯格*和*马云*之间，差了600个*王健林*！**

- 情感类公众号：

  57岁*刘德华*和6岁女儿刷爆朋友圈：高级的人生，从不潇洒。

- 领英中国推广软文：

  从0到*100万粉丝*，他们只用了*8步*。

- 某饮品推广软文：

  ***可口可乐*、*COSTA*[①]都在抢的网红饮料，150 年前就出现在中国了……**

- 营销类公众号：

  ***抖音刷屏*、*知乎150万人*都在看：没想到我也能写出这样的东西。**

- 生活类公众号：

  ***星巴克*排队，*MUJI*[②]打卡，北京前门20年后又成了时髦中心？**

---

① COSTA，咖世家，一个连锁咖啡品牌。——编者注

② MUJI，即无印良品，是西友株式会社 1980 年开发的自有品牌。——编者注

第二条路径就是“信心”，这里“信”就是信赖，所谓的“信心”就是要在消费者和品牌之间建立一种信赖感。因为广告的商业目的，会让用户天然就有抵触感。“这个产品真有你说的那么好？”“你肯定是为了卖产品才这样说的吧？”针对这样的质疑，你最好一开始就在标题的内容中建立一种“可信度”。

建立“可信度”的快捷方式有三种：其一，列出明确的数字。为什么要有意识地在文案中加入某些数字？因为相比描述性语言，数字更加明确，也让人更容易理解背后的含义。举例说，如果你用“广受欢迎”来形容一篇文章的传播度，读者没什么概念，但如果你说“这篇文章的阅读量达到了 10 万 +”，是不是一下子就有判断了？包括下面这两句标题也是这样，会让读者觉得文章内容写得很扎实，继而增加了阅读的兴趣，“拜访拥有 5 亿粉丝的 21 位自媒体大佬以后，我得出了 22 条结论”，“AI① 技术可以提早 18 个月诊断自闭症，准确率达到了 96%”。

其二，引用人名。就是在标题中加入权威人士证言，或名人的名字。我们经常在标题的起首处看到“谁谁谁，说了一件什么事情”，其实就是为了引起读者的重视。广告中，不一定每次都能请到知名人士来站台，却可以借助名人的言论来佐证文章的观点。当然，这个方法要基于真实的前提。像网上有些文章捏造名人逸事或言论来博取眼球，那就属于弄虚作假的欺骗

---

① AI，人工智能。

行为了。

其三，引用品牌名称。像谷歌、百度、麦当劳、星巴克、华为、三星等这些大众所熟知的品牌或产品，本身已经融入了我们的生活，就像人与人之间的通用词汇，可以让交流更顺畅。当读者看到这些名字的时候，完全没有陌生感，也就能更容易理解你想传达的信息。

▶ 案例 1-6　戴森小家电广告

戴森电器，是高端小家电和黑科技的代名词。它进入中国市场后，定价一直是同类产品的十倍甚至以上，价格上并不具有优势，但依然受到了消费者的追捧，每次一推出新品，爱美的姑娘们都会第一时间去购买。它的成功，除了自身产品极具科技感和时尚感之外，还因为它的广告很善于利用"数字化"的表达来打动消费者。看看这些文案中的数字，99.95%、0.1 微米、12 种风温风速，是不是感觉很厉害？

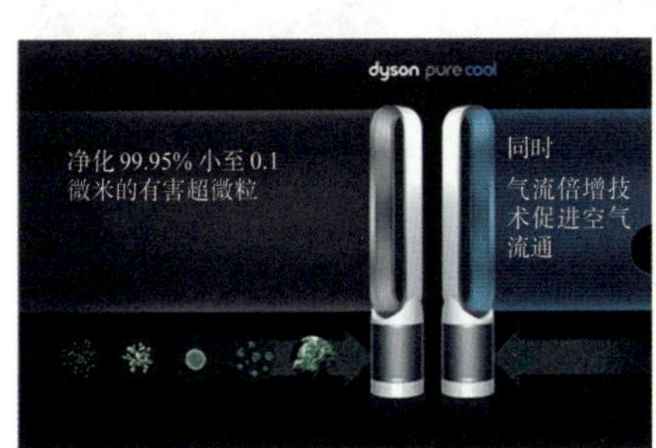

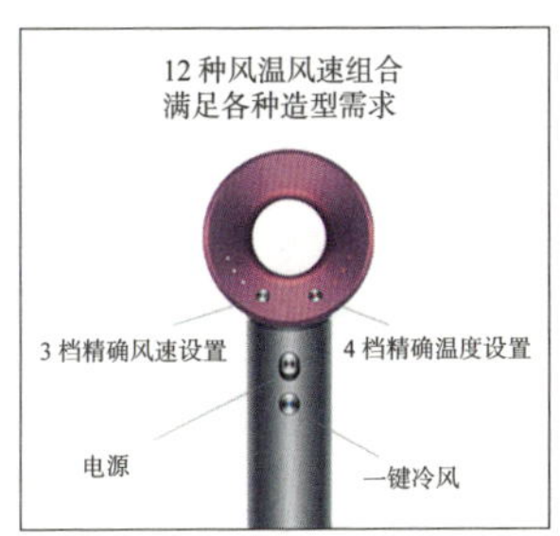

▶ 案例 1-7 直播类课程广告

当你说“我从大佬身上学到了这些方法，令我获益匪浅”，读者不会有什么概念，但如果说“对马云、王健林影响最大的一件事”，“高晓松推荐给新人的五个学习方法”，用户顿时就会提起兴趣，因为你把大佬的名字给写了出来，这些大佬本身就是行业的领军人物，那么从他们的成功经验里总结出来的课程，就会让人觉得很有学习价值，真的是“必须学”。因为相比单纯的描述性语言，这些熟悉的人名能够为文案加上直白、真实的佐证，让广告更有信服力。

拿什么满足你，我的贪心

▸ 网络提升课程推广软文：

三个月*薪水涨三倍*，想知道我是怎么做到的吗？

- 小米背包促销活动软文：

开学有礼，网红背包价格*低到怀疑人生*。

- 健康类自媒体软文：

真人减肥史：6个月*成功减34斤*[①]，值得收藏。

- 女性情感类公众号：

从*保姆逆袭*成富婆，她只花了2 000块！

- 美妆穿搭类公众号：

从求职第一轮被刷，到*月薪10万*，他的*必杀技*是……

- VOGUE（美国时尚杂志）自媒体软文标题：

***分分钟变美*的方法？换个眉形“变张脸”。**

第三个路径就是贪心。我们都想要付出得更少、得到得更多，最好是不劳而获。如果你推广的产品或服务，能够满足人们的这种想法，你就可以在标题中向读者明确或者暗示——的确存在着这样的一条快捷之路，只要付出极少的时间或金钱，就能实现。比如说，“独家分享：TED（美国一家私有非营利机构）全球创新大会的演讲精华”，“看懂世界趋势，给你应对商业巨变的300条建议”，“如何用低预算，为你的员工提升加班动力”。

---

① 1斤为0.5千克。

包括很多广告口号，也经常运用这种技巧，比如，“没有中间商赚差价”（瓜子二手车），“打开车门就是家门”（滴滴出行），“每天半小时，搞懂一本书”（得到）。这些文案的立足点如出一辙，就是运用前后对比的方法，来满足每个人想要更省钱、更方便的贪心与本能。

▶ 案例 1–8 微博抽奖活动

在微博上，只要跟抽奖相关的内容，总能引起大量的转发，更别说金额超大的了。下面这两个案例，一个是支付宝在国庆节前夕发起的“抽锦鲤”活动，抽取一名幸运儿，送上出境旅游的免单大礼包，顿时引起了全民转发。还有一个

@支付宝

【祝你成为中国锦鲤！】十一出境游的盆友，请留意支付宝付款页面，可能一不小心就会被免单。这是我们感谢大家把支付宝带向全球的一点小心意。没出去浪的朋友更要注意了！！转发本条微博，我会在10月7日抽出1位集全球独宠于一身的中国锦鲤，怎么宠你？请看评论区↓↓↓

9月29日 14:00 来自 iPhone 7 Plus 1780513 852317 366840

是王思聪为了庆祝 IG 战队夺冠而发起的抽奖，居然给 113 位得奖者每人送 1 万元现金，从上千万的转发量中就可以看出人们的热情。毕竟，大家都有同样的侥幸心理：梦想还是要有的，万一实现了呢？

▶ 案例 1-9　华帝退全款活动

2018 年世界杯前夕，华帝发布了一则广告，内容是：法国队夺冠，华帝退全款。一时间引起了不小的轰动，也吸引了无数消费者购买其产品。要知道，法国队当时可是夺冠热门，谁不想吃这“天上掉下来的馅饼”呢，结果法国队还真成了冠军，华帝也凭借这一波营销，实现了销售、品牌的双增长，一跃成为厨电界新晋网红。

人生不易，最怕走心

- 商业类自媒体：

  ***成年人的崩溃*，都是悄无声息的**。

- 健康类自媒体：

  第一批*90后已经秃*了，你的发际线还好吗？

- 商业类自媒体：

  他的一个提问，*让成龙哭了15分钟*。

- 情感类自媒体：

  你走的那晚，我感觉*天再也不会亮*。

- 社会类自媒体：

  8个朋友圈里的真事，*撑不下去的时候*看看。

- 心理类自媒体：

  有些人，*你早应该拉黑了*。

第四个路径就是走心。即用文字，直接刺中用户痛点，就像“扎心”一样。2015 年年底，一篇《致贱人：我凭什么要帮你 ?!》突然爆红，其直戳人心的标题文案功不可没——毕竟谁没遇见过讨厌的人呢？这句语气强烈的文案替读者出了一口恶气，瞬间获得了“核爆”级的传播效果。近年来，很多文案，通过激发大众的情绪，获得了成千上万倍的关注，这是因为打动人心的永恒话题，总归逃不开四个字：爱、恨、情、仇。在朋友圈里，心灵鸡汤和人间悲剧，总是最容易刷屏的热门话题。成年人的世界没有“容易”二字，每个人的生活总会有一些难言的苦衷。当你换位思考，把别人心里的话，用一种不同的方式说了出来，就会起到意想不到的传播效果。

▶ 案例 1-10　支付宝蚂蚁财富

支付宝联合 16 家基金理财公司，推出了系列文案“年纪越大，越没有人会原谅你的穷”，一下子戳准大众的痛点。理财这

件事，本质上并不符合人们的天性，对于大部分人，尤其是崇尚自由消费观念的90后、95后来说，更不是一种自发性的行为。这组文案独辟蹊径，没有用“高大上”的愿景来表现理财的好处，而是真实还原了城市年轻人在生活中将会面临的各种窘迫场景——“每天都在用六位数的密码保护着两位数的存款”，“世界那么大，你真的能随便去看看吗？”，“全世界都在催你早点，却没有人在意你还没吃早点”，可谓句句“扎心”，充分诠释了什么叫“人生不易”。但就在你陷入酸楚的情绪中时，它又告诉你：没关系，理财，可以给你的生活多一点希望。这就促使你热切地去了解基金相关产品，走心文案的效果不言而喻。

都是好奇心惹的“祸”

- 时尚服装公众号：

  剃了光头之后，陈晓和故宫不得不说的这一夜……
- 教育类自媒体：

  期末考试结束！南京家长终于解放了！但是……
- 情感类自媒体：

  和霸道总裁做邻居，是怎样一种体验？
- 美食公众号：

  女朋友非要去新乐路喝咖啡，竟然是为了……?!
- 移动公众号：

天了噜！中国移动每月送1.1G流量，居然还免月租?

- 自媒体软文：

泪崩！明年中秋竟发生这种事情！2020年更惊人！还有猝不及防的是……

第五条路径就是：好奇心。人人都有好奇心，那什么样的文案能让大多数人感到好奇呢？我发现，能够勾起好奇心的文案，有个共通的规律，就是让人看完之后，脑海里总会产生一个问号。这个问号，可以是文案本身通过疑问句、反问句等明示出来的，也可以是广告所提供的信息颠覆了读者的固有常识，让人惊叹，又或者用省略句留有悬念，让人想一探究竟……这些文案促使读者从“被动阅读”转向“主动挖掘”，从而获得高质量的关注。

就好像上面的例子中，“剃了光头之后，陈晓和故宫不得不说的这一夜……”然后呢？到底发生了什么？这种宛如悬疑小说的文案，让人抓心挠肝地想知道故事的结局，如果你因为这个省略号而点击进去了，那么，这款利用好奇心的文案也就成功了。另外还有一种很见效的写法，你可以在句子的开头运用一些短词（如：天了噜、泪崩、惊呆了，绝密、天哪），也能给人一种事关重大、非看不可的紧迫感。这种文体，也被戏称为“一惊一乍体”，明明没多大的事情，到了文案这里就变成天大的事了。

▶ 案例 1-11 脉脉App寻人广告

脉脉 App 的“花式寻人广告”，就是典型的、挑起好奇心的文案。“张先生，你还记得我吗？”张先生是谁？为什么要记得你？你们之间发生过什么？你为什么要找他？……一系列的疑问依次迸发，人们自然会被吊起胃口。如果你当时正好在等地铁，正好又看到了广告里那个超大的二维码，就会忍不住拿起手机扫个码。扫进去以后，你会发现，原来这是一个社交软件，可以帮你拓展职场人脉，找到更好的工作。至于张先生的身份，好像已经不是那么重要了。

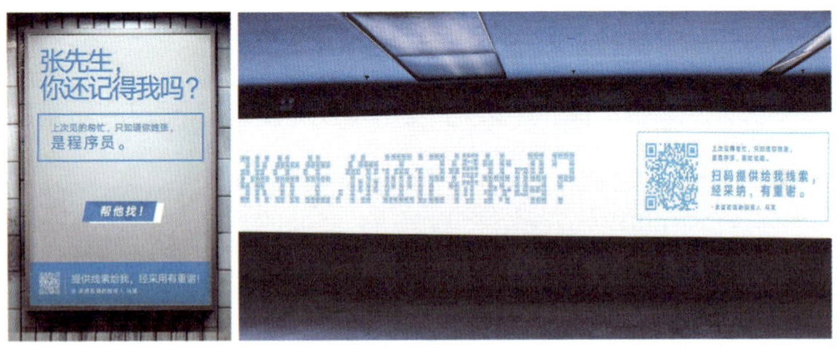

▶ 案例 1-12 知乎疑问句式文案

再来看看知乎系列广告，它通过“为什么”“如何”“可能是谁”等疑问的语气，引发读者心中的困惑，并吸引他们一探到底，挖掘答案。同时也是在向用户传达：无论你的想法有多另类，无论你有什么怪问题，你都可以在知乎上找到更专业的解

答。这种简单的疑问句式文案，可以形成与用户的良好互动，又传达了知乎网站特有的定位。

文案千万种，有心最难得。回顾一下这 5 种写作方法，无一不是为了让文案具有打动人心的力量，让传播更加有效：抓心，抓住人们的注意力；“信心”，运用数字和人名增加信赖感；贪心，用产品开启便利之门；走心，激发情感共鸣；好奇心，吸引读者更深入地了解。

大多数的广告标题，都会用到这“五心”的一种。有时候在同一个标题中，还可以出现好几种“心”的元素。无论是经典广告，还是时下流行的微信标题，它们都向我们证明了，标题的撰写技巧，并未过时：在有限的字数里，契合目标受众的需求，提供独特的价值，才能让你的内容快速打动人心。而有了好的标题，我们的内容创作，才刚刚过了第一关。

好听又卖货的命名法则

▼

说到起名这件事，广告公司里的文案们一直很委屈。

首先，因为别人会理所当然地认为这是文案的分内事：“起名嘛，就是玩文字游戏，才那么几个字，对你来讲不是小菜一碟吗？”但是，无论广告专业的学习，还是公司的实战工作，其实并不教文案怎么给产品命名，于是很多文案新人在从业初期就只能瞎摸索。像我就亲身经历过这一阶段，在刚进广告公司做文案的时候，曾经为摩托罗拉旗下的多款手机起名字，但当时根本没有什么思路和章法，只能胡乱碰运气，结果可想而知。其次，因为品牌名的特点就是要用词简单、朗朗上口，比如拼多多、货拉拉、滴滴、当当、钉钉，所以命名工作的过程，也容易给人一种“超简单”的错觉，仿佛就是一拍脑门随口说出来的，根本没什么技术含量，于是，煞费苦心的命名工作，往往也得不到太高的收入回报。

真正有经验的人都知道，品牌命名，远远不止几个字那么简单，它背后所需要考虑的，包括行业的特点、品牌主（企业家）的理念、品牌的愿景、市场竞争环境、字形字义的可识别性、时代感、流行性等很多方面。同时，还要考虑有没有重名，能否被成功注册、获得法律的保护。对于一个初出茅庐的文案而言，如果缺乏以上完整的、系统性的思考，是很难起出好名字的。

命名这个活儿，真的这么简单？

命名，是文案人员必须要过的一道关。对于以文字表达见长、善于用文字塑造品牌的文案人员，命名的能力，是衡量其专业水平的、毫无疑问的核心指标之一。

给品牌起名字，是一种对文字信息进行高度浓缩的能力。广告人每天需要对各种信息进行筛选处理，要将各种复杂的、难以消化的产品资料，变成尽可能精练的广告信息，才能用于传播。

具体的工作包括命名、写口号、写标题等。在这些工作里面，尤以命名的难度最大。为什么这么说呢？因为品牌名称的限制最多，不仅要考虑名字的形音义，还要避开工商注册的重名冲突，最难的，还是考虑品牌名称一般不能超过 4 个字。超过 4 个字，不是不可以，但它的传播性就比较差了，比如有个包子铺叫“肚子里有料”，本身的创意还是不错的，但是字数长了就很难传播，不像它的同行“小杨生煎”、“巴比馒头”或“狗不理”好记。因此，品牌名称很少超过 4 个字，通常就是在 2 到 3 个字之间，甚至还有 1 个字的（“郎”酒），1 个字母的（“W”酒店）。跟命名相比，广告口号的字数就可以相对多一点，一般 3 到 10 个字都比较常见，对于特别精彩的句子（如“车到山前必有路，有路必有丰田车”），超过 10 个字问题也不大。

在严苛的字数限制下，进行创造性表达，是文案专业度的体现。同样的意思，如果普通人能用一段话来表达，那么，对于一名职业文案来讲，他就要尝试能否只用一句话，或者几个字就表达清楚。如果你还能更进一步，将原本的意思精简成一个词、一个字来表达，那就更加高明了。

作为广告公司的文案，日常可能遇到的命名工作是多种多样的，远不止单一的产品命名，还会有其他可能：活动的命名、年会的命名，新公司的命名、App 软件的命名、公众号的命名、菜单栏的命名、楼盘的命名、画展的命名、某项服务的命名、工作计划的命名，甚至是某个赛事的命名等。但是，再高深的工作，也是从最基础的步骤开始的。只要你掌握了本书所讲的这些基本规律，不断提升化繁为简的概括能力，就能够轻松地起出响亮又好记的名字。

好名字的两大共性

美国的营销大师阿尔里斯曾经说过：从长远来看，对于一个品牌，最重要的就是名字。命名，是创立品牌的第一步。所有为品牌做的投入，最终都会汇聚在它的名字上。一个好的名字，能使品牌和潜在顾客的心智建立起连接，时时唤起人们美好的联想，也能使它的拥有者大大地减少传播成本；反之，一个不恰当的名字，会让品牌声誉大打折扣。

在讨论命名的方法之前，首先我们要知道好名字的共性是什么。我认为，一个好的品牌名，必须具有两个共性：穿透力，使命感。

穿透力

穿透力，指的是一个名字的沟通属性，就是看它是否符合时代特征，与当前的受众进行轻松对话。比如“天猫”“小米”“苹果”“红牛”这样的名称，发音很清楚，马上就能让人听明白；字形简洁而现代，还可以做成形象化的视觉符号，一下子映入对方的眼帘。而如果像“全聚德”“同仁堂”“五芳斋”这样的名字，传统的气息就会比较重，让人感觉这个品牌是上点岁数了。

对消费者而言，每天接触的商品名，起码好几百个，如果一个品牌的命名缺乏穿透力，就无法让人一看到就留下深刻的印象。我给大家推荐一个简单的电话测试法，可以判断你的品牌名是否具有穿透力。当你想出一个新的名字，不妨给你的朋友打个电话，直接念一下这个名字，问他能不能写出来。如果对方只听一遍就能够大致了解是哪几个字的话，那就说明这个名字是有穿透力的。

使命感

一个品牌名称，如果同时还要作为企业集团类的名字，通常就需要在含义中融入企业自身的发展愿景与宏大目标，同时也彰显出自己的行业地位。比如："华为"，就体现了高瞻远瞩的视野、中华有为的大国情怀；"泰康人寿"，寄托了让千家万户安泰、健康的宏伟目标；"吉祥航空"，给人吉祥的祝福与希冀；"今日头条"，提醒读者这里有每天的头条新闻，也体现出它是你当之无愧的首选资讯平台。像这些名称，都体现了比较正面、积极的寓意，以寄托对品牌发展的期许。

另外，如果能够在名字中融入品牌创始人独有的价值观或文化元素，也能让人增加对名字的关注与喜爱。比如说，韩寒开过一家餐厅叫"很高兴遇见你"，借"Nice to meet you"这句常见的打招呼方式，表现开放、友善的心态。深受90后关注的网络综艺节目《奇葩说》，这个名字就很大胆，用了网络意义上的贬义词“奇葩”作为节目的主题，也表现出不拘一格的创新态度，吸引了更多年轻人来此畅所欲言，此外，名称中的“奇”字，也与节目播出平台“爱奇艺”的名称形成了呼应，在宣传上可以互相借力。

照这五步走，好名自然有

别看一个品牌名称只有寥寥几个字，但是它的策划难度和工作量，不亚于策划一则品牌的广告。这里介绍五个步骤，来帮助大家掌握命名的方法：1. 前期调查；2. 寻找命名的策略与路径；3. 发散思维；4. 筛选与审查；5. 提案呈现。

前期调查

在这一阶段，我们可以向客户索取，或者通过网络搜索了解以下资料。

A. 品牌与行业：项目背景、企业需求、品牌定位、竞争对手、行业信息等。

B. 产品与用户：产品的优劣势、目标消费者的心理动机、使用产品后的感受、目标消费者的常用语、爱看的视频节目等。

C. 同类产品命名：参考已有的名字可以带来启发，还能让新的命名避免与之前已经存在的名字重复。

寻找命名的策略与路径

收齐资料以后，就要找出一个合适的命名策略。你可以让自己放松下来，让直觉来帮助你，寻找这些资料与“被命名产品”之间的联系。每想到一种联系，你就可以用某个词语或短句，将它记录下来，它将成为后续的思维路径之一。

现在的这个探索过程，就是找到尽可能多的路径、尽可能多的联系，将它们统统罗列出来，为后面的工作指明方向。你可以进行各种尝试，包括但不限于技术路线、情感路线、历史路线、产地路线、动植物路线、人名路线、品牌传承路线等。比如：我在为 UPM（芬欧汇川集团）复印纸新品命名时，就曾经列出以下方向：

- 方向一：源于母品牌在中国最有力量的背景认知 ——北欧。
- 方向二：源于品牌的战略方向 —— 森林、节能、环保。
- 方向三：回归产品本身（纸张）的第一联想 ——木、树、林。
- 方向四：科技方向，表达专业领域的前沿感和技术能力——未来、精工、质感。
- 方向五：围绕已有的产品体系名称进行延伸：佳系列，印系列，欣系列，乐系列，顺系列。
- 方向六：高端认知类比词、直接联想 ——钻石。
- 方向七：热销导向 —— 大卖，好评，性价比高。

- 方向八：互联网感觉、趣味生动——网络热词、二次元。

发散思维

针对已经罗列出来的思考路径，你可以展开更深入的发想。把你能想到的词语和字眼，都写出来。这些词语，可以是描述产品外观、本质、特征或精神的所有字或者词（名词、动词、形容词）。然后，围绕这些词语，就可以创作出第一批名称。

如果你们是团队作业的话，也可以大家一起召开头脑风暴会议，进行发散式讨论。可以由 1 个字，联想到 10 个、100 个词语，再由这 100 个词语，发展出无数个新的名字，越多越好。有些可能看起来还不太成熟的名字，都有潜力变成最终的命名。

筛选与审查

当第一批命名方案出来以后，肯定需要进行一轮淘汰和筛选。筛选分几个层面，首先，将明显不可能成为名字的一批词语排除掉；然后，去掉存在语法障碍、发音有歧义的词语；再从商标法规的角度，筛选掉一批已经被注册或者重名的词语。这样，最后“幸存”的方案数量，应该也就没多少了。

团队内部可以在剩下的方案中进行内部投票，有条件的话还可以邀请几位潜在的消费者来一起选择，最终选出票数最高的 3~5 个名称即可。

提案呈现

根据已经选出的3~5个名字，你需要制作一份提案文件。不管你是用Word（微软文字处理软件）文稿、PPT（演示文稿）还是设计图稿来提案，都需要做到以下两点：一、为每一个名字加上简短的文字说明。尤其当你无法向客户当面递交提案的时候，更应采用此法。二、提案文件中，每一页最好只放一个名字，这是一种提案的技巧，为的是凸显出创意的价值以及每个命名方案的重要性。

新人常犯的错误是把所有的名字方案，密密麻麻地排布在一个页面上，不进行任何分类归纳，也不做创意背景的阐释，这样不仅难以呈现创意思路，而且会降低客户对你专业度的认可。

再向大家透露一个行业的秘密。其实，在整个命名工作中，提案方案的功劳起码占到一半。任何一份你提交给客户的方案，背后都应该包含着一套完整的策略思考。你要做的，就是用文字或者方案，将这个思考过程（也就是起名的来由）描述出来。而在这个整理提案文件的过程中，你也就更加清楚这些思路的来龙去脉，在实际提案时候也能够让客户知道：这些名字都不是拍脑袋想出来的，而是通过严谨的思考、推理所得，他就会更容易为你的想法买单，方案的过稿率自然就高了。

命名的五个检验标准

好念

好念是首要的标准。在同等的字义下，要尽量选择最简单的字和最简单的发音。因为人的听觉记忆比视觉记忆要更为深刻和持久，像下面这些名字“当当”、“旺旺”、“陌陌”、“滴滴”、“钉钉”、“洽洽”、“露露”、“Bilibili”（哔哩哔哩）、“巴拉巴拉”，它们都是采用叠词组合，发音极为简单，读起来节奏轻快，利于传播。

关于发音，有两个反面的案例：第一个是西贝莜面村餐厅。因为这个“莜”字不属于常用字，比较生僻，对餐厅客户来说，认知成本很高。后来只能采用补救措施，选择绝大多数人都认识的英文单词“you”（你）来代表“莜”，同时设计了一个“I love you”（我爱你）这样的一个视觉符号。从最终的市场反应来看，这个方法还有点管用，但企业花了数千万广告预算，就只是为了教会大众“莜”字怎么读，未免代价太大。

第二个例子是荔枝 FM。荔枝是个易于记忆的视觉符号，但在我看来，它的中文发音就很别扭，用作品牌名很勉强。另外，“中文 + 英文”的构词也太复杂，你需要先读“荔枝”这个中文，然后再读“FM”（调频）这个英文，念好几遍还是不太顺。同样是在线电台，“喜马拉雅”这个名称就比较好，选用了人们心目中已经存在的元素，人人耳熟能详的地名（喜马拉雅山），只要你一说出来，别人就能复述，几个字怎么写怎么读，不会引起任何的歧义。

好记

除了好念以外，品牌的名称还应该方便记忆。名字中的每个字，最好都有明确的意义指向，有画面感。比如，统一“鲜橙

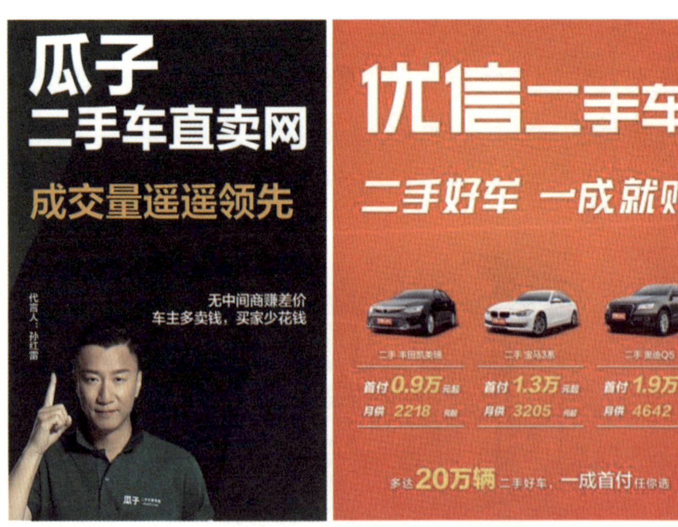

多”饮料的名字中，三个字各有各的含义，合在一起又朗朗上口：鲜，突出新鲜与美味，是一个很有吸引力的卖点；橙，明确无误地告诉消费者，这是一款橙汁饮料；多，作为一个正面的形容词，强调这款饮料的丰富营养价值。

再看两家二手车售卖网的名字，“瓜子”就比另一家“优信”要响亮得多。除了营销的因素之外，“瓜子”这个名字在先天条件上就比较占优势。因为它直接“占有”了瓜子这个老少皆知的元素。而“优信”这个名字，也不是说不好，它有自带价值感的寓意，但还是需要让消费者再花点时间去琢磨之后，才能明白它要说的是“优质＋信赖”的组合，这样的联想在互联网时代未免太过正统，跟“瓜子”相比也就缺少了一些个性。

正能量

品牌的名称里面，如果包含的一些字本身就带有美好、积极的正能量，能让消费者产生正面的联想，就会比较讨巧。比如说乐事（薯片）、必胜客（餐厅）、多乐之日（面包）、上上谦（火锅）、劲量（电池）、可口可乐、支付宝、好记星等等。这些名字，就像我们中国人常说的“恭喜发财”“吉祥如意”，符合大众主流的价值观，不管放在哪里都不容易出错。

一般来讲，品牌名称里不适合出现负面的情绪。但是也有特例，那就是“丧茶”。它本身并没有传播一种正能量，反而有一种令人沮丧的联想，但却格外受欢迎。它的成功之处，就在于蹭

了“喜茶”的热点，又反其道而行之，对喜茶进行了挑战。针对被网络神化、必须排队才能买到的网红饮料喜茶，丧茶用丧气十足的文案，反而让当下的年轻人找到了一种释放感：既然生活有太多不如意，自黑一下总可以吧。这样的命名技巧，也可以归为下面要讲的：有个性。

有个性

在这个时代，个性就是辨识度。品牌的最终成功，取决于天时地利等很多因素，但有个性的名字，至少在一开始就能帮助消费者将你和你的竞争对手快速区别开来。比如说：锤子手机，这并不是一个看上去很讨巧的名字，但却体现了创始人老罗（罗永浩）独特的个人气质，以及他对于技术和工艺的执着精神，让粉丝们因为这种情怀产生认同。

品牌名称经常借助谐音法来体现个性。我们利用汉字同音或近音的条件，可以使用谐音代替固有词组中的某个字，创造出全新的意义，或是好玩的表达效果。例如，“黄太吉”（煎饼）对应的是“皇太极”，一个煎饼被冠以如此霸气的名字，形成夸张的反差。“没想稻”（大米）听上去就像“没想到”，烘托出对大米好品质的赞叹。“联邦调茶局”（茶饮），借用的是美国“联邦调查局”的名声，体现这里能够调配天下好茶的权威感。“张三疯”（厦门奶茶店），谐音的是武当派始祖“张三丰”，实际上却指的是店里的一只疯疯癫癫的猫，从而为品牌增强了故事性，也加深了顾客的印象。

产品关联性

如果一个名字已经符合了前面说的几个特征，那么，最好让它还能跟它所归属的行业品类产生联想，让消费者一看你的品牌名，就知道是什么产品。这样，对消费者来讲，省下了很多选择的精力；对品牌来讲，也就降低了传播成本。

举个例子，现在有两款果汁饮料即将上市，一款品牌名叫“鲜果C”，一款叫“优选”。很明显，第一款传播成本低很多，因为它能让人想到饮料，而且包含了“维生素C、果汁、健康”等正面的联想。在汽车行业，这样的例子也非常多，众所周知的“奔驰”“宝马”“路虎”“马自达”等，这些品牌的中文译名都能跟原有的英文相得益彰，也跟它们所属的汽车品类的特征（速度、动力、性能）紧密关联。

在名称策划中，我们可以塑造特定的场景感，来触发用户的需求。首先，要根据产品的价值或者功能点，将原有的抽象内涵，转化为形象化的具象元素，然后，采用易联想、画面感较强的词，将这个内涵表现出来。比如：“滴滴出行”是大家常用的打车软件，它的名字很明显就是汽车的喇叭声，喇叭响起，就代表着新的出行将要开启。“I Do”是一款婚戒品牌，它的名字就来源于神圣的爱情誓言——I Do（我愿意），于是，品牌的寓意就和步入婚姻殿堂的爱侣联系在一起，共同表达忠贞不渝的承诺。

有时候，我们需要帮助国际品牌在中国市场做传播，这时就要注重中文与英文的关联与匹配：一个是发音上的，一个是字义上的，只有两个条件都符合，才称得上是好译名。“宜家”，作为瑞典家居用品商 IKEA 的中文译名，发音近似，意义也非常贴切，它取自《诗经·国风》里的词“桃之夭夭，灼灼其华。之子于归，宜其室家”，带来舒适温馨的感觉。“露华浓”是一个国际化妆品牌的名字，让人联想到李白《清平调》里的“云想衣裳花想容，春风拂槛露华浓”，既描述了花朵在露水滋润下越发娇艳，也突出了产品的美颜优势。而这个中文名的发音，又和原有的英文名称“Revlon”相似，可谓相得益彰。

品牌命名中需要避免的4个“坑”

我们在努力地为品牌策划一个好名字的同时，要避免走进一些常见的误区。这些误区，集中体现在以下 4 个方面：

避免生僻、难懂的字

不要在命名中故意通过那些难懂的或者笔画过多的字，来表现自己“很有文化”。比如说：有家做烧烤的饭馆叫“犇羴鱻”，这个名字，除了本地人之外，可能很多外地人都不知道怎么读。犇（bēn）、羴（shān）、鱻（xiān），“三个牛、三个羊、三个鱼”看上去虽然很形象，也很有西北风味特色，但是如果普通的消费者都不知道怎么读，怎么去跟他的朋友们介绍，又如何在点评类的网站上去搜索它、评价它，让更多的人知道呢？

避免使用低俗词汇

曾经有个炸鸡的外卖品牌为了搏出位，起了个名字叫“叫了个鸡”，在网络上引起热议。后来又有个烤鸭品牌也跟风，起名为“叫了个鸭”。虽然这些名字的确很吸引眼球，但终究登不了大雅之堂，也不符合主流价值观。最后的下场，只能是被工商部门勒令整改。

无独有偶，主持人李晨曾经推出一款名叫“MLGB”的服装潮牌，被法院判定为低俗商标。尽管公司坚持称这个名字的含义是“My Life is Getting Better”（生活越来越好），但是相关部门还是认为它在网络语境中存在着不良影响，是恶意地打擦边球，格调低下，因此不允许它在市场上进行推广。碰到这种情况，品牌的前期投入也就全部付诸东流了。

避免歧义

文字的谐音，有时会带给文案新的灵感，让命名体现出不一样的效果。但是，在命名时，要避免名称的谐音可能让人产生负面或容易混淆的联想。比如连锁沙拉店名叫“大开沙界”，这个名字的发音很像“大开杀戒”，很容易引起消费者的反感，所以一直被诟病，最后关门大吉。

另一种情况，就是虽然名称的谐音不属于负面词，但容易想到其他名字，也会对传播造成干扰。在我为 2013 西岸音乐节做推广策划的时候，发现了“西岸”这个名字的发音，很容易被公众误解为这是一个在“西安”举办的音乐节，无法与实际举办地（上海黄浦江西岸）产生直接联想。同时，在主办方已经确定的 logo（商标）左图中，“西岸”两字占比太小，也无法对这一信息进行强化或补充。经过策划与研讨，主办方采纳了我的建议：将原有 logo 中提取出“西岸”二字，并沿用它的字体，重新设计了一句口号“我要去西岸”，并将其设计成更为鲜明的视觉（右图），从而加强了公众对“西岸”这个地标名词的认知。

避免因文化差异带来的负面效应

我们还要考虑受众的接受度以及地域市场的文化传统，对品牌命名做出及时调整。男装品牌金利来（Golden Lion）曾经用过一个中文名，是它的英文直译“金狮”，但是因为在粤语中狮子的“狮”和输赢的“输”发音很接近，让顾客觉得不太吉利，所以产品的销量一直不佳。后来改名叫“金利来”，在名称中直接体现了“财富利益马上来”的吉祥寓意，这才走上了成功之路。

总结一下，名字，是品牌的第一个广告。我对它的要求就是：好念、好记、正能量、有个性、和产品有关联。好名字绝不能复杂，它就是要让大家一眼看得到、马上听得懂、长久记得住。

三重进阶法，轻松写出好口号

我们已经学习了如何写一个好标题、如何给品牌起个好名字，掌握了这些以后，还需要学习文案的第三个核心能力：写口号。品牌的成功传播，离不开一句让人口口相传的广告标语，也可以称其为广告口号（slogan）。

以前的广告口号是和广告内容紧紧联系在一起的，一个广告口号火了，一个广告所推广的品牌也就随之火了，现在就很难再看到这种情况了。“地球人都知道”的广告口号几乎没有了，广告口号的创作大权，似乎也正从专业的广告人手中转移到网络大V或段子手那里。

名人的感叹、电影的台词、网友的对白，都有可能成为刷屏的金句，“且行且珍惜”，“友谊的小船说翻就翻”，“喜欢就是放肆，但爱就是克制”，这些句子的热度比广告口号可要高得多，而且每天还都会有新的版本出来。就连品牌自己的口号也不再

“从一而终”了，如社交 App “陌陌”的口号就换了很多次：我是陌陌分之一（2013），总有新奇在身边（2014），用视频认识我（2017），很高兴认识你（2018）。

变化的年代，还需要广告口号吗?

对于广告口号形式的这种变化，我们应该一分为二地来看待。

第一，变化是必然的。因为当前的品牌环境、媒体和移动互联网时代的环境，已经和之前的环境有了很大差异。移动互联网时代，意味着快速创新、快速迭代，根据市场变化不断调整品牌的打法，因此广告口号也需要及时变化（如“陌陌”的口号是随着平台的战略重心转变而变）。而传统品牌的观念，是提炼一个正确的、伟大的价值观，不断塑造和阐述，形成自己的品牌精神，进而成为品牌资产，所以广告口号就要考虑到它的持久性，注重内涵的表现，如苹果的“Think Different”（非同凡想）。

第二，广告口号和金句的属性不同。广告口号，是特定的商业用语，它就是要用最简短的文字，通过不断的重复，让受众快速理解产品或品牌的特性。而上面所列的这些金句，它的文化属性强于商业属性（这也是它被很多人喜欢而不排斥的原因，因为商业味道不那么强），尽管成了刷屏金句，但是热点过后，又会像碎片化信息一样，被下一个热点所覆盖。

其实，企业对于广告口号的需求，并没有变小，反而更大了。从企业战略的传播层面、产品或服务诉求的表达层面，广告口号依然有着不可取代的独到价值。它的内容只有寥寥几个字，却要求呈现出公司产品的优势、品牌的精神，还要兼顾目标人群的接受度，还会受到提案中甲方决策人个人喜好的影响。

文案创作所需要的时间，通常比画面的执行时间要短，所以它的单位时间成本就更低。在这个读图时代，尽管广告世界是以图像标志为特征，但是，语言（文字/声音）仍然是最高效的沟通符号。广告口号的创作，所需要的是一种对品牌与产品综合理解后进行输出的能力，也是我所说的文案工作的三大基本功之一。

广告口号与标题，还是傻傻分不清楚？

在实战过程中，广告口号与广告标题经常混为一谈，甚至很多人认为广告标题就是广告口号的一种。这里，有必要为大家正式澄清一下。

的确，两者有些共性：它们都不是孤立存在的，广告文案作品的构成部分，都是品牌传播语系中的一种。不少标题和广告口号的确“长得很像”，有些不错的广告口号还可以直接拿来作为广告的标题。

但是，这两者又的确存在着很大差异，具体在功能、形式、时效性上都不一样。

1. 功能不同：广告口号在广告画面中，通常附在企业 logo 的旁边，对品牌做一个诠释，它追求的是信息量的高度浓缩，以及发音的可传播性，通过口口相传，扩大品牌影响力。

标题负责叫卖，招徕目标人群，通常位于一则广告画面或者一篇文章最抢眼、最首要的位置，吸引读者进一步阅读正文，强调的是文字的冲击力。

2. 形式要求不同：广告口号讲究的是意义的流畅及音韵的和谐，常用陈述句和行动句，在表达上追求直截了当，脱口而出，不适合绕弯子。它对字数的要求十分严苛，一般不超过 10 个字。

而标题，对音律和字数的限制，就不是那么严格了。对标题而言，字数不是最关键的，关键看你讲的内容能不能打动人。这一点在实际创作中尤其重要，如果你不把这个区别弄清楚，非得逼着自己把每一个标题都写得跟广告口号似的朗朗上口、叠词押韵，就会对信息的表达造成束缚。

3. 时效性不同：广告口号，是一种较长时期内反复使用的商业用语。有些口号作为企业的精神标语，它的寿命可以达到数十年。像耐克的“Just do it”（想做就做），诞生于 1988 年，已经在全球范围内使用超过 30 年，至今依然富有巨大的激情与魔力，甚至当你在日常生活中说出这三个单词后，也会不自觉地想起耐克。同一句广告口号，可以反复出现在不同的广告媒体上，体现品牌的一致性。

而广告标题的时效性比较短，通常是“一次性”的。针对不同媒体，很少能用同样的标题，一般都需要进行调整。

下面引用的两则案例，可以很清楚地佐证上述观点：两个品牌所用的广告口号都是一致的，但是标题各不相同。方太厨电的广告口号是“因爱伟大”，但微信推文中的标题则各说各的。虾米音乐的广告口号是“听·见不同”，而三张海报的标题，则分别从三个角度诠释了这句理念。

▶ 案例 1–13 方太厨电

- 微信文章标题：

  1. 厨房里的小确幸，我想说给你听。

  2. 50 年了，我终于读懂了你的情书。

  3. 在夏天谁做饭这件事情上，我们家终于不吵架了。

- 广告口号：

  因爱伟大。

FOTILE方太
高端厨电领导者
因爱伟大

50年了，我终于读懂了你的情书
方太新媒体 FOTILE方太 2017-10-18
遇见你之后
我想要去创造我们的完美的爱情
我可以给你绝对的自由
我允许你的不懂浪漫
我曾想
此生都不可能与另一个人写出那样的信
我比较笨拙，所以还是负责洗菜之类
煮饭炒菜还是你来
柴米油烟的味道见证着我们的爱情
我是丁琳，这些是我写给丈夫的信

在夏天谁做饭这件事上，我们家终于不吵架了
方太新媒体 FOTILE方太 2017-07-19
“今天谁做饭？掷骰子吧！”
“尽管不健康，还是想叫外卖。”
“天这么热，要不少吃一顿吧。”
“中饭我做的，晚饭你来做好吗？”
……
这些话，几乎成了夏天的常用对白。如果说夏天有两个地方，会让人误以为自己是“被烤的面包”，那么一处是在路上，另一处便是在厨房。
拿什么拯救你，夏天的厨房？
如果不是太闷热，夏天做饭本可以是一件很优美的事情，窗外的绿叶正欢快的跳跃，风不知

▶ 案例 1–14 虾米音乐

- 海报标题：

1. 所谓的特立独行，是因为还没人听懂。
2. 不是所有热爱，都有人同行。
3. 不是所有才华，都拥有掌声。

- 广告口号：

听·见不同。

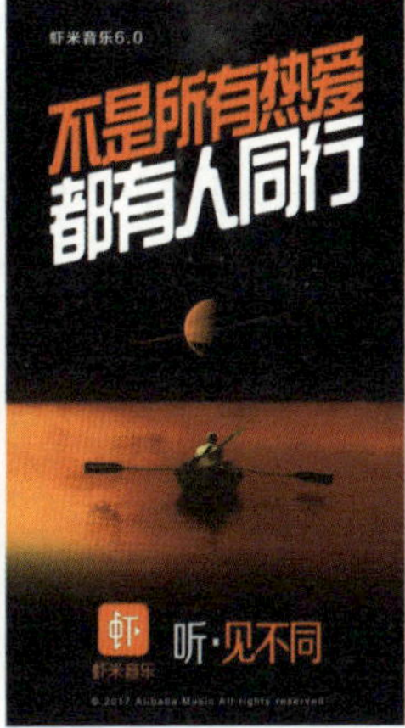

对、好、妙：成功广告口号的三重境界

讲完了基本概念的认知，就进入实操部分了。广告口号的水准，存在着高低之分，我们首先要学着去鉴赏广告口号，知道普通水准和高水准的广告口号区别在哪里，慢慢地，你自己也就会避免再去使用那些人云亦云的说法。我把广告口号的境界分为三重：说得对、说得好和说得妙。这个意思就是：先把品牌的信息特征说准确（说得对），再去打磨广告口号的语感（说得好），最后追求句子的创新性（说得妙）。

说得对

在创作广告口号的初期，客户往往无法给你太清楚的方向。所以，在那个时候，你自己心里要有一个判断的标准，可以从以下三个点来切入：其一，广告口号能否体现行业特性，让人一下子就能联想到是哪类企业；其二，广告口号能否呈现出消费者关心的产品优点；其三，广告口号能否体现品牌的理念与个性。下面就是符合这些条件的、比较出色的案例。

- 突出行业特性与企业核心优势：

由我天地宽（网通）。

海尔，中国造（海尔）。

掌握核心科技（格力）。

科技以人为本（诺基亚）。

环球金融，地方智慧（汇丰银行）。

- 围绕消费者最关心的信息、表现产品特征：

药材好，药才好（宛西制药）。

爱干净，住汉庭（汉庭酒店）。

多，快，好，省（京东）。

没有中间商赚差价（瓜子二手车）。

够真才出涩（维他柠檬茶）。

闭着眼睛点，道道都好吃（西贝莜面村）。

- 表现品牌形象与个性：

不走寻常路（美特斯邦威）。

我就喜欢！（麦当劳）

豪气顿生（Jeep 吉普）。

在乎一路的考验（韩泰轮胎）。

各凭态度乘风浪（网易新闻）。

一生只送一人（Rose Only 诺誓花店）。

说得好

口号，不是企业说一句话给消费者听，而是设计一句话可以让消费者去传播，传播给他的亲朋好友。所以，我们要追求口头语的效果，确保发音的顺畅、识别的清晰，以降低这句口号的发现成本与传播成本。此外，也可以从品牌的名称中选取一个更具识别度的字，尝试将它延展、组词，将它用在口号中，以增强口号与品牌名称的关联度，如奔驰的“驰”——驰以恒，奥迪的“迪”——启迪未来，强生的“生”——因爱而生。

● 上下句押韵，确保发音的顺畅度：

只溶在口，不溶在手（M&M 巧克力豆）。

携程在手，说走就走（携程旅游）。

给我一天，还你千年（宋城旅游）。

万事皆可达，唯有情无价（万事达信用卡）。

你的能量，超乎想象（红牛饮料）。

维维豆奶，欢乐开怀（维维豆奶）。

农夫山泉，有点甜（农夫山泉）。

● 末字重复，或选取品牌关键字做意义延展。

强生，因爱而生（强生）。

有汰渍，没污渍（汰渍洗衣粉）。

给车多，给你更多（嘉实多机油）。

心所向，驰以恒（奔驰汽车）。

突破科技，启迪未来（奥迪汽车）。

● 口语化，表达行动指令：

怕上火，喝王老吉（王老吉）。

要旅游，找途牛（途牛）。

要运动，用咕咚（咕咚）。

找工作，上 58 同城（58 同城）。

买二手车，上优信二手车（优信二手车）。

说得妙

高水准的广告口号，不是指要使用高深的字眼，而是要创造一种新的句式，让受众在不知不觉间接受产品的信息。我们通过改变一些字词的常规组合，在口号中将常见的、熟悉的事物做新鲜的表达，传递特有的价值感。别小看这几个字的组合，它需要巧妙地浓缩最丰富、最准确的信息，哪怕只有惊鸿一瞥，也能让人对品牌留下印象。

要想达到这种“妙”的境界，首先你得积累一定数量的备选方案，然后再从中筛选、精心雕琢，直到口号的音、形、义等各个方面都无懈可击。你可能已经想出了许多看起来不错的广告口号，这时反而要回归本色，看能否在原意不变的情况下，将它改得更简单。

- 挖掘文化内涵，创造新的构词方式：

晚报，不晚报（北京晚报）。

不平凡的平凡大众（大众汽车）。

精于心，简于形（飞利浦）。

自律给我自由（Keep运动）。

r u Polo？是你吗？（Polo汽车）。

胃！你好吗？（斯达舒胃药）。

一万种可劲造（淘宝12周年）。

去征服，所有不服（北京现代）。

别赶路，去感受路（沃尔沃）。

我的地盘，听我的（动感地带）。

跑下去，天自己会亮（纽百伦运动鞋）。

弹弹弹，弹走鱼尾纹（丸美）。

●将品牌名嵌入口号内：

支付宝，知托付（支付宝）。

万家乐，乐万家（万家乐）。

好空调，格力造（格力空调）。

轻松上网，易如反掌（网易）。

因为百变，所以美丽（百丽）。

你关心的，才是头条（今日头条）。

掌握前程，工作无忧（前程无忧）。

金质生活，昌乐万家（金昌地产集团）。

复杂世界里，一个就够了（一个 App）。

喜欢就表白，不爱就拉黑（麦当劳黑白堡）。

不是所有牛奶都叫特仑苏（特仑苏牛奶）。

●符合广告代言人身份：

神州行，我看行（代言人：葛优）。

人生没有白走的路，每一步都算数（代言人：李宗盛）。

地球人都知道（代言人：赵本山）。

海澜之家，男人的衣柜（代言人：印小天）。

对待打印品质，我绝不心太软（代言人：任贤齐）。

欧莱雅，你值得拥有（代言人：巩俐）。

飘柔，就是这么自信（代言人：蔡依林）。

我们已经说过，口号创作的难度，不亚于创作一个广告，它是文案能力的综合体现。如果你接到了类似的工作任务，又缺乏这方面的经验，也没关系，不妨就试试我多年来一直采用的这个“笨方法”，它对大多数的文案新手同样适用。我们可以放宽心态，循序渐进，让自己像个一无所知的初学者，先写得对，再写得好，最后追求写得妙。每一个文案迟早都需要经历这些阶段，包括我也是这样过来的。

这个方法是：从最常规的（或者说最俗套的）写法开始，把口号创作分为几个不同的阶段来演练，直到选出最满意的。在练习中，你可以先学会写那种对仗的句子，再学会写长句，然后试着写一些短句，还可以试着不按规律来写，最后试着中英双语、方言混合着来写。这样至少可以保证，在截稿期前，如果你写不出 90 分、100 分的，那么起码你可以写出一些 60 分、70 分的供选用。经过一段时间的磨炼，你就会将各种文字的组合形式熟记于心，再加上自身的经验和发想能力也在不断地提升，就能大大地缩短前几个阶段所耗费的时间。到了某个时候，你会发现，量变引起了质变，写一句与众不同的口号是如此容易。这时，就不用再去刻意地模仿那些金句，你也能创作出属于你自己的风格。

如何为国际集团创作一句中文口号？

这是我曾经为 UPM 策划中文口号的真实案例，来看看一句口号的诞生背后，需要经历怎样的思考步骤。

UPM 集团，是世界领先的森林工业集团，也是全球第三大纸和纸制品生产商。它的总部位于芬兰赫尔辛基，在刚过去的一百年历史中，凡是跟森林、造纸相关的行业，UPM 几乎都有所涉足。

“Biofore”，是 UPM 当时向全球推广的集团战略主题，这是一个富有前瞻性的概念，它的目标是整合生物科技与森林工业，使用更少的石油原料与自然资源，促进一个可持续的明天。

当时我们接到的任务，就是围绕 Biofore 策划一句中文版口号，让这一理念在中国市场也能得到快速传播。

那么，应该从哪里展开这次策划呢？

首先，肯定是研究 Biofore 这个单词本身的含义，但是我们很快就发现一个问题，这个单词，不仅中国人不认识，就连外国人也不明白意思，因为它根本就是这家企业自创出来的一个新名词，在翻译软件上也查不到它的释义。单词的两个部分“bio”和“fore”其实是两个单词的重新组合，代表了生物（biology）和森林（forest）的结合。

于是，我们仔细研读了客户提供的资料并在网络上查找了大量的相关信息，最终明确了 Biofore 所要表达的两层意思：

1. bio：指 UPM 在生产中将运用全新的材料如生物材料、生物燃料、生化药剂和复合材料。

2. fore：指 UPM 在运作中将通过新型技术如碳足迹、水和能源使用、回收技术等来实现对自然环境最小化的影响。

在明确了 Biofore 的含义之后，我们召开了正式的头脑风暴会议。

第一步，根据之前收集到的与产品有关的全部信息，从中提取关键字，作为后面发想的原点。

造纸业、纸制品、特殊纸 ⟶ 纸

创新材料、新型技术、新能源 ⟶ 新

绿色环保、自然、森林工业 ⟶ 森、绿

自然资源、新型能源 ⟶ 能、源

企业名称 ⟶ 芬

第二步，将这些字进行组合并扩词，初步筛选出与英文释义较吻合的中文词组。

芬：芬芳、清芬、芬香、芬泽；

森：森林、森然、森木、森森；

纸：纸张、纸业、纸条、纸型、白纸、纸品、一纸千金、跃然纸上；

绿：绿色、绿化、草绿、新绿、绿洲、青山绿水、绿油油、绿叶、绿荫；

能：能力、能量、能源、才能、性能、能够、能手、可能、功能、效能；

源：能源、资源、本源、根源、源头、源于、源源不断、开源节流；

新：新型、新奇、新潮、清新、崭新、新颖、新兴、更新、创新、新能源。

第三步，根据已有词组的发音，找到同音字，进行第二次扩展。

比如芬兰的“芬”，可以联想到分数的“分”，这样就多了一个字可以放在组词的路径上，在口号中也可以借助这两字的相同发音，形成一种呼应。

芬（分）：分享、缘分、分数；

绿（率）：效率、概率、频率、百分率；

纸（只）：只有、只为、只因有你；

源（原）：原来、原因、原本、原力。

森（生）：生命、生机、生生不息。

第四步，根据以上元素进行组合创作，并挑选出内涵最丰富、字数最少、寓意最佳，同时中文发音最响亮的方案，作为提案口号（一般5个以内），并为它们撰写创意说明。

方向一：纸为新生。

谐音“只为新生”，将第一个“只”字替换成“纸”字，彰显出集团的核心业务——造纸，让受众能够马上明白它的企业属性。“新”，代表创新、革新，且蕴含着无限发展的蓬勃生机。“生”，生命力，又有重生、再生的意思，体现Biofore技术里的核心概念——让每棵树物尽其用，让能源再生，恰好和bio英文所指代的“生物”的“生”不谋而合。

方向二：森生不息，前行不止。

首先一听到这个词，就能联想到成语：生生不息，寓意着不断成长与发展。在这里，它代表着Biofore的生物科技，将传统的纸张、木材等制品创新转化成生物材料、生物燃料，并将其对环境的影响降到最低。前行不止，则呼应了Biofore单词后半部分的“forward”（前进），表达了该企业努力实践新能源工业的信心与恒心。

方向三：百分绿，百芬造。

“百分”，就是百分百、一百分，给人正面向上的联想，它直接呼应Biofore可循环的生产理念——物尽其用，“绿”字点出Biofore代表的环保理念。“百芬造”与企业名称中的“芬”字相呼应。“百”代表着百年历史，“造”代表制造与创造，也表达了Biofore的革新理念和技术，皆由芬欧汇川用心创造，令人再次联想到企业特征。

方向四：绿尽其能，森领未来。

起首的“绿”字，代表着绿色环保的企业形象；同时，它也与效率的“率”同音，意味着 Biofore 将更有效率地利用森林资源。“尽其能”，一方面表示 Biofore 的浅层含义——物尽其用，实现能源的最大价值与利用率；另一方面，表现了企业的使命感和社会责任感——尽自己所能，努力改善能源问题。

“森领未来”，谐音“森林”与未来，既寓意了 UPM 企业的发展根基深植于森林工业，又宣告了“可持续发展”理念是大势所趋，是企业与社会的共同战略；这里的“领”字，有领先之意，指的是企业从过去到未来，不懈创新，始终处于行业的领导地位。

第五步，向客户提案，根据反馈继续深化，选出最终版口号方案。

经过与客户的反复讨论，初步选定方向二和方向四，随后又经过了两轮会议（包括与企业欧洲总部的沟通），最终确认“绿尽其能，森领未来”这句广告口号成为集团全新中文口号。不过，品牌策划团队的工作还远未结束，还需要进一步为其撰写详细的创意阐释、设计这句口号与企业现有标志的视觉组合、拍摄宣传视频等，从而形象化地展现口号的内涵，让传播更生动。

第二章

透视功

洞悉文案背后的策略逻辑

寻找你的沟通指南针——策略

大多数的广告新人，会在入行两三年左右，进入发展的瓶颈期。从完全不懂的小白开始，慢慢成长虽然辛苦，但只要用心一般都会感受到进步。两三年后，进步的速度却好像一下子变慢了，该学的基本功差不多学到了，该练的各种文体好像也都尝试了，文案能力的提高就开始变得非常慢，甚至停滞不前，有些人就会开始怀疑自己到底适不适合做文案，开始问自己将来是不是一直要做文案。如果不做文案做什么呢？对自己的未来和专业的提升，有着很多的疑问和不确定。

学完这一章的内容，上面的这些问题，就可以迎刃而解。我们会看到文案的更高目标，不是单纯地在文字层面上去努力，而是要超越文字本身，成为一名懂策略的文案。

懂策略，文案升级的方向

普通消费者面对一条广告，可能会被吸引，可能会觉得被冒犯，可能喜欢，可能不喜欢。而作为从业者，我们需要关注的是该广告背后的策略。想想若自己是该广告创作人员，在项目最初，面对白纸一张的时候，客户给的任务是什么？需要解决的问题是什么？当前的策略是如何形成的？如果是你，你会创作怎样的广告？这是个小小的思维练习，形成习惯之后，就会让你逐渐强化自己的策略思考能力，去透过广告的表象，看懂它背后所隐藏着的沟通策略，以及它所要解决的问题究竟是什么。这样，在你创作之前，就仿佛拥有了目标清晰的指南针。

在广告泛滥的今天，那些简单的卖点罗列，哪怕是小恩小惠的促销，都不足以打动消费者了，只有洞察到他们内心深处的需求，用策略化的文案去跟他们沟通，才有机会拿到开启消费者心门的钥匙。简单来讲，策略，就是让文案达成目标的方法。策略不会只有一条，但你只能选择一条。许多文案，之所以平庸，就是因为一开始确立策略目标的时候，思考太过粗糙或者根本没有思考。

懂策略是文案进阶的必然方向。在广告公司里，策略一般由策略总监或老板拍板决定，之后，文案再来配合完成执行的工作。在入行的前几年，因为岗位所限，文案工作的重心在于执行力能否到位，较少有机会参与到策略层面的工作中。如果你对自己有着更高的期许，你就要刻意地去训练、开发自己的策略思考能力。

每个项目的一开始，都需要搜集资料、进行市场调研或者案头分析，根据这些资料，总监会让大家先进行初步的思考。在这个阶段，你就可以做得更多一些、更深入一点。你完全可以把自己想象成总监或者老板，站在他们的角度来思考，这个产品的传播策略应该怎么做。有了自己的想法，可以先不提出来，等到策略确定之后，你再将老板们定的和自己最初想的做对照，看看两者区别在哪里，孰优孰劣。

练习过几次后，你觉得可以拿得出手了，就要大胆地向总监或者同事们展示自己的策略，接受他们的反馈，再调整优化。要知道，回避动脑是大多数人的天性，总监也不觉得策略思考的重任要落在一个文案的肩膀上。这个时候，如果你能积极一点，在“分外事”上多花点心思，就能进步得更快。相反，如果你不愿在这上面费功夫，只是等着别人给你“喂”策略，那么短时间内你可能是轻松的，但对于长期发展而言，你的专业能力就无法得到提升。

外行看文采，内行看策略

作为商业活动，任何广告最终都是为了驱动产品销售，为此需要解决特定问题，带来消费者认知或者行为的改变，并最终达成销售增长，而策略则是这一系列行为背后的思考。

走在熙熙攘攘的街头，我们会看到各种广告牌，普通人会关注画面是不是漂亮，而有经验的专业人士，则会关注这条广告背后有没有策略，是什么策略，想要解决什么问题，带来什么变化。

▶ **案例 2-1** 花茶文案：无策略和有策略

让我们从几个简单的案例入手，看看有策略和没有策略的文案有什么区别。看看这里的几张花茶广告文案："对自己好一点"——这句话是不是似曾相识，有太多的广告都用过，你想消费者看到后会有感觉吗？我知道我要"对自己好一点"，跟喝你这个茶有什么关系呢？"阳光下慎重开放的花茶"——"慎重"这个词用得很独到，画面中的景色似乎也很浪漫，但还是和消费者没什么关系。"一起喝好茶"——写得更宽泛了，你好在哪里？

谁卖茶会说自己不好吗？这句话说了等于没说。

我们再来看下面这张：午后 3 点，喝“花养花”玫瑰花茶。这句话就属于有策略的文案。提起午后 3 点，你会想到什么？对，下午茶。午后喝下午茶，是我们认知中的一个常识，广告通过把“产品”和“下午茶的场景”（具体来说是午后 3 点）建立联系，形成消费者选择模式（午后 3 点下午茶，是自然而然饮用该产品的时刻）。当我们把它融入广告标题中去反复强调，消费者想喝下午茶之时，“喝花养花玫瑰花茶”就会顺嘴溜出来了。

我们推测一下它的思考策略，可能在某次定性的调研访谈中发现，像花茶这类产品，消费者可能由于一时冲动购买了（尝试率较高），却常常锁在抽屉忘记了喝，也就阻碍了再次购买的可能（复购率较低）。所以，该广告要解决的问题就是提高产品被重复购买的概率，或者简单地讲，广告要让消费者养成“每天饮用该玫瑰花茶”的习惯，从而促进销售。这样的洞察或灵感，就藏在和用户的深度沟通中，如果被我们找到了，还可以通过定量的调研，来验证它是否正确。

肯德基的“六点啦，肯德基早餐开始啦”也有这样的异曲同工之妙，在“六点早餐”和“肯德基”之间建立一种强关联，每次吃早餐，都会让人不由自主地想起这句话。大家不妨回忆下，还有哪些广告也是运用了这个原理。

▶ 案例 2-2　牙刷文案：无策略和有策略

我们平时看到的牙刷广告，它们的文案是不是都跟下列画面中的差不多：健康、亮白、清洁、护齿、柔软等等。这些特点，确实也都是我们的消费者需要的，但所有的牙刷品牌也都知道这一点，当你的产品处于白热化的市场竞争中时，如果文案只是写出那些别人都有的卖点，那就不足以抓住消费者的眼球和钱包了。

而这则牙刷广告，则展现了完全不同的风格，它当然也有着“清洁、亮白、护齿”等特点，但它一个都不说，而是问你：“一万根刷毛的牙刷，你用过吗？”每个人看到这句话第一

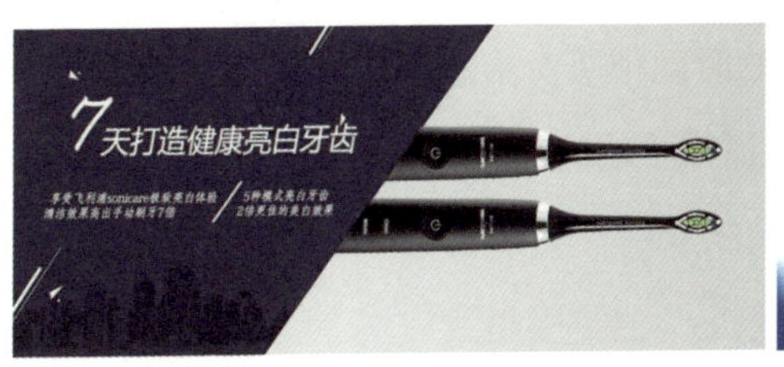

反应，肯定聚焦在“一万根”上，然后会有同样的答案：没用过。于是，它就迅速吊起了消费者的胃口，抓住了我们的好奇心：“一万根刷毛的牙刷用起来怎么样，我还真想去买回来体验一把。”牙刷的价格不高，是一个典型的低参与度品类，对消费者来说，牙刷就是牙刷，都差不多，买的时候无须思考太多，并不像买车、买手机，需要很多比较、考虑。所以，这则广告想要打破这种心态，激发好奇，塑造产品差异点，从而增加消费者选择该产品的可能性。

我们综合来看以上这两则广告，“午后 3 点，喝花养花玫瑰花茶”，“一万根刷毛的牙刷，你用过吗？”，这两句话，都没有飞扬的文采，但都通过洞察，建立起了和消费者的有效沟通。“午后 3 点”，就是在合适的时间把茶卖给想喝的人；“一万根刷毛”利用消费者的好奇心，抓住了他的眼球。这里起作用的，就是文案的策略。

4W：我的轻策略法则

策略是个系统化的思考过程，有它的精密之处，营销界的专家和学者为此总结了不少的方法理论，比如：定位理论、SWOT（态势分析法）、USP（创意理论）、STP（营销战略三要素）、4P（产品、价格、渠道、推广）、4R（关联、反应、关系、报酬）、4C（消费者、成本、便利、沟通）、聚焦法则、延伸法则、牺牲法则等等。在工作中，如果能熟练地掌握这些方法理论，肯定很有价值，但是，这个过程的时间也很长，需要几年，在此期间你还需要不断地在实战中去运用它们，才能烂熟于胸。

那么，对文案新手而言，有其他办法可以快速地拥有策略化的思考模式吗？答案是肯定的。在理论层面，我们的确需要重视这些概念和术语，但在实战中，我们可以用更“轻”的方法去达成目的。

接下来，我就向大家介绍一下我的轻策略思考方式：4W 原则。学会 4W 原则后，你可以暂时不去理会那些复杂的理论概念，而是直接用策略化的构思和表达方式，写出更具洞察力的文案。

这 4W，就是 why（为什么说）、who（对谁说）、what（说什么）、how（怎么说）。如果再考虑周全一点，还可以增加两个 W：where（在哪里说）、when（什么时候说）。但最重要的，就是前面这 4W，就是我接下来要详细讲解的内容，我将它们称为“文案策略的四项基本原则”。因为这 4W，跟发想创意、评判创意的关系非常紧密，弄清楚了它们，就等于找到了策略落地所需要的支点。

WHY（为什么说）：如何设定广告目标？

这张图中的文件，相信大家都不会陌生。在创作过程中，各种改稿、返工是家常便饭，而文案这个东西又很主观，每个人看了都有自己的理解，都能提出修改要求，结果呢，改了无数个版本，客户还是不满意。就算你把文件的名字改成“发誓不再改，打死也不改，再改不是人”，以表明自己坚贞不屈的决心，也还是没有用，客户一旦要求改，你只能改。这背后的原因，大家想过吗？

还是让我们回到问题的源头，为大家还原一下广告项目在刚开始启动时的场景，来看看一再改稿的顽症，到底是由什么造成的。

再改不是人，那你还改吗？

有一天，公司客户部的AE（客户主任）告诉你，今天接了一个手机的活，想让我们来做一组海报，时间非常急，你赶紧写文案。你问，有什么要求，或者有什么材料吗？AE说：他们也没具体讲，但甲方的市场经理透露了，他们的老板很喜欢小米的海报，要简单直接说人话。你正在琢磨小米手机和说人话之间的关联度，AE就直接丢了几张小米的海报给你。

但你看完之后却更蒙了，并不知道该怎么入手，这时候，客户部同事又跟你说，别想太多了，他们要求不高，简单写写就好。于是你就开始“简单写写”，但是出了几稿，客户都说没感觉，他们提出了一些要求，你再改，发过去之后，他们又提出一些新的要求，于是，你就继续改，改改改，感觉总也没有头。无论你写的是什么，总是难以被认同，方案被一再推翻，客户觉得你悟性太差，你觉得客户自己都不知道自己想要什么，最后双方都精疲力竭了，差点就要一拍两散。

这种情况其实并不鲜见。究其原因，其实是因为大家缺少事先的沟通，没有把广告的目标给定下来。只有这个“why”（广告目标）明确了，你才能够不用揣测客户的意图，而是根据市场与品牌的发展规律来引导、说服客户。也只有广告目标明确了，你的文案目标才能明确，客户才能知道用什么标准来衡量你的文案。

广告的目标只有卖货吗？

每条特定的广告，都是为了建立或者改变消费者的认知、态度，驱动消费者行为的改变，从而解决该品牌当前面临的挑战（问题），帮助达成销售。这就首先需要了解消费者当前的态度、行为，与我们的期待存在着怎样的差距。

最直截了当的办法，就是跟客户商讨：他们当前的“消费者画像、希望达成的业务目标，以及面临的障碍”是什么。企业市场部通常会在年底前制订下一年的品牌推广计划，这个时候就会把次年的年度推广主题、每个季度的市场目标以及主题方向定下来。品牌正处在哪一阶段，是要提升品牌形象，还是主推产品上市。这些问题，都可以通过会议交流，和客户一起明确下来。

但是有时候，很多客户并没有制订年度计划，他们也讲不清楚每一次广告的目标是什么，只能很笼统地告诉你：我做广告肯定是为了卖货啊！甚至有些客户会提出，希望用销售量来衡量广告的效果。

如果碰到这样的客户，你就要向他指出，这个想法过分夸大了广告的力量，混淆了广告目标和营销目标的区别。广告目标，是企业通过广告直接达成的效果，通常它以消费者的反应变量来表示，比如说，创造品牌知名度、提高美誉度、建立品牌形象和激发购买意向等等。而营销目标，通常用销售额及有关指标来衡量，比如说，市场占有率、利润率或者投资回报率等指标。广告目标肯定是为营销目标服务的，它经过时间的累积后最终肯定会转化为销售额，但是我们不能把广告目标和销售额直接挂钩。

那么，在这种客户也不知道目标是什么的时候，我们应该如何确定广告目标呢？可以通过分析客户产品的生命周期以及营销战略来决定。

▶ 案例 2-3　小米手机在不同阶段的广告文案

既然刚才我们说到了小米手机，那就来看一下，小米是如何通过不同的营销目标，从而界定它的广告目标的。

品牌形象广告

MIUI 系统，是小米手机内置的操作系统。在 MIUI 系统刚诞生的年代，还是苹果、HTC（宏达电子公司的手机品牌）、三星的天下，普通人很难接受 MIUI 系统，就算接受也很难实施，为了给一款手机刷上 MIUI 系统，需要很烦琐的步骤，这只有对手机的使用体验有极高要求，又希望尽可能控制成本的发烧友，才愿意去折腾。

这个时候，小米推出了品牌形象广告“为发烧而生”，专门针对那些对 DIY（自己动手做）技术无比狂热的发烧友群体。该主题给人以“技术流”的形象，让小米脱颖而出，突破了常规手机品牌的竞争圈。建立起自己的品牌形象之后，小米就需要来推广一些具体的产品内容。随着一波又一波新款手机需要推向市场，发布会的召开肯定会很频繁，后续就需要配合一系列的发布会海报，来吸引消费者的关注。

发布会海报

这张是小米 4C 手机的发布会海报。小米 4C 拥有“安卓小王子”的称号，所以，在海报的画面中，有一位经典造型的“小王子”，站在舞台中央，一束光正打在他的身上，神秘的背影与飘扬的围巾，预示着一场气势不凡的亮相。这张“小王子”海报，和旁边的这张海报“5”（意指“小米 5 新品发布会”）其实很相似，它们都突出了一个抽象的人物或者某个数字，用悬念式的画面创

意，让大家对即将发布的新品手机充满期待。所以，在这类发布会海报中，新产品可以犹抱琵琶半遮面，甚至都不用清晰展示，只要让别人知道有这么个发布会，就已经够了。关于对新品更细致、明了的介绍，可以在发布会召开之后放到硬广中去讲。

产品功能广告

到了主打产品的阶段，终于可以让“主角”闪亮登场了。这里的三款手机产品广告，分别介绍了它们各自的功能亮点。其中，“小米 5”的面世广告，直截了当地介绍了包括处理器、内存、4 轴防抖摄像在内的“十余项黑科技”；小米 Note2 选用梁朝伟来做代言，文案“一面科技，一面艺术”，强调它的“双曲面”外观；吴亦凡代言的小米 5X，强调拍人更美，支持它的是“变焦双摄功能”。这些广告的目标，都是让用户可以快速感知到每款产品所拥有的最强卖点。

促销广告

除了介绍品牌和产品的广告之外，还有很多广告的目的，都属于阶段性的，可能就是为了一次临时的促销，通过价格优惠、赠品、抽奖等方式来提升产品的销量。这个时候，广告的目标就是要直接引导销售，它的表达方式，无论是文案还是画面，都需要更为直接。比如在新年前夕，小米为旗下全线产品推出“年货节”，画面运用“红头文件”的噱头来吸引眼球，文案中添加了很多“狂送”“爆品”“秒杀”等煽动性词语，同时又将“机密情报”进行编号，将各种“福袋、礼券”等促销形式逐一串联，不仅吸引了消费者的连续关注，而且可以确保他们饶有兴趣地读完所有促销信息。

通过以上介绍，我们可以知道，明确广告目标的方法有两个：一、直接向客户询问，根据客户所提出的目标来完成后续工作；二、根据产品所处不同的生命周期和当时的营销战略，向客户提供专业建议，由双方共同商定。

十种常见的广告目标设定方法

1. 树立品牌形象和企业形象，提高品牌知名度和信任度。

2. 介绍新产品的功能，协助新产品进入目标市场。

3. 介绍老产品升级后的新用途、新优势。

4. 突显产品优势，激发消费者直接购买，扩大产品的市场占有率。

5. 介绍优质服务，延长产品购买时间或使用季节。

6. 常规促销，通过折扣、赠品等形式提高销售量。

7. 扩大销售区域，在新市场召开新的招商大会。

8. 提高与竞品的抗衡能力，抢占销售制高点。

9. 消除不良印象，解答消费者的疑虑，为销售扫清障碍。

10. 利用节庆与热点，建立公众与企业的情感联系，提升信任感。

广告画面与所对应广告目标的参考表

画面	广告目标
	树立小米手机品牌形象，提高品牌知名度
	介绍新产品（小米 4C）上市发布会，通过悬念式的创意，扩大发布会影响力和关注度

续表

画面	广告目标
	介绍新产品（小米 5）上市发布会，通过悬念式的创意，扩大发布会影响力和关注度
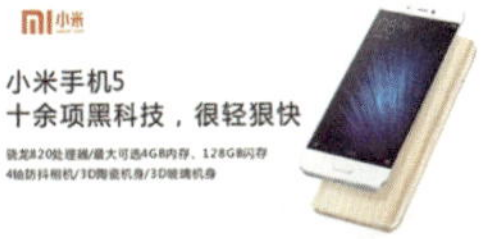	介绍新产品（小米 5）的亮点和功能，协助新产品进入目标市场
	介绍新产品（小米 Note2）的亮点和功能，协助新产品进入目标市场
	介绍新产品（小米 5X）的亮点和功能，协助新产品进入目标市场
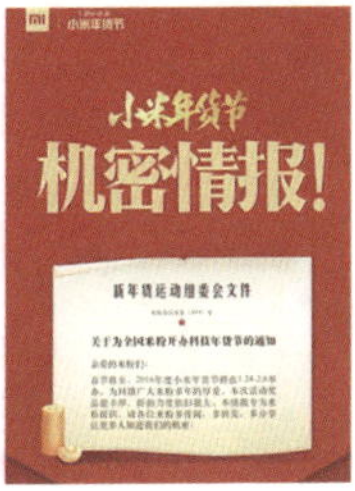	节庆常规促销，通过折扣、赠品等形式提高销售量

通过上面这张对照表，我们可以很清晰地看到，广告目标决定着每一则广告的内容表达。广告中所有的文字和图像，都应该带着强烈的目的性，而广告的创作者（无论文案还是美术）就是这次沟通的领路人，你需要时刻清楚要将你的读者带到哪个位置。这个位置，就是 4W 原则里的第一个 W：why（为什么说）。当目标设定之后，接下来，就要考虑如何针对特定的人群进行沟通了。

WHO（对谁说）：如何与目标人群进行沟通？

文案是“键盘上的推销员”，他的工作是用文字的形式将产品推荐给顾客。这种“推销”和其他方式相比，有什么不同呢？

假设你是商场的一名销售人员，你可以直接面对顾客，通过眼前的某位男士或女士的年龄、着装及其言谈举止来迅速地反应，转换你的销售话术，从而打动对方。但一名文案是没办法直接面对顾客的，你只是一个隐藏在各种广告背后的创作者。你的沟通内容发布之后是很难随时调整的，很多时候，你需要提前猜测顾客的不同需求，将它融入广告内容中。那么，这个“顾客”到底长什么样呢？我们应该如何才能明白他的心？

如何锁定文案的沟通对象?

其实关键点只有一个，就是要弄清楚文案 4W 中的 who（对谁说）。用营销学的专业术语来说，这个 who 也就是广告所要针对的“沟通对象”（target audience，简称 TA）。如果确定了沟通对象，上面的难题也就解决了。那么，有沟通对象的文案，比起没有沟通对象的文案，到底好在哪里？通过下面两个案例，我们来分析下。

这里是两则办公软件的广告。第一个例子是办公软件“钉钉”的，广告首先提出了问题“身在高铁，怎么下达命令？”，然后用企业家来证言：“我用钉钉。”这里的沟通对象，就是那些每天疲于差旅、奔波在各种交通工具上却仍心系公司事务的决策者，通常他们也是对公司办公软件的采购具有拍板权的人。广告标题很准确地把沟通对象圈定并与之对话，清晰地呈现出该软件对企业管理的价值。

右边这张，是另一款办公软件的宣传，实质上它也需要与企业管理者沟通，但它并没有。而是用了这么一句话“云之家，移动办公行家”，同时画面上配了一些该软件的使用界面。这句标题的结构挺工整，结尾“行家”一词还呼应了品牌名的尾字“家”，但事实上，这样的定义放之四海而皆可，可以用于任何产品、跟任何人说。再加上“云之家”这个名称也有点先天不足，一个“家”字很难与企业办公形成直接联想，如果用这样的抽象概念，去跟忙碌的商务人士沟通，结果肯定收效甚微。

我们再来看两则大米的广告，两句广告文案都玩了一个谐音游戏，但是效果大相径庭。左边这张“没想稻”，是有沟通对象的，它的沟通对象很清晰，就是那些家有“熊孩子”的妈妈，她们成天为孩子不好好吃饭而大伤脑筋，而没想稻（谐音“没想到”）正好解决了她们的大难题。因为米饭口感特别好，居然能让孩子“多吃一碗饭”，还有什么比这个更能打动妈妈们呢？

而右边这则广告，只是聚焦在产品本身，突出了“我的大米很香”，并没有和特定的人群进行沟通。尽管它的标题还设计了一个双关语“口口香传”，既突出了它的“香”，还谐音“口口相传”，强调了它的好口碑，但这样的换字游戏，普通消费者是很难领情的。

通过以上案例，可以明显地看出，要想写出真正有效的广告文案，你就要锁定沟通对象，解决他们的痛点，进而引发共鸣，促成购买。这句话中有三个重点。

一、锁定沟通对象。最理想的情况下，你可以把你的沟通对象想象成一个人，一个具体的、有血有肉、有烦恼、有骄傲、有情趣的人，而非一堆生硬的没有情感的数据（例如：60% 男性、40% 女性，25~35 岁）。他 / 她应该是一个人，有自己的名字，你可以想象一下他 / 她坐在对面，和你聊天。

二、解决沟通对象的痛点。这需要你深入理解他 / 她的生活状态，想象一下他 / 她典型的一天是怎样度过的，若是一星期、一个月呢？客户产品的品类，在他 / 她生活里面扮演怎样的角色？他 / 她对这些产品的使用体验如何？对客户产品印象如何？与他 / 她理想中的产品差距在哪里？

三、引发共鸣。想想“共鸣”的本义——你拨动一根弦，消费者心里同样频率的另一根弦也随之颤动、发声。这要求我们透过表象，找到消费者埋藏在心底的频率。只有我们证明了我们理解消费者，他们才会愿意听我们接下来要讲的内容，顺便高高兴兴地掏钱包。

那么，我们应该如何精准地锁定沟通对象呢？又应该用一些什么方法来获取他们的基础信息呢？

四个维度，为目标人群画像

第一步，提问。这是最简单直接的方法，也是必不可少的。

对于专业岗位分得很细的广告公司来讲，通常客户部或者策略人员在项目启动时就会选定目标人群；而文案的工作，就是对人群进行更准确的描述，找到针对他们的对话方式。作为文案，你可以去问公司的策略或者客服同事，如果他不清楚，请他（与你一道）去问客户。如果客户公司的直接对接人也讲不清楚，那么，可以请他帮忙问一下企业调研部或相关部门的同事。

有些广告公司未必设有单独的“策略”职位，而是将“文案、策划”的工作交由同一个人完成，这样的职位统称为“文策”。文策，较多出现在很多专做地产服务的广告公司中，现在很多独立创意公司中也配备了这样的职位。他们会有更多机会去直面客户，向客户去提问。

你只需要问一个问题：我们这次广告的沟通对象是谁，请给我一个目标客户人群的画像。

这里的“画像”，不是用一幅图画来描绘出他究竟长什么样，而是用文字去描述他的特征或生活方式。目标客户人群画像，是根据众多已购买者信息抽象提炼出来的、典型客户的形象。在描述这些角色的过程中，你将更加深刻地了解到你的客户是谁，明晰他们的关注点、消费偏好和消费目标，从而更好地展开你的沟通与营销活动。

你会得到的答案可能是一些定量（也就是通过问卷或者用户大数据、行业报告获得的，以数据形式呈现）的信息：目标消费人群 25~35 岁，月收入 8 000~12 000 元，每周饮用咖啡 3 次以上，等等；也可能得到一些定性（通过访谈、座谈会的形式获得的，以非数据方式呈现）的信息：他们心态开放，喜欢主动尝试新鲜事物，时常担心落伍，如果有什么东西流行起来了他们却不知道，他们会觉得羞耻，等等。

第二步，找找身边符合客户描述的人，可以是你的朋友、朋友的朋友，跟他们聊聊。这样可以更深入地了解他们，或者验证你的初步想法。

第三步，如果还有时间进行第三步的话，那就让自己静下心来，根据前面客户提供或者你自己收集的资料，把自己想象成沟通对象，深入角色，想一想你的生活方式、价值观、消费行为、购买行为、希望解决的痛点。

通过上面这三步，你能够基本完成目标用户的画像。如果你想为他们贴上更为精准的标签，那么可以运用下面这四个维度的分析（自然特征、消费特征、社会特征和兴趣特征）。

自然特征（基本属性）：性别、年龄、体型、地域、职业、教育程度等；消费特征（购买能力）：收入、车、房、购物类型、品牌偏好、购买周期等；社会特征（行为特征）：婚姻状况、家庭构成、社交偏好等；兴趣特征（心理特征）：兴趣爱好、使用手机或者 App 的习惯方式等。

▶ 案例 2-4 轻奢女包品牌的用户画像

自然特征：一二线城市；25~35 岁之间的女性；受过高等教育；从事专业性较强的工作。

消费特征：月收入 1 万元以上；有车，高档小区租房或买房；信用水平高。

社会特征：未婚或者刚步入婚姻，尚未生育；思想现代、经济独立；处于为外在形象付出最高消费的年纪，重视生活情调。

兴趣特征：通过朋友圈以及专业网站获取信息，喜欢浏览时尚公众号；购物时决策速度快，经常直接购买。

▶ 案例 2-5 暑期亲子海岛游的用户画像

自然特征：一二线城市，30~40 岁之间的潮妈酷爸，普遍受过高等教育。

消费特征：收入水平为中产或高净值，消费能力强，尤其愿意投入到对孩子成长有助益的项目（旅行、教育、医疗等）。

社会特征：上有老，下有小，家庭与企业的中坚力量，承担较多责任，工作压力较大。

兴趣特征：乐于通过专业网站获取机票住宿等旅行信息，通过社交媒体分享个人化的旅行经历；认为“新的体验”让人生更充实，因而在旅行中也乐意尝试多元化和差异化的选择。

▶ 案例 2-6 电脑游戏本的用户画像

自然特征：85 后至 95 后之间，一般以男性为主，游戏重度爱好者，学历较高。

消费特征：85 后至 90 后的群体属于上班族，有稳定的经济来源，有自主决策力和购买力；95 后的群体属于在校大学生，没有固定经济来源，基本靠兼职或家人支持。

社会特征：85 后大多已婚，有多种途径可以获取信息；90 后 ~95 后大多数单身，少数步入婚姻，平时喜欢跟朋友组团玩游戏、聚餐等。

兴趣特征：大多数时间都在刷手机，浏览新鲜事物、玩游戏等，喜欢跟几个朋友一起玩游戏，群体意识较强。

▶ 案例 2-7 高端儿童齿科的用户画像

自然特征：家有 1~12 岁孩子的潮妈；年龄在 25~40 岁；城市女性；受教育程度高；有车有房。

消费特征：愿意在孩子身上投资，注重孩子口腔健康。

社会特征：家有一胎或二胎，孩子往往不爱刷牙或者有各种口腔问题。

兴趣特征：热衷于讨论孩子教育和健康问题，喜欢晒孩子，手机或 App 使用率高，信息多来源于妈妈群、朋友圈。

借助以上这四个维度工具，你可以为广告的沟通人群初步贴上标签。当然，你还可以将这些标签化的短语，转换成描述性的语言，来帮助你和团队建立起一个更形象的认知。于是，呈现在你们面前的，应该是一个立体化的“人物设定”。面对这样一位活生生的“人物”介绍你的产品，是不是就没有起初想的那么难了？

挖掘社群暗号，精准引发共鸣

我们已经从产品经济、商品经济和服务经济，进入“体验经济”的时代。曾经，价廉、物美是最大的卖点，购物时看重的是价格和品质，然后，消费的关注点转变到服务水平和产品的创新性上面。到了今天，除了上述的这些，消费者更在乎的，其实是整个消费过程中的个人体验，以及对品牌价值观的认同。

所以，品牌营销的主题不只有产品和服务，还可以沿着文化和价值观的角度，去面向更为细分化、社群化的用户。像大家所熟悉的果粉（苹果用户）、米粉（小米用户）、豆友（豆瓣用户）、驴友（旅行同伴）这样的群体，就很难简单地用年龄、性别、职业、收入来划分。因为，他们是通过共同的兴趣和价值观汇聚而成的社群或者部落。要想跟这类人群进行沟通，你就要先进入他们独特的语言系统，才能激发他们的认可与共鸣。比如像“吸猫”“撸狗”“鬼畜”“丧”“男友力”这样的一些词，如果你跟一个 60 后说，他可能一个也听不懂，可在 90 后、95 后人群中间却被津津乐道。它们就像是某种暗号，只有特定群体的内部成员才能听得懂。

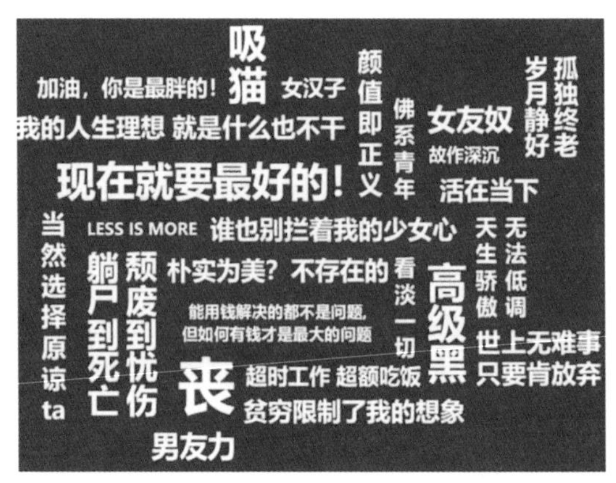

这种运用专属文化符号进行社群推广的方式，我曾经给它下过一个定义，叫“暗号营销”。低调却精巧的暗号式文案，有时比大声吆喝的力量要强得多，能够起到四两拨千斤的效果。比如，我曾为韩国巨星权志龙首度登陆中国做推广，创意中仅用了四张黑白图片，竟然引起了权志龙歌迷的疯狂转发，最终还把当天的官方微博内容推上了新浪热搜。这个创意的灵感来源其实一点也不深奥，只是因为当时我回想起自己的中学时代，当年有过追星经历的人都知道，作为追星族（现在也叫粉丝）必然会对偶像的生日、口头禅之类的信息如数家珍。于是，我就去通过百度百科的搜索，在“权志龙”的词条内容中，挑选了他的四组个人“密码”，并将它们设计成了四张图片。撬动粉丝热烈关注的，正是这四张暗号图——因为只有权志龙的“真爱粉”才看得懂，他们不关心别人是否理解，只在乎同类之间存在的那种惺惺相惜的默契。这种特殊的“小众感”“身份感”，正是他们进行分享与炫耀的动力。

一旦我们的文案与受众的语言系统相契合，就能够更轻易地进入他们的内心。我作为广告创作者，可能并不一定是权志龙的歌迷，之前对其也知之甚少，但这丝毫不妨碍我为其做出“比粉丝还懂行”的创意内容，让他的粉丝也觉得彼此都是“自己人”。

以上我们主要讲了 4W 原则中的 who（对谁说）。在创作之前，提前锁定广告的特定沟通对象，并能运用不同族群的专属语言去做交流，将让你的文案拥有畅通无阻的力量。

WHAT（说什么）：如何用文案诠释产品卖点？

前面我们学习了“对谁说”，当文案确定了“对谁说”之后，接下来，我们就要进一步思考，应该跟他们“说什么”（what）。

人们每天都会接触到大量的广告，你可能会以为他们很关心广告在说什么，但其实这是一个误解，人们在乎的只有自己的工作、薪水、和朋友的晚餐，以及喜欢的电影球赛之类的。尽管一直被广告所包围，但实际上，广告在人们的生活中从来都不重要，甚至排在了每天生活的末位。

广告，是一门关于注意力的学问。文案的重要工作，就是琢磨和确定，当你的广告处于信息的海洋中，应该“说什么”才能引起别人的重视。这个“说什么”，就是广告所要传达的东西，它又被称为广告诉求。

给广告诉求“瘦身”

广告诉求的最基本标准：一次只讲一个主题。它必须简单、清晰、好记，让读者非常容易地得到信息，并且相信它。如果你要讲的产品亮点太多，你的主题就会像霰弹枪，每一次都会朝着多个方向发射，看似面面俱到，但由于削弱了信息本身的分量与纯度，往往会失去最原始的杀伤力。有机构曾做过一个统计：当广告中只有一个核心卖点时，90% 以上的观看者可以回忆起并且复述出来，但每增加一条次要卖点，对两个卖点的复述率分别只有 60% 和 40%。多个卖点看似增加了很多打动消费者的理由，比较符合日常的生活经验，但它也有相应的代价：核心信息被稀释，回忆率从 90% 降低到 60%。

那么，有人会问，如果我的产品亮点太多，而且对消费者都很重要怎么办？如果你实在想要把卖点都提一下，也不是完全不可能，前提是你所登载广告的媒体要有足够的篇幅和时间长度，比如在电视购物节目，或者电商平台的下拉式网页上，它们可以允许你把所有的诉求都说完。不过，尽管如此，你还是需要把信息分个主次先后，先说绝大多数消费者最感兴趣的卖点。

相信你一定记得这样的场景，深夜电视里的导购员，眉飞色舞地向你吹嘘着产品的各项功能：

“正宗名表，最后三十款，真钻，真金！”

“现在就下单，今天只要 998（元）！”

“商场里的八心八箭要卖到20万，而今晚的八心八箭只需要998（元），人民币998（元）！”

“100%进口的瑞士石英的机芯！”

“法国蓝宝石水银镜面，跟劳力士同级！”

“太让人心动了！连表带都镶满特级南非水钻。”

“如果你错过了，那么我恭喜你，你买不到了！”

“全世界售价从来没有低于10万元，今天只要998（元）！”

这一连串的卖点，是不是每个都很诱人？但是，在一则广告中能把每个卖点都讲到吗？不太现实。也只有在《电视购物》这样的节目里，因为时间充足，所以主持人才能不厌其烦地逐一介绍卖点。如果缺少足够的版面与时长支撑，你的广告诉求也必须不断“瘦身”才对。

三个角度，挖掘广告诉求

通常，同一品类的产品优点往往是相同或者相近的，比如，空调都会说“静音、省电”，牛奶都会说“新鲜、营养”。所以，当其他竞品已经说了那些大同小异的优点之后，我们再去表达同样的诉求，就容易跟对手“撞车”。如果对比下来，发现自身优势并不明显，我们就需要去挖掘新的诉求。

一开始，你需要搜集大量的产品信息和用户资料。然后，结合自己的专业经验，不断地思考分析，推导出一些诉求。最后，还可以通过多种途径去论证和确定它。一般来讲，如果你的诉求能够符合以下几个问题的交集，就会比较容易击中用户的内心。

1. 同行在说什么？（别人在讲什么，我们尽量避免。）

2. 我们的品牌可以说什么？（品牌的个性与定位，有哪些限制。）

3. 这个是不是目标消费者想听的？（能否与人们产生共鸣。）

4. 产品文化的洞察是什么？（能否借力于社会潮流或趋势。）

在这里，我为大家归纳了一个比较简单的思考方法，可以以下三个角度（尤其是后两个）入手，来界定你的广告诉求。

1. 品牌定位及品类属性，从源头来定义诉求。

品牌定位及品类属性一般在品牌创立初期，也就是品牌战略建设时就确定下来了。比如，佳得乐的定位，是运动饮料，它的广告诉求是：解口渴，更解体渴。Jeep 的定位是城市越野车，它的广告诉求是：在刻板的城市生活中，找回真实自由的自我。

2. 物质利益点，是产品的真实表达。

一款产品往往有多种优点，到底选择哪个来作为“物质利益点”，这个要以竞争对手的空白点和薄弱点作为参考。

举两个例子。第一个例子是王老吉，它把诉求重点放在竞争对手的“空白点”上。当市场上还没有足够强大的竞争对手的时候，它将自己定位成凉茶的代表品牌，而凉茶对应的物质利益点，就是“防上火”。于是，它让品牌名字和功能利益点建立起一种强关联，提出“怕上火，喝王老吉”，快速撬动用户的心智，一举成为凉茶市场的领导者。

第二个例子是汉庭酒店。如果市场已经比较成熟，该说的卖点也都已经说了，那么，我们就要把诉求放在对手的“薄弱点”上。很多经济型酒店都在说自己舒适、安全、干净，但从来没有一家酒店像汉庭那样，把“干净”这个物质利益点放到台面上来强调，推出全新的口号“爱干净，住汉庭”，而且通过各种举措，把“干净”这件事真正地做到了极致，这就会让消费者觉得你很有底气，进而更有兴趣了解品牌。

物质利益点的选择，简单来说，就是那句老话“人无我有，人有我优”。

3. 精神利益点，建立在对人性的深刻洞察上。

人性，就是人们普遍具有的心理属性。不管时代怎么进步，人的特性其实很少有变化。比如大多数人都希望轻松赚钱，省时省力，被重视、被赞美；都不希望被批评、被忽视，让别人觉得自己无能、抠门、懒惰、胆小怕事等等。

早在20世纪的民国时期，广告就已经善用人性的力量来做营销了。这幅推广家用电话业务的广告画面，用两个孩子之间的悄悄话，放大了成人世界的难堪，让公众意识到私家电话的便利。家里没有安装电话的母亲，经常去对方家中蹭电话打，既占人家便宜，又增添麻烦，但这一次，大人之间表面上的相安无事，却被孩子的童言无忌给打破了——“你妈真讨厌，又来揩油了”。标题用了尖刻而充满鄙夷的口吻，貌似从孩子的口中说出，又不像是孩

子自己的语言，倒更像是其父母对邻居的刻薄评价，一点不给面子，可见“积怨已久”。但是这种情绪冲突，马上就被内文中的可行性方案所消解了：“这种话你是听不到的，然而何必时常被人讨厌呢？如果府上安装一部电话，每日所费不过几角钱，而便利迅速，省时省力，什么都称心满意，并且免得被人讨厌。”多么体贴的解决之道啊，让人感觉被冒犯的同时又有了几分宽慰。这幅广告的发布距今都已快百年了，但其所具备的沟通力丝毫没有减弱，反而让如今那些看上去很炫酷的广告显得空洞而单薄。它的立足点，就是基于对人性的理解。

可见，在文案创作中，若能结合人性的本质或弱点去做沟通，就能极大地增强内容的穿透力。只有当你站在对方的角度，了解对方的需求，才能把话真心地说到他的心坎里。

虽然人与人之间存在着各种不同，但事实上，我们的相似之处比不同点要多。不论是什么种族和肤色，人们最基本的动机从未改变：爱、性、贪婪、饥饿与不安全感的影响。这张“人类基本诉求表”，是美国的菲利普·沃德·博顿（Philip Ward Burton）总结的。如果想让你的广告充满内在的力量，就应该围绕着这些人类的基本兴趣点展开诉求。

人类基本诉求表

贪心：对金钱、权力、声望、能力、物质财富的欲望。

舒适：对身体舒适、休息、休闲、心灵平静的欲望。

方便：希望不工作或轻松地工作。

好奇：对任何新鲜经验的欲望。

自我中心：希望自己有魅力、出名、受人赞美。

家庭亲情、团聚和幸福家庭生活：希望全家人一起做事，希望取悦家庭成员，希望在孩子的成长过程中帮助他们。

恐惧：对疼痛、死亡、贫穷、批评和丧失财富、美貌、知名度以及至爱亲人的恐惧。

健康：对健康、长寿和青春活力的欲望。

英雄崇拜：希望自己像崇拜的人。

慈悲、慷慨和大公无私：希望帮助别人。

爱和性：对浪漫爱情和正常性生活的欲望。

智力刺激：希望提高心智、开阔眼界。

愉悦：对快乐、娱乐和享受的欲望。

感官诉求：对感官刺激的欲望。

当你无法确定广告诉求的时候，拿出这份表格来参照一下，就能找到可靠的指引。因为，它已将人性解析得无比透彻，而你所做的，只是沿着它给出的方向换一些表达方式而已。绝大多数的成功文案作品，包括我们熟知的很多经典广告口号，都可以从中找到对应的人性诉求点。理解并直面人性，是一个文案创作者无法回避的必修课。

文案与诉求点

文案	**人性诉求点**
人头马一开，好事自然来	贪心与便利
钻石恒久远，一颗永流传	浪漫与爱情
人类失去联想，世界将会怎样	恐惧与好奇

广告诉求，如何让消费者听得懂？

广告诉求，是广告中的核心信息。当广告诉求确定下来之后，你需要将这些诉求转化成消费者能够听得懂的语言，转变为消费者看得见、摸得着的好处。因为，产品的特点跟消费者的真正理解和需求之间，存在着相当大的差异。所以，我经常说，文案很像一个翻译，需要把产品的信息，转换成消费者的大脑能够接收的信息。

▶ 案例 2-8　“徐家汇一居室”租房广告

给大家举一个租房广告的案例。很多同学可能都有过类似的经历，有一天你可能需要出租一套房子，这套房子可能是你自己的，可能是合同未到期需要转租的，反正不通过中介，只能在网上自行发布信息。这个时候，就要考验你的文案功力了。同样的地段、差不多的装修、同等价位的配套家电，为什么有的房子就能租个好价钱，还能很快成交，有的房子就怎么也租不出去呢？经验告诉我们，除了真实的图片之外，你用来介绍房子特点的那一段文字信息，才是更为重要的。它是令看房者心动的决定性要素，直接影响到他们会不会尽快拨打电话，向你咨询更多细节。

假设这套待出租的房子，一室一厅，位于上海徐家汇。那么，大多数人能写的也就是像这样的介绍：一居室、靠近徐家汇交大、交通便利、房间干净整洁、生活设施齐全……听上去也没错，租客租房子，无外乎也就是这些要求，让自己忙碌了一天以后，有个安稳的窝。但是，这样写是不够的，你只是把产品特征描述了一下，对于看房者来讲，你需要将这些产品特征转换成他们愿意为之买单的“利益点”。

怎么才能将特点转换成利益点呢，我们来学习下这样的思考方法。

1.“一居室”指的是房子的结构，但对于一个租房者来讲，“一居室”意味着独立生活的升级版——它让租房者拥有了独立的厨房与卫浴空间，就跟“与他人合租”的状态脱离开来，所以，你可以将它的价值点写成“独立卫浴，晚回家也不会打扰别人”。

2.“房子靠近学校”也是一个很好的价值点，但是不同人对它的价值理解可能会不一样，因此，文案要从租房者的角度去表述，比如，租房者对房子的要求无外乎“环境宜人、配套设施齐全、生活成本低”，那么就可以将学校所对应的利益点写成“闹中取静，能去校园中蹭个食堂、去操场跑个步”等等。

3.“交通便利”这个词在各种地产广告里已经听过太多次，感觉忽悠色彩太重，大家已经不太相信了，但是如果你将它转化成“步行5分钟到地铁”，这个数字就是实实在在、可感知的，因为它意味着让你“每天多睡半小时”，这个福利对于上班族来讲，就有很大的诱惑力。

4.“房间干净整洁”这个形容太过宽泛。不同人对于干净的要求和标准各不相同，而且对年轻的租房客来讲，和房东之间所存在的家居品位的差异才是大问题：很多房东由于年龄较大，所配搭的家具和室内的装修风格实在是过分“陈旧”或“土味”，让人难以忍受，临时更换又太麻烦。而宜家的简洁明快的家装风格，能被大多数人所熟悉和接受，一提到宜家，脑海中的印象也都差不多。所以，文案只要将空洞的形容词“干净整洁”，转化成“简约宜家风格，不用被家具的品位辣眼睛”，就能让租房者快速地理解，也比较符合网络化的语气。

5.“生活设施齐全”这个词一般人听了也是没有感觉的，什么设施，安全设施吗，医疗设备吗，只会让人云里雾里。所以，我们要将它转换成大家所熟悉的、衣食住行的标准化表述：“对面就是家乐福，逛着就到电影院。”家乐福是大品牌、大超市，谁都知道，买东西有保障了；电影院，意味着文化娱乐，精神食粮有保障了，一般有电影院的地方，周边也不会太荒凉。另外，“对面”“逛着就到”这样的词语，也能够表现出距离近，步行即达。

这样的文案，就不单单围绕房子本身在描述，而是站在每一个租客的角度，用他们能够听得进去的语言，告诉他们，房子能为他的工作和生活带来什么价值。前提是你要懂得换位思考，站在他们的角度，去琢磨你的表达方式。

产品利益点

- 一居室
- 靠近徐家汇交大
- 交通便利
- 房间干净整洁
- 生活设施齐全

消费者语言

- 独立卫浴，晚回家也不会打扰别人
- 闹中取静，还能常去校园跑个步
- 步行5分钟到地铁，每天多睡半小时
- 简约宜家风格，不用被家具品味辣眼睛
- 对面就是家乐福，逛着就到电影院

▶ 案例 2–9 苹果iPod的广告

iPod 是苹果旗下一款热销多年的 MP3 播放器（播放音频文件的电子产品），在全球范围内非常流行，直到今天它的设计理念依然具有先锋性。它的卖点是，小小的体积能够容纳海量的歌曲，让你随时聆听。如果将这个卖点转换成这样的文案——“纤薄灵动，有容乃大”，听上去是不是很有文化味，而且辞藻很优美？但是，从消费者的接受角度来看，并不容易让人买单，因为这句话还是太过抽象，无法让人产生直观的感受。

在苹果正式发布的广告中，用的是这个标题——“把 1 000 首歌装进口袋”，别看这里的用词很平实，一点也不炫酷，但它有个好处，就是将 iPod 大容量的特点转换成消费者爱听的利益点：能够将 1 000 首歌曲据为己有，什么周杰伦、张学友、五月天，再多的歌星金曲也装得下！这就立马就给人一种满满的获得感。

关于利益点转换的必要性，同样的例子还有很多。VIVO X20 手机，它的拍照功能很强大，但对于普通的消费者（尤其是女生）来说，这些摄影技术参数并不能让她们判断这部手机具有怎么样的优势，所以 VIVO 如果直接提出“1 200 万双摄、2 400 万感光单位”等专业名词，就容易被消费者忽视。这种情况下，我们需要转换角度来写文案，将诉求点改成“逆光也清晰，照亮你的美”。消费者看到这句话的时候，就会联想到自己在拍照时经常碰到的难题。用了这款手机，再也不担心逆光会造成人影模糊，镜头里的美颜更耀眼。

小米扫地机器人，它的技术很先进，但是如果广告中主打的是“智能路径规划、大风压澎湃吸力”之类的科技名词，会让消费者感到费解。所以，我们需要转换诉求点，告诉他们这款机器人的“智商”很高，那意味着“扫得干净、扫得快”，这样，消费者马上就能明白它的价值。

将特点转换成利益点

功能特点（产品语言）	用户利益（消费者语言）
VIVO X20：1 200 万双摄、2 400 万感光单位	逆光也清晰，照亮你的美
小米扫地机器人：智能路径规划、大风压澎湃吸力、远程智能控制、大电池持久清扫	智商高，扫得干净扫得快
招商银行：支持一卡双币	在海外，你也可以直接用美元刷卡
BenQ 笔记本：超长电池续航能力	到处都是你的随身电影院

策略语言不等于文案语言

广告诉求，是广告中的核心信息，它基于产品或者服务的优势而来。但是单纯的产品优势或者技术说明并不能吸引消费者，我们要用消费者的语言，将产品优势跟消费者的切身利益（物质或者精神上）紧密地联系在一起，这样他们才可能买单。

这里还要再强调一下，广告策划过程中的策略语言与文案语言的区别。

策略语言往往比较精练，它有点像文案，但却不能直接拿来当文案用。它跟真正意义上的、用于沟通的文案，还是存在着较大差异的。策略语言的表达方式可以比较抽象、概念化，因为它是广告公司与企业甲方之间的语言，却不是面向消费者的语言。我有一个比喻：策略语言“to B”（对企业说），稍微拗口一点也不要紧，只要能让客户听明白就行；而文案语言“to C”（对消费者说），需要让人听得懂，还要传得远。

广告中经常出现那种“看上去很对”，却又很空洞的文案表达，消费者看了会说“无感”，就是由于广告人贪图省事，直接把策略语言当成了文案。比如，梦天木门的广告口号是“高档装修，用梦天木门”，我们推测下，它的策略应该是“针对高端的家装市场，建立高档的品牌印象”，这算是一个基本合格的策略表达。但是，如果就这么直接将“高档”这个词用在文案中，结果就未免显得太过粗糙了。

我们再拿前面提过的玫瑰花茶的案例来说。作为花茶产品的策略语言，在广告公司与客户沟通时，可以写成“抓住下午茶的饮用场景，建立客户产品与该场景的联系”，这是一种比较清楚的策略表达（虽然可能缺乏一些启发性）；而最终转换到文案语言，就是用“午后 3 点”这 4 个字，来替换“下午茶的饮用场景”，这样，消费者才有更切实的联想。

“策略”和“文案”面对的是两种沟通语境，所以，从策略到文案，不应该直接照搬，而是需要有一个跳跃性的“翻译转换”。

“Show it，not just say it”（去展现，而不是光用嘴说），正像这句名言所说，在消费者日益成熟的今天，品牌如果想证明自己懂得他们，就需要通过一系列的行为表现出来，而不是单纯地为自己“贴标签”。前面介绍的我为权志龙所策划的“暗号营销”，正是借助了只有忠实粉丝才看得懂的语言，来证明我们对明星的了解，唤起了粉丝的共鸣与认同。

谈到那种喊口号式的自我标榜对品牌所造成的伤害，这里就有一个典型的例子。民族体育品牌“李宁”，曾经于2010年打出“90后李宁”的全新品牌定位，为品牌带来一次大转型，并推出宣言式的口号“你不懂90后”。谁知道，当时不想被贴“90后”标签（容易联想到“我行我素、妄自尊大”等一系列贬义词）的年轻消费者，对李宁的这一套“华丽转型”完全不买账。结果，“90后李宁”非但没有打动90后，还失去了当时的主流消费市场（70后和80后）。这次品牌战略的失败，将李宁拉进泥潭，2012年亏损20亿，痛失中国第一体育品牌的位置。直至最近两年，它借着国货潮品的新热度，打出“中国李宁”的主张，才慢慢回血。

广告诉求，绝对不是简单粗暴的灌输。在1998年的著作《广告企划的艺术》（*Truth*，*Lies*，*and Advertising*）中，作者乔恩·斯蒂尔（Jon Steel）引用了霍华德·戈西奇的绝佳比喻：In baiting a trap with cheese, always leave room for the mouse.（用奶酪做诱饵时，要给老鼠留点空间。）哪怕策略是正确的，也需要创意的表达，给消费者去理解、内化我们试图表达的信息的空间。从这个意义上讲，任何好广告都是作者与消费者的合谋，而不是一方疯狂灌输，另一方被动接受。

HOW（怎么说）：如何设计文案的沟通语感?

不知道大家有没有过这样的体验，熬了一个通宵，顶着浓重的黑眼圈，终于哈欠连天地按下了回车键，把稿子发给了客户。结果，客户立刻回了三个字：没感觉。这恐怕是每个广告人都不想面对的场景。

那么客户到底要的是什么呢？“我要的是大气、时尚、国际范……”这些甲方常用的形容词相信你也都听过，但是每个人理解的“大气”又都不一样。于是，缺乏了统一的标准，双方的沟通就只能靠互相猜测了。有人甚至总结了这么一首打油诗，将常用的形容词堆砌在一起，像菜单一样让客户去选：“等你先选好，我们再干活。”

高端大气上档次，低调奢华有内涵，
奔放洋气有深度，简约时尚国际范，

狂踧炫酷屌炸天，冷艳高贵接地气，

时尚靓丽小清新，可爱乡村非主流。

当然，这个是开玩笑了。总体来讲，广告所传递给人们的感觉，就是通常所说的调性。对于专业的创作者来讲，它应该能够被清晰地定义出来，这样，你和客户沟通时，才能尽量减少上面所说的那种模糊状态。

调性，看得见的品牌态度

4W 原则中的“怎么说”，指的就是文案的调性，就是语调和氛围。有时候，调性比实质上的语言还重要，在读懂一句话之前，我们已经通过它的字体、风格、色彩、版式，了解到它所要传递的态度。

广告的调性，就是营造一种氛围，去触动它的目标受众。广告中的这个调性，一般是通过视觉与文案两个部分来共同营造，视觉部分包括色调、构图、排版、视觉元素等等，而文案则是通过你所表达的字词句内容，以及字句中所使用的语气来实现。

我们来看三个不同的案例。

▶ 案例 2-10 食品类

第一则是M&M巧克力豆的广告。这类快消品类的广告调性，通常比较轻松明快，画面元素很饱满。广告中，鲜艳的黄色背景就像一个舞台，色彩缤纷的巧克力豆，担任主角演绎着快乐的场景。这种活力四射的个性风格，也反映在它的文案上，像“妙趣挡不住”“快到碗里来”等广告口号，都沿袭着同样的风格。

▶ 案例 2-11 科技类

第二则是苹果产品的广告。苹果的广告从来都不会走夸张路线，但总是具备很高的辨识度，在满大街的广告牌中，你总是一眼就能看到它。可以说，它为科技产品广告树立了一个典范：画面底色似乎只有一种，也没有什么星光耀眼的代言人，产品永远是主角。文案更是简洁，总是用一句看似浅显的标题，意味深长地传递出产品的每一处创新。这种广告调性，跟苹果的产品设计理念，以及创始人乔布斯的极简主义追求，是一脉相承的。

▶ 案例 2-12　地产类

第三个例子是房地产广告。房子属于高关心度产品，它是每个人一生中消费最高的几样东西之一，人们的决策肯定会比较慎重。房地产广告的目标群体往往带着“高净值人群”的特征，实力与眼界都比较高。要想打动他们，就要在广告中，呈现出与房地产本身相匹配的价值感。这类广告的调性也有规律可循：画面的精致度通常比较高，版式十分工整，对各种视觉元素细节精雕细琢，在文案的句式上也比较考究，所选择的词语会尽量表现出优越的气质与“高级感”。

其实，对调性的学习与理解，不只对从事广告工作有益，还能帮到你的生活。再给大家举个例子，假设你买了套新房，马上要装修了，那么你肯定会请家装公司或者家居设计师，来聊聊怎么设计房子。如果来者是一位有经验的设计师，在谈设计和预算之前，

他肯定会问你这样一个问题：你希望你的房子，呈现怎样的风格。

如果你对自己想要的风格比较肯定，你就可以直接告诉对方，是选精致华丽的欧式风、庄重传统的中式风，还是明快简约的现代风。如果你觉得自己讲不清楚，还可以请设计师提供不同风格的参考图片，让你和家人来选择。当然，他也会提出一些专业的建议：如果你们是一对年轻的夫妻，他会推荐你们选择明快简约的现代风；如果你们已经为人父母，考虑到孩子的成长环境，会建议你们打造一个色彩缤纷的儿童天地；如果家中还有长辈一起居住，他可能会推荐你们新中式的装修风格，来兼顾全家人的品位。

当然，现实中对于家装设计的考虑，远比这里说的要复杂得多，它的风格会受到诸多因素影响：户主的年龄、职业、兴趣、观念、生活方式、家庭成员的结构等等。单单一户家装空间的设计，就已经牵涉如此复杂的因素，那么，要面对大众群体进行沟通的广告调性，又该如何衡量与把握呢？

这七种文案调性，再不学你就落伍了

广告调性，是由品牌调性所决定的，同时也会被阶段性的营销目标与媒介形态所影响。如果你要为某个品牌（产品）做广告，却不了解它的广告调性，最直接的办法，就是找出它之前所发布的广告、产品型录、包装、网站等一系列宣传资料，从中寻找一些风格上的共同点，然后在新的广告中继续沿用这些共同点。一般来讲，品牌的调性是比较稳定的，需要长时间地保持一致，它是由品牌所发布的所有广告、视觉设计、产品、包装等各种元素综合起来的、在用户的认知中所构成的固有的印象。因此，同一个品牌的广告，无论媒体形式怎么变化，都应该保持相对统一的调性。除非碰到特殊情况，才能稍做调整。

比如，提到可口可乐，你会想到什么呢？活力、畅爽、热情、红色，这样的一些词，就是可口可乐的广告所需要传达的调性。再比如，同样是服装，不同的品牌定位，会分别呈现出自成一派的调性：优衣库的广告总是表现出城市上班族的干练与实效，无印良品的广告总是在表达回归自然、素净环保的理念，而添柏岚（Timberland）户外运动服的广告则呈现出人们热爱探索、狂野进取的一面。

当你准备创作一篇文案，你的文字调性是大声吆喝，还是轻声细语？是活泼可爱的俏皮，还是深谋远虑的含蓄？这些都需要进行预判，才能让后面的内容呈现出一致的调性。

广告文案的调性，如果要细分，分成几十种都不为过，但从通用的意义上讲，大体集中在以下这 7 个维度。为了便于大家学习和理解，我总结了下面这个表格，包括 7 种不同的文案调性（文案体），以及它们所对应的行业品类与代表品牌。

文案调性分类表（乐剑峰出品）

文案调性	对应品类	代表品牌
激情体	越野车、白酒、啤酒、运动饮料、运动品牌	Jeep 吉普越野车、红星二锅头、百威啤酒、可口可乐、耐克
冷淡体	数码、科技、服装	苹果、无印良品、优衣库、小米
生活体	日用品、家居	MINI 汽车、保列治、中国移动、联通、奥妙洗衣粉
文艺体	服装、书店、百货商店	中兴百货、日本铁路 JR、诚品书店
幽默体	广告公司、快餐、电商、休闲零食	麦肯广告公司、肯德基、M&M、京东购物节
庄重体	银行、医院、房地产、国企	招商银行、万科、中国建筑
腔调体	名车、名表、名酒、名烟、别墅	奔驰、路虎、劳力士腕表、芝华士洋酒

激情体

激情体的文案，较多用在越野车、跑车、白酒、啤酒、运动饮料、运动服装等品类上。顾名思义，激情体的写法，就是要将品牌或产品中原本具备的那股激情与豪迈的气质，通过文字表达出来。

在选词上，可以大胆一点，尽可能地选用一些情绪较为充沛的词语。激情体会有意识地将一些长句进行切分、停顿，变成多个短句或词组，还可以运用“同字收尾、押韵”等技巧。这些，都是为了制造一种语气上的节奏感。

如果你体会不到那种感觉，不妨去下载几首说唱音乐，听听嘻哈歌手是怎么吐字发音的。或者，试想现在你正在一台跑步机上，边跑步，边朗读你的文案，这样，你的语速自然就会加快。

▶ 案例 2-13　红星二锅头系列广告“是一瓶酒，更是一种烙印”

红星二锅头的广告文案，以红五星时代的精神做传承，将肝胆相照的盟友之情，呈现于鲜明的画面中。激情昂然的文案，像是对那段时光的深刻感怀，越是物资匮乏的年代里越是催生经久不衰的友谊，朋友间把酒见真心，共同面对岁月的艰辛。

第一则

标题：把激情燃烧的岁月灌进喉咙。

第二则

标题：铁哥们是这样炼成的。

第三则

标题：没有痛苦，不算痛快。

第四则

标题：用子弹放倒敌人，用二锅头放倒兄弟。

第五则

标题：将所有一言难尽一饮而尽。

广告口号：是一瓶酒，更是一种烙印，RED STAR WINE。

冷淡体

冷淡体，以无印良品的广告为典型代表，较多地运用于数码科技、家居、服装等类别。

无印良品的广告色系通常比较寡淡，甚至比正常的照片色彩还要再减弱一大半，构图也喜欢运用大片留白的形式。文案方面的语气有意变得很克制，节奏比较缓慢，没有什么吆喝、叫卖的色彩。句子中甚至还故意去掉了形容词，只保留了动词、名词和助词。

这种干干净净的呈现，这也就是大家戏称的“性冷淡”风格。从画面到文案，都有种内敛的气质，不会有过多的信息来干扰你的阅读，也不鼓吹过度的消费，会让你在读完以后，觉得这个品牌简洁朴素，进而被它所倡导的简单生活理念所打动。

▶ 案例 2-14 无印良品“六角笔篇”

小一号的六角笔，
让地球变大一些。
小一点的笔盖，
小一点的笔身，
小一点的欲望，
裁掉多余的空间，
裁掉过度膨胀的欲望，
从日常生活，重新思考，
在过度与压抑中间，
找回适切的八分目。

▶ 案例 2-15 无印良品“手电筒篇”

多一份用途，
就是多一份友善。
结合夜灯与手电筒的灯具，
是无印良品对物的八分目，
所做的适切诠释，
原本需要两样物品，
而今只需要保留一件物品，

就能看清眼前的道路。
“3 · 11” 大地震，
大自然将我们放进了黑暗，
因为什么都看不见，
才能停下脚步去思考，
欲望的过度膨胀，
去思索习以为常的物品，
是否藏有可以裁去的浪费，
让膨胀的欲望，
回到适切的八分目，
多余的，还给地球吧。

▶ 案例 2–16　无印良品——不让风，把衣服偷走

直横两用，铝制防风晾衣架，
在阳台，它是防风晾衣架。
独特角形挂钩不会让风偷走你的衬衫，
不会让你的 T 恤躺在围墙变成招领失物。
在衣柜，它是轻巧六连式衣架，
直式横式都能便利收纳，
适当的间隔让每件衣服井然有序，
而且不会拉扯衣领。

生活体

所谓生活体，就是模仿生活中的真实对话，风格很接地气。较多用在日用品、家居、通信服务等类别上。亲切的口语化文字，就像街坊邻里之间的拉家常，或者老朋友语重心长的劝慰，能够轻易地拉近品牌与受众之间的距离。比如：MINI 汽车的微电影旁白，以及默沙东保列治的药品广告，均属于生动、鲜活的生活体文案。

▶ 案例 2-17 微电影《冯唐北京篇》节选

涮羊肉店老板：老北京涮羊肉讲的吃的是肉香，调料不是主要。我给你看看，你看这片肉，看着很薄了，但是我们这片肉实际上是两折，我给你打开来你来看看。手艺我是跟我爷爷学的，他过去在京城是一把刀，解放前一直在京城涮羊肉，是非常有名望的。老北京话里讲的，将就跟讲究差得太多了，我们这就是讲究，这是京城爷们儿的范儿。老一辈的人说，学徒为什么要三年？第一年不让你干活，为什么？伺候师父，磨你的人，磨你的性子，什么时候你的心平静下来了，人品各方面到位了，师父再观察，慢慢地让你去接触，手艺好学，做人很难。我的规矩是，再干，再怎么改进，不能离开传统，不能不靠谱。

冯唐：跟写东西的道理是一样的。

涮羊肉店老板：京城爷们儿就是这样的，够吃够喝，知足常乐，这是我的信念。

冯唐：来，敬您一个再！

涮羊肉店老板：对不起，有点激动……

▶ 案例 2-18　默沙东保列治“水龙头篇”

标题：滴……滴……滴……年过 50 的男人忍耐得了很多事情，只有滴尿不止忍不了。

正文：

成熟男人，懂得小不忍则乱大谋。年过 50，忍耐力更是炉火纯青，偏有一事忍不了，尿后像拧不紧的水龙头，滴滴答答，真是解不完，忍更难。

这个罪魁祸首，就是藏在膀胱下面，形似核桃的腺体——前列腺。它曾是负担传宗接代使命的一大功臣，哪料想其晚节不保，细胞猛增，引起排尿困难的前列腺增生。

据统计，50 岁以上的男性，约有一半患有前列腺增大，产生排尿延迟、不畅及尿频、尿失禁、尿痛等症状的小处尴尬，真让人大为烦恼，可见，忍不住这种困扰的又何止你一个！

当良性前列腺开始增生，便会令尿道不得不弃大路就羊肠，眼见它一条胡同走到黑——尿道堵塞，英雄气概被急性尿潴留、肾功能衰竭等折腾得所剩无几。大丈夫，你能忍多久？

有道是：小不补，大吃苦。如得到越早诊断和治疗，你的出路困难就越易被解决。成熟男人，下半辈子凡事顺顺畅畅，稳如泰山的忍耐功夫就更到家。

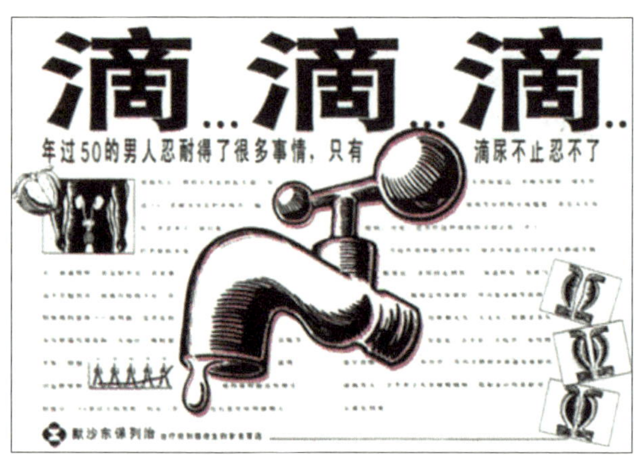

文艺体

文艺体，会刻意与平日里的对话式语言拉开距离，营造出一种文艺气息较强的调性。它经常采用的句式与节奏，类似诗歌分行，中间会糅合一些专业术语，甚至带点冷门的文化名词，来提升品牌独特的气质。文艺体较多地用在服装、书店、百货公司、电器等品类。

▶ 案例 2-19　中兴百货——世纪末的黑

台湾有一家广告公司叫意识形态，曾经红遍海峡两岸，作品

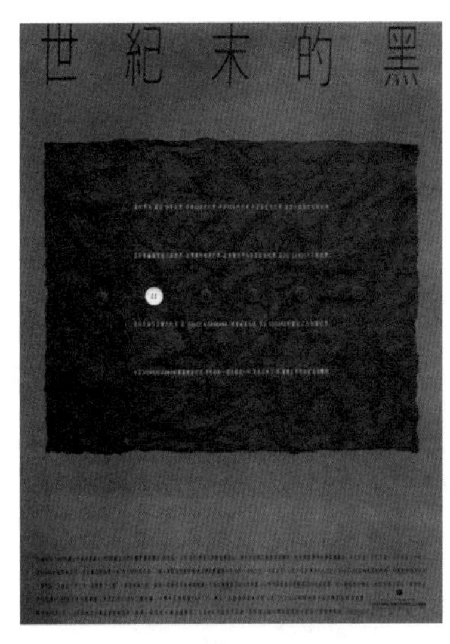

被很多广告人奉为圭臬。它所创作的很多文案，就可归为这种体裁。这里是一则意识形态为中兴百货所做的广告文案，它所主打的信息是“黑色，将成为再度统领时尚界的流行色”。文案从一个全新的角度来审视“黑色”，告诉读者，它不再是简单的“黑”，而是糅合了历史沿革、不同文化与审美趣味的“黑”。语句中有意夹杂了许多英文单词，基本都是时尚大牌与国际顶尖设计师的名字，虽然读上去略显生涩，却可以让潮流人士心领神会，进一步诠释了黑色复兴的内涵。

这一类型的文案，往往传递出强烈的时尚感，不仅要在文字的字形与字义上，还需要在发音上也传递出一种酷感。因此，写完文案之后，不妨多读几遍，检验一下。只有读出声音来，你才能判断这个文案的调性是不是确实到位了。

I’ M BLACK（我是黑色），
新的黑色，
绝非 1996 年的黑，

不是 80 年代的黑，

不是 20 年代的黑，

不是深蓝色的黑，

是设计师急于征服的黑，

是服装编辑紧抓不放的黑，

是异素材相遇的黑，

是多层次不同厚度组合的黑，

是 JIL SANDER（吉尔·桑达）冷静的黑，

是川久保玲文学性的黑，

是 DSQUARE（D 平方）的健壮工人形象的黑，

也是 GIORGIO ARMANI（乔治·阿玛尼）华丽晚宴的黑，

黑色粉碎一切又创造一切，

黑色回来了，

不，

事实上黑色始终没有离开。

▶ 案例 2–20 日本铁路JR“青春18”广告

“青春 18”是 JR 推出的旅行优惠通票，专门给希望深度游览日本的乘客们使用，因为它只能搭乘慢速列车。在这个越来越快的世界里，它提出了“放慢脚步旅行，静心目睹列岛美景”的主题概念。因此，这一系列“青春 18”海报，鼓励人们要怀着

那种年轻的心态，让自己回到18岁的青春假期，来一趟火车之旅。感性的句子，让我们回忆起生命中那些无法忘却的旅程，唤起我们对再次出发的憧憬。

从到站的列车中走出来的，是高中时代的我自己。——1998年冬

“啊，就是这里！”一定会有那样一个车站吧。——1999年夏

你也有过不假思索地，就在某个车站下车的时候吗？——1999年冬

在自己的房间里，怎么可能思考人生？——2002年夏

当这一场旅行结束，下一个我即将开始。——2004年

去寻找那个时刻的蔚蓝吧。——2005年夏

在车窗的倒影里看见的，仿佛是比平时的自己更好看的脸孔。——2010年

如同蒲公英一般走上旅途。——2014 年春

幽默体

幽默体大概是最受欢迎的广告形式之一。它在逗人一乐的同时，让人欣然接受广告所要传达的信息。幽默体能够应用在几乎所有的品类广告上，尤其是食品、饮料、旅游、电器、公益广告等品类。另外，像创意公司、文化机构的自身形象宣传，也经常采用这种体裁。

幽默广告的背后，是一种智慧的视角，表面内容看上去嘻嘻哈哈，实际的创作却不容易。它通过对语言的逻辑性进行适当调控，从而对现实做出某种方式的加工或破坏，让受众转变原有的认知，进一步激发共鸣。

▶ 案例 2-21 肯德基KCoffee

肯德基为新品 KCoffee 现磨冰咖啡上市，拍了一组“神经病”广告。它不说咖啡的口味怎么样，却将咖啡的“冰”和人生的“冷”联想到了一起，产生了一种奇妙的通感。广告中，歌手薛之谦恢复了他的段子手本色，披着一头飘逸的长发，贱兮兮的表情，揭露着人生的各种真相，听上去似乎很有负能量，让人难免联想起其本人的是是非非。但他的表情却告诉你，他，一点都不在乎。广告主题“人生是个冷笑话”，告诉许多同样遭遇挫折

的年轻人：人生虽冷，我们也要乐在其中。

A. 暴风雨之后，不仅没看到彩虹。还感冒了！

人生是个冷笑话。

B. 为什么她不给你的朋友圈点赞？

为什么？

不是她对你的内容，没兴趣，

啊！ Who care（谁关心呢）？

是她对你，不感兴趣！

人生是个冷笑话。

C. 谢谢，那些，曾经，击倒我的人。

躺着。好舒服。

人生是个冷笑话。

▶ 案例 2-22 麦肯公司招聘广告——麦肯不要人

“麦肯不要人”，是广告公司的招聘启事，也相当于是麦肯广告为自己做的一次形象推广。张牙舞爪的画面，加上离经叛道的标题，让人不注意也难。这里的文案，抖了两层包袱。第一层，这明明是招聘广告，但标题却偏说“不要人”，不要人，还打什么广告呢，这就激发了读者的好奇心。第二层，它再告诉你，我们不要人，而是专要“人妖”“色魔”“吝啬鬼”“丑八怪”，这就更让“小伙伴们惊呆了”！好好的一家国际大公司，居然要找这样一些“妖魔鬼怪”？最后，广告的内文小字揭开谜底：原来“人妖”指的是“人见人爱、男女通吃”的客户经理，“色魔”指的是视色如命的美术设计师，“吝啬鬼”指的是“斤斤计较”的财务人员，“丑八怪”指的是创意独特的怪才。这样的广告，让读者们忍俊不禁的同时，也感受到这家公司无拘无束的创造力。

庄重体

庄重体，是指结构比较严谨端正，又不失可读性的文案。某些企业与行业的特质，决定了它们的文案风格不能太过随意，必须保持字正腔圆、稳重大方，才能带给受众以信赖感。庄重体比较适合的品类包括：国企、央企、政府、事业单位、大型集团、银行、医院等机构。不少企业的官方简介、品牌故事、企业文化、官网等宣传物料，也都需要这一类的文体。

对于很多文案新手来说，庄重体较难驾驭。它并不是那种徒具形式、生涩拗口的官样文章，作为广告文案的一种风格，它同样不能忽视文字的可读性与传播力。如果你能写出既稳重又耐人寻味的文案，还能彰显品牌的个性气质，那说明你的文案功力已经达到很高的段位了。下面介绍的这两个案例，分别是招商银行30周年的视频宣传片，以及万科地产的形象广告，让我们领略下庄重体的格调与魅力。

▶ 案例 2–23 招商银行——30周年宣传片“招商红”

这个颜色，曾经让很多人心动。

不光是因为温暖，不光是因为纯正，

不光是因为财富，也不光是因为青春时尚，

而是因为你总能点动你对生活的无限遐想。

她，就是招商红，不一样的红。

红是纯心，是执着。

30 年前，我们在时代浪潮中应时而生，

我们用微笑拉近了彼此，用细心诠释了服务，

用科技重构了边界，成就了一家有温度的银行。

▶ 案例 2-24 万科企业形象广告“珍视生活本质”系列

路灯篇

标题：最温馨的灯光，一定在你回家的路上。

内文：如果人居的现代化只能换来淡漠和冰冷，

那么它将一文不值。

我们深信家的本质是内心的归宿，

而真诚的关怀和亲近则是最好的人际原则。

多年来，

我们努力营造充满人

情味的服务气质和社区氛围，

赢得有口皆碑的赞誉。

正如你之所见。

名树篇

标题：再名贵的树，也不及你记忆中的那一棵。

内文：

越是现代，

生命的原本美好越值得珍惜。

我们深信，

虽然不断粉饰翻新的名贵和虚华，

更容易成为时尚的标签，

但令我们恒久眷恋和无限回味的，

一定是心中最初的那一片风景。

多年来，

万科珍视和努力保留每一片土地上既有的人文财富，

以纯粹的审美趣味，

引领时代潮流。

正如你之所见。

腔调体

腔调体，本意指的是说话的声音和语气，在这里，我将它引申为某一类文案所特有的格调或气派。它比较适合名车、名表、名酒、高档别墅等高价位商品。如果你需要跟这类产品的消费群体对话，广告文案所体现出来的生活水准，就要刻意地提高几个等级，才能与受众的品位和社会地位相呼应。

腔调体的文案中，使用书面语较多，会体现一种刻意为之的个性，或者说富人阶层的“范儿”。有时，还不妨流露出一点点的势利与傲慢，以及对平民生活的不屑，这样反而会让你的目标受众感到被重视。《罗博报告》是一本主打超级奢侈品市场的高端生活杂志，它的广告口号是“已然尊贵，何须炫耀”，这样的文案就传递出了超级富豪才有的低调与自信，并巧妙地恭维了他们。

建议大家多去翻阅一些奢侈品的产品型录，或者关注一些港台类时尚媒体，里面有不少具有“高级感”的文字和句式可供借鉴。在腔调体的文案中，对于促销感太强的形容词，要坚决摒弃，比如“实惠、好用、性价比、真棒”等等。

这里为大家介绍一则酒的广告和车的广告。第一则，芝华士的“纯文案篇”，是文案大神尼尔·法兰奇（Neil French）的经典作品，只用了几行字，传递出一种老大才有的倨傲，营造出品牌的至尊地位。实际上，芝华士在当时的市场上远未达到这种高度，而这一系列的广告发布后，令其奇袭成功，让整个市场刮目相看。第二则，是路虎-发现（Land Rover-Discovery）越野车的广告，文案中运用了很多文言文的语法，但读起来一点也不觉得拗口，整个段落的语感与时尚度也控制得非常到位。文案用词精练而紧凑，看得出每句话都是精心研磨过的——用尽量少的字，传递尽量丰富的含义。这样的作品，堪称腔调体的范文。

▶ 案例 2-25　芝华士威士忌“纯文案篇”

这是一则芝华士广告。

如果你需要看它的瓶子，

显然，你不在一个正确的社交圈活动。

如果你需要尝一尝，

说明你没有品尝它的经历。

如果你需要知道它的价格，

翻过这一页吧，年轻人。

▶ 案例 2-26　路虎-发现越野车

标题：全年最佳试车日。

正文：

十三不祥，诸事不宜，唯独这天考验此车最合时。Land Rover-Discovery 遇强愈强，不受任何影响。恒久式四轮驱动，加上中央差速装置和前后防滚杆，将动力平均分布四轮，提供最高牵引力，上路更坚稳。

精细底盘，缓冲式防撞箱，侧门防撞杆，强化铝锗车身，钢铁阵容，百毒不侵。

自服式碟形刹车系统连ABS[1]及SRS[2]安全气袋，喷防万一。俯察式高置驾驶席，预示前言，监察万全。

3.9公升V8引擎181马力314Nm（牛顿米）扭力，强悍无匹。还有真皮缝制座椅，双电动天窗，后箱宽达70立方英尺[3]，足七人容量，设备充裕，豪华绝美。

迷信，不如相信自己，速电天祥汽车安排试车。

广告口号：不受任何左右，忠于自己感受。

动笔之前，先学会“人格分裂”

激情体、冷淡体、生活体、文艺体、幽默体、庄重体和腔调体，我为大家详细介绍了这7种最常用的文体。接下来，还有我的一个重要经验，那就是如果你想要将这7种写法运用自如，还需要掌握一种“人格分裂”的想象力，你要能随时换位思考，把自己代入不同的项目中去担当不同的角色。

在我的团队里曾经有个做文案的女孩子，她自己本身是个文

---

① ABS：防死锁刹车系统。

② SRS：电子安全气囊。

③ 1公升为1升；1英制马力约为0.75千瓦；1立方英尺约为0.03立方米。

艺青年，对于文艺范儿、小清新类的文字，可以驾轻就熟。但是，如果碰到要写一些非常有趣、搞怪的文字，或者说需要写一些大气磅礴的企业文案时，她就力不从心了。这是因为她的文字能“扮演”的角色太少了。

在提高文字能力的同时，还要学会“人格分裂”，暂时忘记自己身上原有的特质与个性，变身成你所要沟通的那个“目标对象”。这样，你的文案才能最终打动对方。就好比学表演的第一堂课就是“解放天性”，你必须去揣摩不同的生活，模仿不同角色的表情、神态、语调与动作，长此以往，才能够演谁像谁。

作为文案，观察世界是我们每天的功课。我们应该从任何能够引发共鸣、激发想象的内容中去学习。要狂热地吸收电影、音乐、图书、摄影、绘画、诗歌、戏剧中的养分，通过阅读、逛街、旅行，感受不同的生活方式，为创作积累丰富的素材。这样，当你再遇到不同的工作挑战时，就能够快速转变角色，写什么像什么。

第三章

布局功

打造文案内部的黄金结构

结构化写作，专治耐心有限

▼

这些年来，一直有从事文案工作的同行告诉我，当初是因为觉得自己的文笔还不错，才进入这个行业。但是当真正开始工作之后，却发现好像总有些地方不太对劲。每次写完一段广告，自己一看，文字很漂亮，口号很押韵，内容很全面，客户想说的也都说了，但最后就是通不过，或者总感觉少了点什么。

这不是因为少了什么，反而可能是因为多了什么。如果你在文案中想表达的信息太多，又不对它们做组织和整理的话，这些信息堆在一起就显得没有主次顺序，让读者找不到重点。

只有对信息做好合理的布局，优化了文案的结构，才能让你的作品真正具有商业价值。

为什么文案需要结构？

要解答这个问题，我们又要提起本书开头所讲的第一个基本认知：消费者从来都不喜欢读广告，因此，他们也不会喜欢主动去读文案（当然，行业人员或者文案爱好者另说）。

真相往往令人难以接受，但仔细一想，其实这也很正常，人们每天都要被无数信息轰炸，能够吸引他们的事情太多了，注意力很容易就会转移。多年前有人做过统计：一篇印刷广告的平均寿命，大约只有 3 秒。而在今天，手机里的信息竞争其实更加激烈，朋友圈里的一个标题、一张图片，在我们刷屏时转瞬即逝，可能连 1 秒钟的存在感都没有。读者的耐心都很有限，如果你无法吸引他们持续地读下去，他们很快就会走开。所以我们的任务，就是要确保广告能够在有限的时间里（读者的耐心消失之前），传达尽可能多的内容。

因此，在文案的字典里面，心理学比修辞学重要，结构化的思考能力比文字技巧重要。在每一次行文之前，我们的脑海里，都要先设定一个特定的结构来罗列信息；然后，才是用文字来润色你的产品或者服务，用富有煽动性的语言来鼓励读者展开购买行动。

说到底，不管是商业还是非商业性的文章，都需要结构化的布局。元代文人乔梦符就曾提出过“凤头、猪肚、豹尾”的说法，意思是文章的开头要像凤凰的头一样绚丽多彩，而文章的主体要像猪肚子一样藏有丰富的内容，结尾要像豹尾一样迅猛有力。这种循序渐进的文章结构，可以逐渐调动起读者的情绪，一开头吸引眼球，中间体现内涵，收尾强化观点，越到后面，越让读者情绪高涨，让他们迫不及待想要有所行动。这跟广告文案的写作技巧，不是如出一辙吗？

AIDMA：标准体文案结构

在广告中，最标准的文案结构，主要是由 5 个部分组成：主标题、副标题、正文、广告口号和随文。它们的功能分别是：1. 主标题负责引起读者关注；2. 副标题承接主标题，吸引读者进一步去阅读正文；3. 正文，用来传达信息点并确保读者的阅读兴趣；4. 广告口号的作用是加强品牌的记忆，通常放在商标 logo 区域的旁边；5. 随文，一般在广告版面中最不显眼的地方，会包括一些直接引导购买的商品信息，如企业名称、地址、网址、电话等等。

之所以说这个结构是最标准的文案结构，因为它还印证了一个经典的广告学原理——“AIDMA 法则”。第一个 A 是 attention，引起别人的注意力，这是第一步；I 是 interest，产生兴趣；D 是 desire，购买欲望；M 是 memory，加深记忆；最后一个 A 是 action，也就是促使最终的行动。这个法则，帮我们清楚地分析了读者在阅读广告时的心理转变过程，里面的 5 个步骤正好对应了文案的标准结构。

标准文案结构

序号	结构要素	功能与效果	代码
1	标题	引起注意	A
2	副标题	产生兴趣	I
3	正文	激发欲望	D
4	广告口号	强化记忆	M
5	随文	促使行动	A

从上面这张表中可以看到，标题、副标题、正文、广告口号、随文这 5 个元素各司其职，分别有着不同的作用。如果要说作用最大的，非标题莫属。没有标题或者标题的力量不够，后面的所有沟通都无从谈起。

如果用一句话概括，就是：用标题叫卖，用正文说服。标题的作用，是通过制造出一种情景或冲突，让人觉得疑惑、好奇。而正文（或副标题），往往会给出一个解决方案，提供一个购买的理由。标题与正文，一主一副，一个感性一个理性，一个吸引眼球一个打动内心，正因有了这样的搭配，沟通的逻辑才变得完整。

▶ 案例 3-1　银联云闪付

这几张银联云闪付的广告，很好地说明了刚才的这个原则。它的标题叫“一毛钱都不容易”，在这个生活成本日趋上升的时代，很容易引起读者的共鸣，进而产生兴趣。值得一提的是，在

这个标题中，还巧妙地植入了代言人毛不易的名字，引发了一股用人名代言的新潮流（如景甜代言景田矿泉水）。画面中的毛不易正在大吃大喝逛商场，说好的一毛钱都不容易呢？你怎么还在挥霍？在博得读者会心一笑的同时又让他们感到一丝困惑，想要继续看下去，这时候，“银联替你付一半”就给出了答案，直接描述了利益所在，超大的补贴力度，吸引你来参加。

▶ 案例 3–2　哒哒英语

哒哒英语是一款在线少儿教育 App，在它的这张广告里，用小男孩的一句话“妈妈，今天外教把我的名字叫错了三次”来作为标题，非常有画面感，好像这个小男孩就沮丧地站在你的面前。相信很多家长看到这个标题都会马上联想到自己的孩子会不会也遇到了同样的问题，这就激发了他们的同理心和代入感。紧接着，副标题对症下药，马上给出了解决方案，告诉你，哒哒英语能给你稳定的外教老师以及更胜一筹的专注教学，抓住了家长们最关心的“专属”二字，也就能轻松赢得他们的好感与信任了。

▶ 案例 3-3 瑞幸咖啡

随着营销节奏的加快，很多广告海报的形式更为简化，常见的方式是省略正文，用随文来直接支持标题。在这组瑞幸咖啡的广告里，标题“这一杯，谁不爱”，带一点反问的口气，彰显出品牌的自信，激起一部分消费者的尝试心理，但是，广告的沟通显然不能满足于此，这时候还需要随文出场，给标题助攻。我们来看看它是怎么写的：“外卖自提，新鲜速达；WBC[①]世界咖啡大师精心拼配”，打出了自己区别于传统咖啡品牌的独有特点，以专业性和新鲜度对消费者做出了承诺，成功地打动挑剔的消费者，真正让这个“小蓝杯”人见人爱。

① WBC：世界咖啡师大赛。——编者注

AISAS：互联网新型文案结构

上文我们所讲的 AIDMA 模式里，最后的两个步骤 M 和 A，意味着对购买动机的促进和对记忆的强化，但是，随着互联网上消费行为的改变，新型的网络消费模式（如电商平台），决定了用户的选择环节变得很短暂，记忆并不是特别重要，因为大家所见即可买，马上就下单。

所以，在这种情况下，文案结构的后半部分就要有所调整，往“搜索”和“分享”上去引导。这样，原先的 AIDMA 就可以优化为“AISAS”，这里的两个 S 就是具备网络营销特质的 search（主动搜索）和 share（口碑传播）。

假设第一批消费者在接触到商品的信息之后，广告中的文案可以引发他们分享或者进一步搜索的欲望，那么我们的广告就可以因为他们的这个动作而吸引新一批消费者，获得更多的关注。

所以，我们可以把微博文案、朋友圈文案这样的一些内容作为信息的原始传播源，它们就相当于一个入口。我们的文案要在“A”（注意）和“I”（兴趣）阶段下足功夫，设法让读者感受到兴奋和冲动，进而促使他们主动去搜索产品、服务和信息。同时，你还可以在发布的微博内容当中带上话题，那么后续人们就可以通过搜索这个“#”字号的话题来加入讨论，再将它转发和传播出去。只要这个话题在短时间内被反复提及，它就很有可能会登上微博热搜榜。

比如2018年底上映的艺术电影《地球最后的夜晚》，虽然后期口碑褒贬不一，但是从推广的角度来看异常成功，它先是借势“跨年夜”，制造热点话题“一吻跨年”，然后利用这个分享的机制来达到裂变的效果，最终实现首日票房的大丰收。

微信文案的结构

让我们再来看下现在大家遇到较多的文案写作场景——微信文案。我在这里用微信文案来指代微信公众号的文章撰写。由于微信自身的界面分为多个层级，这就决定了它的沟通结构注定要比普通的平面文案复杂。

一条完整的微信文案，通常由三部分组成：标题、导语、内文。但是，作为微信的创作者，除了把握好这三个文字部分的内容之外，还要兼顾视觉的呈现，那就是头图的质量和内文的版式。

微信文案创作，要注意以下几个特点。

1. 标题的创作难度变得更大，头图的作用不亚于标题。相比在平面广告中标题和正文可以达到无缝连接，微信的文章却需要点击进入才能看到内文，这就意味着如果你的标题没有达到我所说的“五心”标准，读者就会连点都懒得点。关于“五心”标题法在本书第一章中已经做了介绍，这里不再赘述。

值得一提的是，除了标题之外，头图是另一个引导点击的重要因素，而且要和标题打配合战。当标题的力度不够强的时候，你可以配上非常有表现力的图片；如果标题足够醒目，头图就可以适当低调一点，哪怕用单色底加大字的方式也可以。

2. 好的导语，能以巧胜多。当微信公众号文章被转发时，界面中往往会呈现一句导语。这句导语的作用，有点像一个隐藏的小福利，字数可长可短，你可以随便写点什么，可以是内文的预告，也可以只是跟读者打个招呼。尽量不要浪费它，不然你就少了一次吸引读者点击的机会。

结尾部分需要引发行动与分享。前面所讲的方法，是如何吸引读者点进来、读下去，但这还不是最终目的。我们的最终目的，还需要促使读者看完这篇文章之后，忍不住要把它转发出去。常见的容易引发分享的内容有三种：1. 利益驱动型，如分享集赞、得奖品；2. 内容认同型，如星座分析、地域特征类；3. 干货精选型，如商业知识、健康养生、资讯等。

在收尾环节，千万不能一时大意就忘了你的最终目的，你的文案得像荆轲刺秦王一样，做到“图穷匕见”：当秦王（读者）看完一整张图，荆轲（文案）就要把“那把匕首”（促使他们马上转发或下单的途径）亮出来，这才符合广告的商业目的。

三种方法，让文案开头不再难

▼

大多数的文案新人，都会遇到不知如何起笔的问题。有时候心里有想法，但是真要写出来，又是另外一回事了。提笔却无从下手，这是大家共同的迷茫之处。

我在奥美广告做文案时，也有着和大家一样的困惑，每一次都不知道该怎么进入工作状态，直到有一天，我竟然在厕所里听到了一个秘诀，一下子豁然开朗，感觉一扇新世界的大门为我打开。

总监们的秘密热身术

这个秘诀，来自一位资深的创意总监。我发现，这位前辈每次去厕所的时候都会带上一包烟和一个笔记本，而且待的时间特别长。后来我才知道，原来他每次找不到灵感的时候，就去厕所里抽支烟，用来集中注意力。一旦注意力集中了，创意产生的概率就高了，然后他就把创意记到本子上，再把本子带回来，完成后续的工作。

最有价值的还不是这个点。这位总监后来又告诉我，其实资深的创意人，在工作的时候一般都会有些自己的怪癖。这些怪癖，可以帮助他们尽快进入工作状态，从而产生许多与众不同的想法。比如，抽烟是一种方法，而点一支熏香，或者播放一段固定的音乐，也可以迫使自己快速找到某种感觉。更有甚者，一位创意大佬的桌上永远放着一顶神秘的牛仔帽，平时谁也不会去碰它，但是每当他进入思考状态的时候，你会发现，那顶牛仔帽就一定稳稳地戴在他的头上。这样，周边的同事就会形成一个印象：只要老爷子一戴帽子，就一定在认真工作，咱们不能轻易去打扰。同时，对他自己而言，当他戴着帽子思考并有了几次成功经验之后，他就会更有信心——只要戴上帽子，就一定能写出好东西，等于给自己一种强烈的心理暗示。

我当时一拍大腿，这招太绝了。于是我也想了一个办法，我环顾当时的办公室，发现有个靠窗的角落位置一直没人坐，虽然比较偏，但从那个位置可以看到窗外很好的景色，于是，每当我思考创意的时候，我就有意识地坐到那里，坐上半小时一小时，等到想出了思路，我再回到自己的座位上，久而久之就形成了一个条件反射。有一阵子还被同事笑话，说我神神道道不知在角落里干什么。但是，我自己很清楚，我正在为自己创造一个写作的

习惯。就像如果你每次都在工作时，播放同样的音乐、吃同样的零食，养成习惯以后，后面就有了仪式感，你就会有一种更投入的状态。

随着工作经历的增加，我发现，原来很多人都有这样那样的创作习惯。日本老牌美学杂志《生活手帖》的总编辑松浦弥太郎被称为全日本最会生活的男人，他的习惯就是把转瞬即逝的灵感记在小纸条上，然后把这些纸条全都存放进一个罐子里，等到每次想创意的时候再翻出来看一看，从中汲取新的想法。

这些年在全国各地讲课的时候，我也听到过很多同学分享自己有趣的写作习惯。有的同学每次想创意前先去看一些脑洞大开的电视节目，让自己放松下；有的同学喜欢打开手机看花瓣网，通过关键词去搜索画面，然后再利用画面激发对文字的想象；有的同学在思考时一定要绑一条毛巾在大腿上，这样才能集中精神；还有的同学边想创意边喝白开水，一杯接一杯……

当然了，这些奇招虽然奏效，但都带着很强的个人色彩，有较大的偶然性，而且，要想成功运用的话，还得有一个前提，那就是，你得知道一旦进入工作状态之后，具体还应该做什么。

想让灵感浮现，先做好这两件事

在开始的时候，我们每个人的大脑就像一台汽车发动机，它是冷却的。你不用过多地担心这种状态，因为大多数人都会碰到这个问题。你要做的就是接纳这种正常现象，慢慢地让大脑发动机热起来，让自己的思维活跃起来。

从杂乱到有序，梳理有效信息

如果你不知道从哪里开始，我建议不妨先随手涂鸦一会儿。找几张 A4 纸，把要在广告中传达的信息点逐一罗列出来，比如说，产品的卖点、针对的客群、描述的人称、构想的画面、文字的风格、篇幅的长短等等，只要你能想到的都可以写下来。把大脑里的概念写在纸上的时候，你会发现它们会自行产生一些化学反应。

举个例子，如果你要为一台游戏笔记本电脑写文案，你就可以先写一些关键词：面向大学生的、超级大屏、有科技感的灯管、机械键盘、最酷最炫的彩色背光、专享快捷键、可兼容全部游戏……不管脑子里跳出来什么，你都可以写下来。有了这些关键信息，下一步再把它们有序地组合起来。这块内容，我会在第五章的“A4 纸创意法”再做详解。

不同的排列与组合，所带来的效果也是截然不同的。那么应该怎么去组合和整理这些信息呢？

我给大家推荐三种排序的方法：第一种，是演绎的顺序，可以分为大前提，小前提，再推导到最后的结论。第二种，是结构的顺序，可以按照并列的方式去介绍，比如说 A、B、C、D；第三种，是优先级的顺序，最重要的信息、次重要的信息、次要的信息。在广告写作中，通常采用第三种比较多。

就以刚才的游戏笔记本为例。

如果用演绎顺序来排列，那么它的大前提是高性能 CPU（中央处理器），小前提是最新显卡，结论是特效全开、畅玩游戏。

如果按结构顺序排列的话，可以得出：机械键盘 + 彩色背光 + 快捷键设置 = 专业又好用的键盘，让你的游戏体验更好。

如果按优先级顺序来排列，最重要的信息就是它有最新的 CPU 和显卡，所以游戏不会卡顿；次重要的信息是它的键盘按

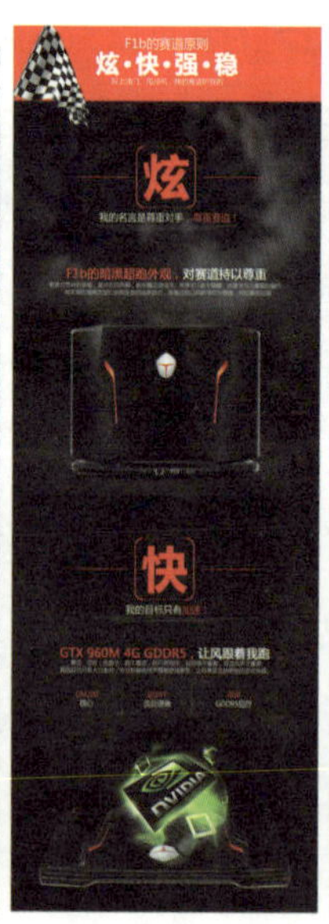

键非常舒适，让游戏时操作更顺手；次要的信息是它的外形炫酷，符合玩家审美。

以上所选的，都是同一款电脑的卖点，但是，根据不同的传播目标，你可以将它们按照不同顺序再做排列。通过这样的梳理，无论你碰到多少信息，都可以自然而然地将它们表达清楚。

先说，再写，别让灵感跑了

如果你梳理过信息后，发现还是写不出来，还有一个方法，就是把它说出来，用嘴巴去捕捉灵感。就好像有一位活生生的顾客，此时就站在你的面前，你会怎样来为他推荐这件商品：它是什么，它有什么，为什么要买它……

举个例子，你现在的任务是推销一支笔，你会怎么说呢？适合专业人士使用？可以随时记录你的人生感悟？或者说是因为它很流行？这些听上去都不足以打动站在你面前的顾客。

不用担心，电影《华尔街之狼》已经为我们准备了一个绝佳的创意。在一次饭局上，男主角让他的同伴们试着把一支笔卖给他，大家七嘴八舌，互相开着玩笑，就像在开一场头脑风暴会议，后来胜出的那位，居然用上了桌上的一张餐巾纸，想让男主角在上面给他签个名。结局大家也可以猜得到了，男主角为了签名，不得不买下这支笔。

通过这个例子大家可以感受到，谈话交流间很容易捕捉到灵感，先把事情说出来，再用文字去组织语言，这样下笔也就不会那么困难了。

如何开始你的第一句？

第一种方法：解决问题。如果你的标题提出了一个问题，或者让读者产生了某种困惑，那么文案的第一句就顺着标题直接继续下去。这样可以让读者毫不费力地进入内容当中，使整篇文案的阅读体验更加流畅，也就避免了生硬和突兀的感觉。

- 标题：工作之外，如何增加自己的收入？

正文第一句：成为“头号盈家”合伙人，赚取“新零售”时代红利……

- 标题：同样在减重，凭什么她瘦得这么快？

正文第一句：KROKO（泰国品牌）美人鱼燃脂贴，1贴燃烧 500 卡，30 天瘦出马甲线……

● 标题：我这么努力。

正文第一句：不是为了成功，而是为了定义成功。

● 标题：服装是一种高明的政治，政治就是一种高明的服装。

正文第一句：当 ARMANI（阿玛尼）套装最后一粒扣子扣上时，最专业而令人敬畏的强势形象于是完成。

第二种方法：营造共鸣。用一些容易获得目标群体相同感受的元素，构造出一种场景感，这样可以拉近和读者的距离，让读者的情绪很快到位，也更容易获得他们对文案内容的认同。

● “星巴克里的东西不好吃。”——这件困扰了星巴克前品牌灵魂人物霍华德·舒尔茨很久的事，也一直困扰着我。

● 昨晚加班到深夜 11 点回家，看到老公坐在沙发上刷抖音，一动不动，我终于忍不住了……

● 辅导孩子写作业到情绪失控，挤破脑袋进好学校，为了学区房四处奔波……这几乎是每个妈妈都遭遇过的“战争”。

● 看到“双 11”某宝的退货率，作为一个剁手党，我开始感到后悔了。

第三种方法：制造悬念。这类开头的共同特征就是在全文的开头部分埋下一些吸引点，却又故意不挑明、不说透，激发起读者的好奇心，让他们很想跟着你继续读下去，寻找答案，一探究竟。

- 这几天，全世界的小伙伴都被咱中国刷屏了，而原因，只有两个字。
- 通宵等位，价格翻 N 倍，抢着交钱排队，居然只是为了一个玻璃杯。
- 昨天，一段 20 年前的广告圈往事，被大家从网上翻了出来，莫名其妙地火了。
- 被称为史上最拥挤的贺岁片“大厮杀”中，口气最大、最自信的，莫过于这部电影了。

解决问题，营造共鸣，制造悬念。在没有思路的时候，可以借助这三个最常用的开篇技巧，开启最难走的第一步。当然了，你还可以有意识地培养一个属于自己的怪癖，来帮助自己找到更好的状态。总的来说，第一句虽然很难，但仍有方法可循，多加练习，你也能找到属于自己的独门心法。

五个技巧，让文案结尾更出众

▼

不管是文学作品还是影视作品，它的结尾往往是最吸引人的。

每一部精彩的电影，都会精心设计它的结尾部分，要么是剧情的高潮，正反两派来场大决战；要么是真相大白，惊天大反转，或者留下个悬念，让人继续等待下一集。

一本好书，结尾的几句话更是重要，仿佛作家与读者之间的一次意味深长的告别。比如，小说《飘》的结尾："不管如何，明天又是新的一天。"《基度山伯爵》的结尾："人类全部智慧就包含在两个词中：等待和希望。"这样的结尾，总是给人一种余味和回甘，让人意犹未尽。还有那句"Stay Hungry，Stay Foolish"（求知若饥，虚心若愚），这是苹果创始人乔布斯在斯坦福大学演讲时的结尾，也是广为流传，成为很多人的座右铭。

对广告文案而言，结尾的重要性不言而喻，因为它直接导向购买行动。单单讲故事是完全不够的，文案在讲故事的同时，还要用文字为产品或者服务营造出气氛，激发出潜在消费者的欲望。和文学作品相比，文案的结尾多了一个要求，那就是劝服。它需要做到让犹豫不决的人下定决心，让已经下单的人重复购买。

下面，我向大家介绍常用的结尾技巧，让你的文案可以精彩收官。它们分别是求下单、求转发、神转折、秀机智、成系列。为了方便理解，我分成了 5 个点来讲，但在实际写作中，不必拘泥于某一种方法，多个技巧可以配合使用，只要与上文衔接自然，能够加强受众印象或者激发购买的冲动，就是成功的结尾。

言归正传“求下单”

第一个技巧叫作“求下单”。我之前讲过，无论前半部分说得怎样梦幻与浪漫，在文案的结尾，你要呈现的必定是你的商业目的，必须“图穷匕见”。到了这个部分，你就要号召读者去行动，最好能直接购买，不然的话积极转发、参与也行，总之得有一个唤起动作的语句。

遗憾的是，我们也经常看到，很多微信公众号非常不注重这一块内容的打磨，像下面这三个反面例子，它们都直截了当地把那些没有任何包装与修饰的销售信息，呈现在文章的结尾，很是简陋。这样的文案，读者可能连多看一眼的欲望也没有，它的营销效果也就可想而知了。

反过来，看那些知名品牌的官方公众号，它们都非常注重结尾的打造和内容的提炼。比如肯德基，它喜欢在结尾处用一些诱人的食品图片加上惊喜的价格来吸引消费者下单；又比如五芳斋

粽子的官微，是将消费者比较关心的礼品信息放在了最后；青岛啤酒更是直接把淘口令贴在了整个文案的后面，这些做法目标非常明确，就是要达到购买的转化。

制造话题“求转发”

衡量一个社交媒体的文案是否成功，除了阅读量之外，还有一个重要的评价指标：转发量，也就是说，如果你写的内容能让读者都愿意自发地传播，那么你的内容就会有更多人看到，更多人参与，你的品牌和广告信息也就能迅速扩散。

很多人都明白这个道理，但是每到实战的时候，却往往会使用那些比较庸俗的文案方法，让自己的品牌格调一下子就降低了。比如我们经常看到好好的一篇文章，结尾非要加上一句“喜欢的朋友请转发点赞哦”“转发是一种智慧，分享是一种美德”，类似这样的语言你看一次两次还可以，但如果经常出现在眼前，就意味着完全没有原创性可言了，更别说能让人对你的品牌留下什么好印象。

反之，如果在文案的结尾设置一个简单的互动话题，比如“如何用星说爱？”“外卖改变你哪些生活？”之类的开放性问题，就能够让读者各抒己见，吸引他们转发到朋友圈与朋友讨论，促成新一轮自主传播，也能增加粉丝的参与性和黏性。当然，同时可加上一定的奖品来激励粉丝。像下面这篇星巴克中国的官方微博，它希望用户来参与“用星说”活动解锁心意，同时加上咖啡礼券来引导用户转发，就大大地提高了用户的参与度。此外，“@几位好友”获得抽奖机会，或者“向杰出人物致敬”，“分享和品牌间的趣事”，也是容易引起转发的触发点。

需要特别强调的是，针对品牌属性的文案，最好不要通过施加负面压力的说辞，强迫别人转发。写的人可能以为这招很管用，但这却是最糟糕的一种方式，因为它透支了读者对你的信任度，让人反感。比如，当读者刚看完一篇不错的鸡汤文，很有触动，正考虑分享给其他朋友，突然看到这么一句话：转发这篇文章到三个群里，你的母亲明年就会健康平安。这时，他就会有种被胁迫的感觉，很有可能索性就不转了。也不要写那种“不转不是中国人”之类的情绪化口号，除非你是为了搞笑。

画风突变“神转折”

上面提到，如果文案中推销色彩太强烈，往往会令消费者反感。但是另有一种文案却故意为之，他们把商品信息硬生生地摆出来，却还能让消费者无比期待，眼巴巴地等着广告什么时候出来。这种方式，就是“神转折”。

这类文案风格，正在成为微信内容创意的一种样板，它把营销信息植入到娱乐化、知识性的内容中，刚开始用很长的篇幅去说一件与品牌、产品无关的事，到最后突然话锋一转，揭晓谜底，让读者看到真正所要打的广告。打个比方，就好像我正在讲述某个话题，突然转到了另一个话题上，看起来两者似乎毫无关联，但是，通过我的解释，你会发现，这个新的话题跟早先的话题原来是同一件事情，它们形成了一种奇妙的荒谬感。这个形式跟电视广告片中的“回马枪”很像，也和很多四格漫画的创作原理是一致的。

事实证明，读者对这种形式是非常喜闻乐见的，经常评论“这一波广告打得猝不及防”。它考验文案的难点主要在于：如何营造完整的逻辑，一步一步引导读者走入故事情节，再用文案制造一个“转折”，让读者即使发现他看的是一个广告，也能觉得学到了新的知识，便会主动分享。

▶ 案例 3-4　法国娇兰天猫新品首发

时尚芭莎公众号曾经发布过一篇 10 万 + 推文《延禧攻略完结的第一天，想她》。它在 2018 年爆款大剧《延禧攻略》落幕之际，来了一个通篇回顾，深度剖析剧中的人物，正当读者意犹未尽之时，突然来了一个广告，提醒大家大剧虽已播完，可你的美丽却能继续。它在文中转折部分以及结尾处的写作技巧，将正文内容与商业信息结合得非常贴切，值得学习。

转折部分文案

人生不一定有“攻略”，美丽却可以被加持：

做不一样的女人，美在型型 × 色色。

《延禧攻略》结局，可美不落幕，正如传承近两个世纪的法国皇室御用品牌法国娇兰携手三位“延禧娘娘”容音小天使、魏璎珞、娴妃继续延禧“攻心计”。

结尾文案

重重宫门深锁之中或有输赢，可百年之后，女孩们却因为各自不同的美丽同享灿烂——你看，每一个女人都该是不一样的颜色，都该有各自丰富耀眼的人生。

美在型型 × 色色，

这世间，终因我们而绚烂。

《延禧攻略》大结局，型色攻略已开启，

你们准备好了吗？

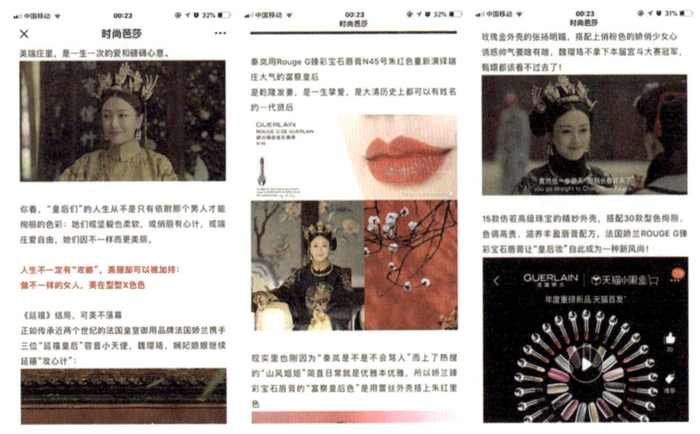

▶ 案例 3-5 浙江新闻App

这个案例中的微信内容，是为了推广一款新闻 App 所策划的。文案没有采用常规的套路，而是从对奢侈品高价的质问切入，先抛出一个问题“奢侈品凭什么这么贵？”，再通过介绍奢侈品的定义、成本等话题来和消费者的已知经验连接起来，最后告诉大家，如果想要追求奢侈品，不用远渡重洋，在家门口就有源自杭州、扬名世界的丝绸精品；而如果想要了解最新资讯，那就请选择这款高端大气的新闻 App 吧，经过几番转折，这才于揭示了正题。

提升格调“秀机智”

当然，也并不是所有的结尾都要导向卖货。第 4 个技巧，它不负责具体卖货，但却能让你的文案呈现出一种哲理的高度，推动读者去做某种思考。

> 当微信变成了一种生活方式，
> 每个人都将有无数的未完待续。
> 谁知道咱们曾经写过的推文，
> 若干年后会不会变成考古文学。
> 就听听爱德华·纽盖特说的吧，
> 别回头，时代在改变。

上面这段话，是纪念“微信八周岁”的一篇广告图文，结尾处它引用了动漫人物海贼王的一句口号，既承袭了文章主旨，回顾了微信的迭代与发展，又引人深思，微信在改变，时代在改变，我们也在改变，“别回头”，是对过去变化的敬畏，又是对未来新生的期冀，有种深意在其中。

下面这些例子，大多数来自经典的长文案广告，也有微信文章等形式，它们所呈现出来的个性，或智慧、或幽默、或辛辣，都能让人感受到品牌的独特魅力。

- 生命本身就是一场旅行。生命将引领你去何方？（路易威登）
- 因为只有那些疯狂到以为自己能够改变世界的人，才能真正地改变世界。（苹果）
- 假如你不值得送 Chivas Regal 这样的礼物，还有谁值得？（芝华士父亲节）
- 下次租车，请租艾维斯的车吧，至少营业点的队伍不会那么长。（艾维斯租车）
- 天堂并非遥不可及，再走十年而已。（长城干红葡萄酒）
- 制造一辆 Polo，是理智的；购买一辆 Polo，同样如此。（大众 Polo）
- 睡在柔软的东西上面，人心也能柔软一点。（罗莱超柔床品）
- 我和别人不一样，我和你一样。我是凡客。（凡客诚品）
- 多喝水没事，没事多喝水。（“多喝水”瓶装水）

加深印象“成系列”

这个方式，比较常用于系列广告当中，也就是在文案的最后，尽量用固定的一句话，或相似的句式来收尾。

系列广告通常为三篇以上，在同一媒体平台投放，因此它们在风格、画面和内容上，基本保持统一，但每一则广告要传播的信息点，最好又是不一样的，这样既能保持受众的注意力，又能够让他们不觉得单调或者厌烦。

同一系列的不同作品之间，可以通过文案形式的统一性形成一股合力。虽然它们表达的内容角度不一样，但是经过多次曝光之后构成了一种重复的力量，这样的传播效果就要比单条的广告更强烈。

▶ 案例 3-6　凯爵啤酒

这套凯爵啤酒的广告，再现了职场中的众多场景，让我们能够感同身受。在它所有的文案结尾中都用了统一的句式：“干了这杯，对我说一句，老子早晚出人头地”，“ 干了这杯，从此你的生命里有我”，仿佛所有的理解与支持都化在这杯酒中，喝下去就有勇气继续前行。“干了这杯”，也像一位知心好友对你的劝慰，一切尽在酒里了。

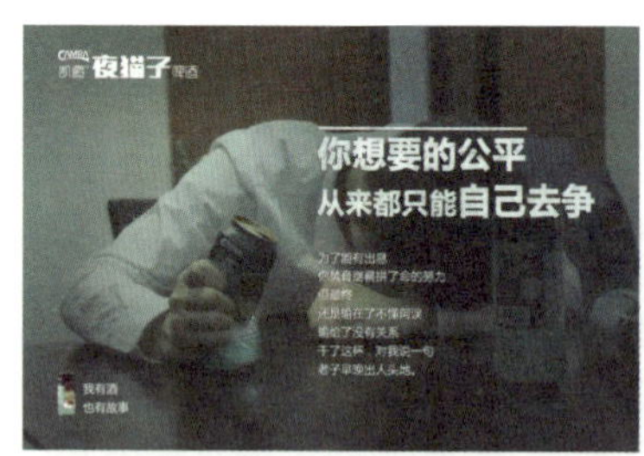

▶ 案例 3-7 左岸咖啡馆

“他是达·芬奇，我们都是旅人，相遇在左岸咖啡馆。”

“ 她是西蒙·波伏娃，我们都是旅人，相遇在左岸咖啡馆。”

“ 他是肖邦，我们都是旅人，相遇在左岸咖啡馆。”

再来看这套来自台北奥美的作品，教科书级的文案“左岸咖啡馆”。它的作品相当丰富，这三张只是其中的一小部分，广告中虚构了三位欧洲文艺名人与左岸咖啡馆之间的片段故事，最后用一个统一的句式，将读者的思绪拉回到产品本身，也点出文案的主旨：左岸咖啡馆，让无数的艺术家、创作者、生命的旅人，在此与自己的灵感相遇。

我们都是旅人，

相遇在左岸咖啡馆，

他带着微笑离开，

在巴黎，微笑可以用法语发音，

他说微笑的名字叫作蒙娜丽莎，

即使在安静的咖啡馆中，

那笑，是无声的，一杯昂列，

让周边有了热络的氛围，

足以让歌手们、乐师门、丑角们，

都为这一刻活了，

我看着他，与他相视一笑，

这是 1516 年，

他带着蒙娜丽莎的微笑来到法国，

他是达·芬奇。我们都是旅人，相遇在左岸咖啡馆。

她又要离开巴黎了，

人们说，女子不宜独自旅行，

她带着一本未完成的书，

独自坐在咖啡馆中，

那是一种阴性气质的书写，

她喝着拿铁……咖啡与奶，1 比 1，

甜美地证明着第二性，不存在，

那香味不断地从她流向我……绝不只有咖啡香，
这是 1908 年中的一天，女性成为一种主要性别，
她是西蒙 · 波伏娃。我们都是旅人，相遇在左岸咖啡馆。

他从波兰来，
旅行的人，总带着脆弱的灵魂，
他在找一架钢琴，
我看见他走进咖啡馆，
想送给 e 大调练习曲，
他只点了一杯卡贝拉索，
但爱情是交响曲，
这个时刻，人来人往正以练习曲的步调在我们之间进行，
e 大调练习曲便成为离别曲，这是 1849 年之前的事，
他是肖邦。我们都是旅人，相遇在左岸咖啡馆。

不怕文案太长，就怕绝招太少

▼

在这个手机为王的读图时代，人们的阅读习惯日趋碎片化，普遍喜欢篇幅短小、风格轻松的内容。这个时候，如果你还想让他们耐心读完一条内容较长的广告，尤其是长文案，就变得很困难了。

但是，长文案的存在，又有它独到的价值。

文案的字数多，就可以传递更多、更有说服力的广告信息，为受众提供一个完整的思维过程。同时，通过文字的渲染，更有利于将受众引向广告所要营造的氛围。对于很多复杂的新技术、陌生的专有名词的解读，以及那些有待深度解析的卖点，都需要篇幅较长的文案来担当重任。

今天，我们在微信公众号中所看到的很多品牌主题的推文，其实就是平面媒体时代的长文案换了个样子而已。因此，那些经典的长文案技巧，也可以换种方式为我们所用。

关于长文案，有个最重要的观点就是文案的可读性，不在于字数，而在于结构。当你建立起一个合理的结构，自然就能让读者的视线听从你的调遣。当然，为了让文案更好读，除了结构之外，还需要加上你本身的文字表达能力，以及一些必备的广告思维。

这里，介绍一下我最常用的 8 个长文案写作技巧。在我长期的创作过程中，它们都得到过成功的验证。尤其是第一个“分段法”，我一直用它来优化我的文案。但不知道为什么，这么简单、3 秒钟就能上手的办法，居然很多文案从来都没用过。是不是太简单了，大家反而容易忽视呢？用一句电脑语言来形容，这个方法，一旦你学会了，就足以“战胜全国 80% 的文案”。

一键分段，化繁为简

不知道你有没有和我同样的感觉：拿到一篇文稿时，如果里面的字数特别多，又都是一大段一大段的，黑压压的一堆，看着眼睛都累，心里就会先打起了退堂鼓。其实，对文案写作者来讲，如果你也碰到这种情况，只要一个简单的操作，就能快速优化——你可以从文中选几个比较明显的分界点，试着按下回车键，将全文分切成几个段落，甚至是按句子、按词去切分。然后就会发现，这个小小的切分动作，能让你的文案内容更容易被读者吸收，还能形成一种独有的风格。另外，原先文案里存在一些语病、纰漏等问题，也更容易显现出来，便于修改。

在这方面的探索与创新，武侠大师古龙，可谓是文案的楷模。来看一段小说《多情剑客无情剑》里的内容。

你来了。

我来了。

你毕竟还是来了。

我毕竟还是来了。

你本不该来的。

可我已经来了。

你来干什么。

我来杀人。

杀什么人?

杀该杀的人。

什么人该杀?

你该杀。

这是两人之间的一次对话，简单的文字，被古龙这么一排列组合，竟透出了十足的紧张感，犹如置身于杀气凌人的现场。作家描写的是古代的场景，但却呈现出一种极简的时尚感。这种文风，也让古龙的武侠美学和其他作家拉开了差距，表达出不一般的人生境界。建议我们的文案人，可以学习一下古龙，尝试用简单的文字组合出更丰富的内涵。

在手机屏幕上，这种按句子来分段的方法，可以快速提高文案的可读性。这三篇微信文章的版式，不约而同地用了这招：一句一行，居中排列，语气自带节奏感，阅读体验更加顺畅。

小标题，是个好东西

在长文案的优化过程中，刚才介绍的第一步是用回车键来切分段落。第二步，就是学会用小标题来串联上下文，这不仅可以起到归纳总结的作用，也可以让文章更有主次之分。

小标题的写法，可以从段落大意中去提炼，以便那些懒得阅读全文的人以最快的速度知道接下来要说什么。也可以抛出一个问题，列举出一些惊人的数据，来吸引读者读下去。另外，如果正文过于沉闷，也可以在小标题中使用一些网络的流行用语，来调节文章气氛。

对长文案来讲，小标题的意义重大，它意味着让读者的思绪得到暂时的放松和休息。如果你实在没时间，哪怕从下文中提炼出一句话，放在两段文字中间，都好过不放小标题。

▶ 案例 3-8　ShanghaiWOW 公众号文章

ShanghaiWOW 的这篇介绍日本餐厅的文章，信息量很大，但是作者把一些句子单独拎出来，放大加粗，有一些是疑问句，有一些是对话，还有一些是自白，有了这些停顿以后，再读这篇长文章就不会很累，而且能够通过这些句子，大概了解接下来的一段要讲的是什么。

“怀着一颗款待之心制作料理。”

“因为是左撇子，师父差点拒绝收我为徒。”

“连一口白饭都是人间至味。”

“餐厅为什么叫 SHARI？”

一般来讲，在手机上发表的文案，它的段落切分，需要比传统的广告版面更加讲究。因为手机屏幕的大小是有限的，如果在单屏界面上连一段文字都显示不全的话，人们很可能会直接退出不看。

当然了，你也可以用图片把文字隔开，这样也可以提升阅读体验。

适当重复，制造节奏感

在通常情况下，一篇文案尤其是长文案中会包含多方面的信息，上面讲的分段，是为了有条理地将长文案分割成各有侧重的板块，但是单纯以内容来分段，有些时候并不能完全符合阅读习惯，也不利于让读者集中注意力，所以这时候我们就需要关注文字的节奏感。

▶ 案例 3-9　台湾出版公司25周年庆

这是台湾出版公司“天下文化”25 周年庆活动的文案，全文很长，而且是黑底白字，阅读起来有一定困难。但是它每段都是以“我害怕阅读的人”作为开头，持续用同一句话来强调这种恐惧，可以让读者一直保持在一个稳定的情绪中，而且用同一句话反复说，既增强了文案的力量与节奏感，也保证了整段文风的统一性。

原文如下：

不知何时开始，我害怕阅读的人。就像我们不知道冬天从哪天开始，只会感觉夜的黑越来越漫长。

我害怕阅读的人。一跟他们谈话，我就像一个透明的人，苍白的脑袋无法隐藏。我所拥有的内涵是什么？不就是人人能脱口而出，游荡在空气中最通俗的认知吗？像心脏在身体的左边，春天之后是夏天，美国总统是世界上最有权力的人。但阅读的人在知识里遨游，能从食谱论及管理学，八卦周刊讲到社会趋势，甚

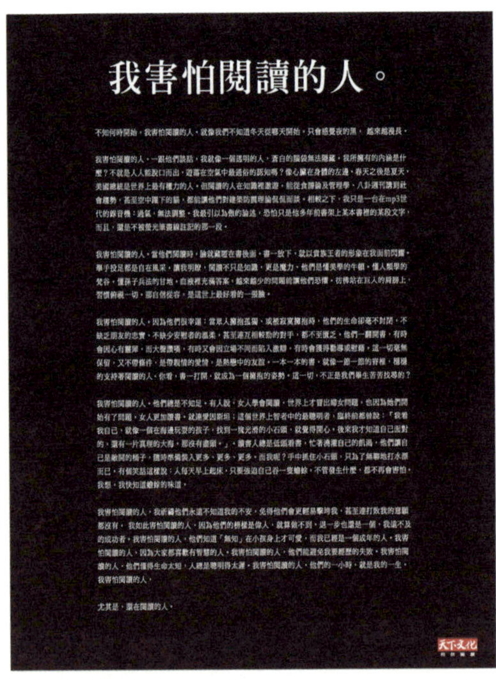

至空中跃下的猫，都能让他们对建筑防震理论侃侃而谈。相较之下，我只是一台在MP3时代的录音机；过气、无法调整。我最引以为傲的论述，恐怕只是他多年前书架上某本书里的某段文字，而且，还是不被荧光笔画线注记的那一段。

我害怕阅读的人。当他们阅读时，脸就藏匿在书后面。书一放下，就以贵族王者的形象在我面前闪耀。举手投足都是自在风采。让我明了，阅读不只是知识，更是魔力。他们是懂美学的牛顿，懂人类学的凡·高，懂《孙子兵法》的甘地。血液里充满答案，越来越少的问题能让他们恐惧。仿佛站在巨人的肩膀上，习惯俯视一切。那自信从容，是这世上最好看的一张脸。

我害怕阅读的人。因为他们很幸运；当众人拥抱孤独，或被寂寞拥抱时，他们的生命却毫不封闭，不缺乏朋友的忠实、不缺少安慰者的温柔，甚至连互相较劲的对手，都不至匮乏。他们一翻开书，有时会因心有灵犀，而大声赞叹，有时又会因立场不同而陷入激辩，有时会获得劝导或慰藉。这一切毫无保留，又不带条件，是带亲情的爱情，是热恋中的友谊。一本一本的书，就像一节节的脊椎，稳稳地支持着阅读的人。你看，书一打开，就成为一个拥抱的姿势。这一切，不正是我们毕生苦苦找寻的？

我害怕阅读的人。他们总是不知足。有人说，女人学会阅读，世界上才冒出妇女问题，也因为她们开始有了问题，女人更加读书。就连爱因斯坦[①]，这个世界上智者中的最聪明者，临终前都曾说："我看我自己，就像一个在海边玩耍的孩子，找到一块光滑的小石头，就觉得开心。后来我才知道自己面对的，还有一片真理的大海，那没有尽头。"读书人总是低头看书，忙着浇灌自己的饥渴，他们让自己是敞开的桶子，随时准备装入更多、更多、更多。而我呢？手中抓住小石头，只为了无聊地打水漂而已。有个笑话这样说：人每天早上起床，只要强迫自己吞一只蟾蜍，不管发生什么，都不再害怕。我想，我快知道蟾蜍的味道了。

我害怕阅读的人。我祈祷他们永远不知道我的不安，免得他们会更轻易击垮我，甚至连打败我的意愿都没有。我如此害怕阅读的人，因为他们的榜样是伟人，就算做不到，退一步也还是一

① 这句话应为牛顿所说。——编者注

个我远不及的成功者。我害怕阅读的人，他们知道“无知”在小孩身上才可爱，而我已经是一个成年的人。我害怕阅读的人，因为大家都喜欢有智慧的人。我害怕阅读的人，他们能避免我要经历的失败。我害怕阅读的人，他们懂得生命太短，人总是聪明得太迟。我害怕阅读的人，他们的一小时，就是我的一生。我害怕阅读的人，

尤其是，还在阅读的人。

“短”的力量

尽量用短句、短词来表达你的意思。我们在写长文案的时候，会不自觉地写出长句来，但是长句既不好读，又很容易出现语病。如果你是个文案的初学者，你不妨尝试我刚才讲的古龙“一句一行”的形式，这种形式在手机上的显示效果也比较清爽，更重要的是，有些时候短句会让你的文案显得更为自信。

▶ 案例 3-10 樱桃画报《如何假装成一个好妈妈？》

樱桃画报公众号曾经有一篇爆款文章，叫《如何假装成一个好妈妈？》，它里面的文字节奏和图片的配合，就把这种短促的力道把握得很好。而且它并不局限在一个短句或词组，有时候一

个字也可以单独成一段。有问有答，让人感到无缝衔接，一气呵成。

▶ 案例 3-11　特仑苏牛奶“地球上没有人比她过得好”

特仑苏的牛奶广告善于另辟蹊径，用拟人化的语言为自家牧场的奶牛“画”了一幅肖像，从头至尾没提到过“奶牛”二字，却用短句描绘出它们“每天躺着听音乐”“吃进口食材”“享受私人医生照顾”的优渥生活环境，而且也加强了娓娓道来的叙事感。从头读来，好像这真的是为一位奢华慵懒的贵妇所写的诗，直到最后那一声“哞”，才揭开谜底，让读者感受到特仑苏专属奶源的特殊之处。正如它的广告口号所说的那样，不是所有的牛奶都叫特仑苏。

像她这种身份，
根，本，不，需，要，上，班。
别人为她工作，
还是穿制服的那种。
那她整天干什么？
躺着。
怎，么，舒，服，怎，么，来。
每天躺 12 小时以上，
可以说是宅女，骨灰级。
或者发呆，听音乐，
从勃拉姆斯到燃烧我的卡路里。
为，她，采，购，食，材，的，航，班，
每个月从美国西海岸准时起飞，
迎着太平洋的风，
颠簸几千公里，远胜杨贵妃的荔枝。

除了躺就是吃，

身体不会被掏空吗？

她，的，私，家，医，生，不，止，一，个。

更让人嫉妒的是：

她胸围惊人，

不戴美瞳眼睛也显得很大。

毕，加，索，画，过，她，不，止，一，次，

因为她慵懒迷人的气质，

不次于《亚威农少女》。

她和黑白两道都有关系。

条，件，优，越，到，这，种，地，步，

自我很难不膨胀。

不顾服侍她的人的感受，

偶尔耍小脾气也是有的，

每当这时，

她会娇滴滴地发出一声：

哞……

次要信息靠边站

在写长文案的时候，可以考虑把一些非重点文字放在备注、随文或者图片说明里去，也可以用括号“( )”起到一个类似于画

外音的作用。这样既不会影响阅读时整体的语气和顺畅的感觉，还能够让你的文字显得老练又很周全。

这种写作技巧，在社交媒体的文案中也很常见，利用在文字旁的括号中加拼音的方式，来描写一些跟字面意思相反的内心独白，会让文案变得更加有趣味。

▶ 案例 3-12 “金牌马爹利干邑”原文节选

左边这是颗完美的葡萄。要 4 000 颗一模一样的这种葡萄才能制成一瓶金牌马爹利。换个说法：法国每年采收的上百亿颗葡萄中，只有极小一部分能用来制造干邑；然而其中 60 颗葡萄中又只有 1 颗才能酿造马爹利。（你大概开始能够欣赏某种对品质近乎着魔的关切了吧）

在这则金牌马爹利干邑的长文案里，在段落的结尾处，用一个括号增加了一句话，提到“你大概开始能够欣赏某种对品质近乎着魔的关切了吧”。这句结尾绝不是多余的，它生动地体现出洋酒品牌的性格，似乎是一位成功的商人在刚刚吹嘘完产品的独到优势之后，又担心读者半信半疑，以为自己在夸夸其谈，所以，又适时地自我调侃一下。这句文案，既是对前面数据的补充，也是另一种肯定自己的方式。广告的原文很长，限于本书篇幅只选取了一段，大家有兴趣的话可在网上自行搜索。

巧用过渡性词语

在写文案时，可能会碰到这样的情况：两句话或者两段文字之间明明有联系，但读起来却总是感觉很生硬，这时候，就需要使用过渡性词语了。通过它们起到承上启下的作用，可以让你的文案读起来更加流畅、自然。

大家可以多积累一些这样的过渡词，比如：当然、在 ×× 方面、更重要的是、也、更何况、值得一提的是、令人惊讶的是、试想一下等等，如果你能熟练地运用它们，就会让人感觉到你的文案有种恰到好处的老练。

我们可以通过下面两个例子，来感受下过渡性词语的妙处：

第一例：无过渡词。

香水对女人有多重要？女人用香水，可以更加性感和自信，爱美之心人皆有之，美好心情从香水开始。

第二例：有过渡词。

香水对女人有多重要？试想一下，一袭红裙的美人款款向你走来，还没看清面容，就闻到她身上的致命芳香，其实，你也可以拥有属于自己的香气，更重要的是，比起取悦他人，你更能取悦自己。

两段文字的区别在于，第二段因为加入了过渡词，语气的节奏更慢，也更优雅，让人有闲情逸致去欣赏香水的魅力。

少用形容词

大家都知道，有一种文案叫作自嗨型文案，通篇都是华丽的辞藻、复杂的修辞，不但无法讲清楚广告的重点，还会显得华而不实。这种文风在地产广告中尤其普遍。

读者最需要的永远是资讯，你要提供给他们容易感知、理解，并且准确的信息，而不是过多的修饰。有时候，动词或名词的效果，反而比形容词要好得多。

▶ 案例 3-13 对比文案

- 这个房子很梦幻。
- **这个房子，就像皇帝的宫殿一样**。

- 这个游戏机很小巧。
- **这个游戏机，就和名片一样小**。

- 一只2.1千克的超轻行李箱。
- **一只行李箱，等于4瓶矿泉水**。

- 丝毫不差的精准。
- **喝杯水都能感受的精准**。

如果你现在需要形容一幢金碧辉煌的建筑，你说“这个房子很梦幻”，尽管听上去很浪漫，但其实没多少人能真正听懂你在说什么，因为每个人对于梦幻的理解都不同，这个形容词给了他们太过宽泛的想象空间。但如果你能换种说法，使用名词，将它比喻成皇帝的宫殿，那么听众的脑海中就会对它的外观有一个初步的概念。

如果你想表达一个游戏机很袖珍，那你可以去找一个公认的、比较小巧的物体来做类比，比如名片，这样的话，读者也就对它的体型有了一个直观的了解。

如果你要介绍的是一款超轻行李箱（只有 2.1 千克），就算你把具体数字摆在用户面前，他们还是对这个概念很模糊。但是，如果你能做一个换算，2.1 千克大约相当于 4 瓶矿泉水的重量，于是把文案“翻译”成“一个行李箱的重量 =4 瓶矿泉水的重量”，就能让用户感同身受。

小米体重秤曾经用过一句口号：“喝杯水都可感知的精准。”如果单单用“精准”这个形容词，无法直接引起用户的共鸣，所以它补充了“喝杯水”这个具体的概念。这句话的出处，恰恰是女生们在生活中的口头禅“喝口水都会胖”。现在喝杯水，都能测出差异来了，女生们马上就有了代入感。

像设计师一样去思考

如果刚才这 7 条，你都已经用过了，那么可以暂时放下文字，换上设计师的脑子来想想，能不能用图片化的思维，让你的文案更易读。你可以尝试利用漫画、表情包、照片等方式和文字相结合，甚至用图片来替代部分文案，以达到精简的效果。

微信文章的排版，如果不够流畅，会严重影响阅读感受，那么你之前为了吸引读者点击进来所下的那些功夫也就都白费了，他们对文章的印象，会因为字号太小、行间距太密、图像质量太低而大打折扣。所以，作为一个文案（或小编），很有必要像设计师一样去思考，让内容以最佳效果去呈现。

这里，我提供一些具体的建议：

1. 背景色选用单色调，系统默认为宜。

2. 段首无须空两格，很多人受到书面排版的思维定式影响，忽略了一个关键因素：手机屏幕大小有限，一行里本来就受到字数限制，再空出两格来，反而显得页面凌乱，看起来参差不齐，影响美观。

3. 文字较多的时候，我们可以在每一段之间多空两行，版式会显得比较整洁。

4. 字体和颜色不要设置太多，一个微信公众号里有些格式最好是固定的。

5. 发布前多看几次预览版，把错别字、标点、图注等这些容易被忽略的细节都检查清楚为止。

举个例子，这是一篇我的个人专访，文章内容比较长，这种情况下，如果只用纯文字来呈现，如第一排图片，内容就会显得很枯燥，很容易让人失去看下去的兴趣。

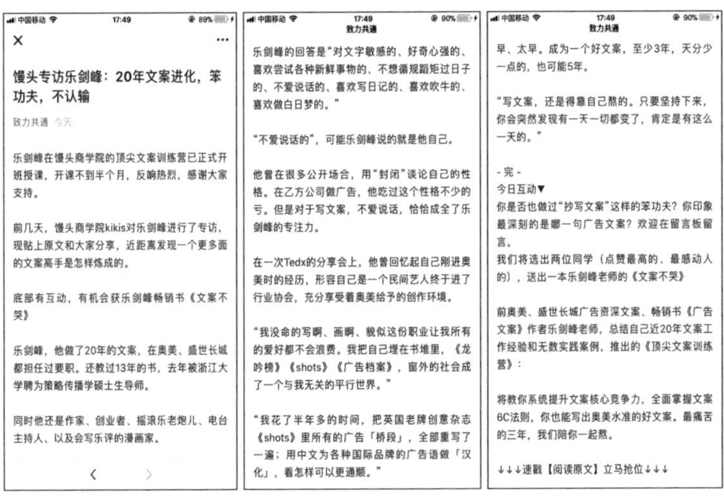

中国移动 17:49 89%

馒头专访乐剑峰：20年文案进化，笨功夫，不认输

致力共通 今天

乐剑峰在馒头商学院的顶尖文案训练营已正式开班授课，开课不到半个月，反响热烈，感谢大家支持。

前几天，馒头商学院kikis对乐剑峰进行了专访，现贴上原文和大家分享，近距离发现一个更多面的文案高手是怎样炼成的。

底部有互动，有机会获乐剑峰畅销书《文案不哭》

乐剑峰，他做了20年的文案，在奥美、盛世长城都担任过要职。还教过13年的书，去年被浙江大学聘为策略传播学硕士生导师。

同时他还是作家、创业者、摇滚乐老炮儿、电台主持人、以及会写乐评的漫画家。

中国移动 17:49 90%

致力共通

乐剑峰的回答是“对文字敏感的、好奇心强的、喜欢尝试各种新鲜事物的、不想循规蹈矩过日子的、不爱说话的、喜欢写日记的、喜欢吹牛的、喜欢做白日梦的。”

“不爱说话的”，可能乐剑峰说的就是他自己。

他曾在很多公开场合，用“封闭”谈论自己的性格。在乙方公司做广告，他吃过这个性格不少的亏。但是对于写文案，不爱说话，恰恰成全了乐剑峰的专注力。

在一次Tedx的分享会上，他曾回忆起自己刚进奥美时的经历，形容自己是一个民间艺人终于进了行业协会，充分享受着奥美给予的创作环境。

“我没命的写啊、画啊，貌似这份职业让我所有的爱好都不会浪费。我把自己埋在书堆里，《龙吟榜》《shots》《广告档案》，窗外的社会成了一个与我无关的平行世界。”

“我花了半年多的时间，把英国老牌创意杂志《shots》里所有的广告「桥段」，全部重写了一遍；用中文为各种国际品牌的广告语做「汉化」，看怎样可以更通顺。”

中国移动 17:49 90%

致力共通

早、太早。成为一个好文案，至少3年，天分少一点的，也可能5年。

“写文案，还是得靠自己熬的。只要坚持下来，你会突然发现有一天一切都变了，肯定是有这么一天的。”

- 完 -

今日互动▼

你是否也做过“抄写文案”这样的笨功夫？你印象最深刻的是哪一句广告文案？欢迎在留言板留言。

我们将选出两位同学（点赞最高的、最感动人的），送出一本乐剑峰老师的《文案不哭》

前奥美、盛世长城广告资深文案、畅销书《广告文案》作者乐剑峰老师，总结自己近20年文案工作经验和无数实践案例，推出的《顶尖文案训练营》：

将教你系统提升文案核心竞争力，全面掌握文案6C法则，你也能写出奥美水准的好文案。最痛苦的三年，我们陪你一起熬。

↓↓↓速戳【阅读原文】立马抢位↓↓↓

所以，可以适当插入一些图片，比如被访者以前的作品、个人经历照片、所读过的一些书等等，采用字+图的版式，如第二排图片，还可以将重点句子加粗、用黄底来凸显互动文字，这些都可以成为活跃版面的要素。

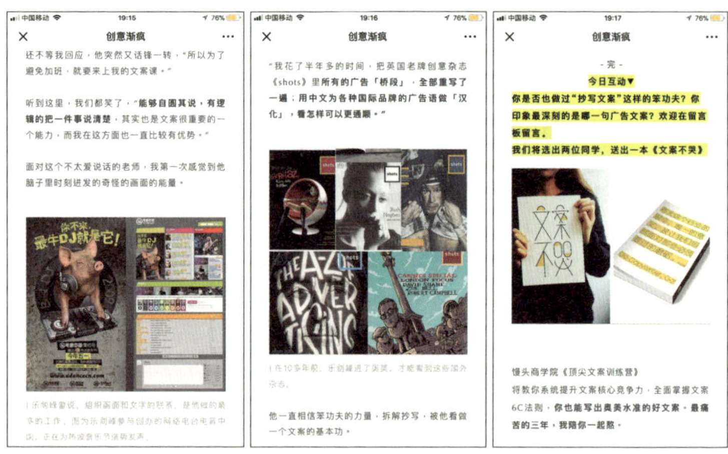

学完这些，希望你以后再碰到长文案的时候，能够镇定自若。利用上述 8 个方法来优化你的文案，让读者产生兴趣的同时，也能快速地领会文案的主旨。

玩转“边角料”，文案更有料

▼

还记得前面介绍过的 AIDMA 法则吗？它告诉我们，根据阅读的主次顺序，文案需要设置对应的结构。合理的结构，应该按这 5 个部分来规划：标题、副标题、正文、随文和广告口号。

这 5 个部分，就像 5 个不同的角色，出现在广告画面的“舞台”上。在它们之中，也有主角和配角之分。醒目的标题、抢眼的画面，当然就是主角；规规矩矩的正文、品牌标志旁的口号，就属于配角。

随文，不是跑龙套的

那么，通常在一则广告边缘位置的随文，又属于什么呢？是不是应该将它们归为跑龙套的？

要回答这个问题，我们先来看一看随文的定义。随文，就是在广告正文后的附加性文字，包括购买商品和获得服务的联系方式（企业地址、网址、电话）、权威机构的证明标志或文字、特别的说明等等。它们通常出现在一则广告中的次要地位。因为字号较小，所处位置也比较偏，所以经常被忽略。

在平面类广告中，随文一般位于画面的下方或者一侧；在视频广告中，随文多数时候在全片结束时的最后一屏画面中；在微信公众号的文章中，随文一般指的是全文的末尾部分。现在很多广告都会加上二维码，提醒读者扫码关注或下载，这些二维码旁边的引导语，也属于随文。

虽然随文的“模样”比较低调，但千万别小看它，它可是最终促成购买行动的关键一环，可以称得上是广告中的导购员。我们不妨来想象一下，当你看到一则广告时，如果它的标题很吸引你，正文也足够打动你，当你终于决定下单的时候，却找不到购买方式，是不是会觉得这广告很不正常？随文要做的，就是把这“临门一脚”的内容给补齐。这类信息，可能是订购的热线、实体店的地址，或者引导扫码下单等等，它们大都是一些偏功能性的信息，所以我们就要让它们和广告的主体创意内容区隔开，在版面中找一个相对固定的地方，让读者可以轻松找到，快速下单。

上面第一则案例，ThinkPad 笔记本电脑广告下方的文字，就是一段标准的随文。

“ThinkPad New S1 采用英特尔®酷睿™i7 处理器。英特尔®，让性能更超凡。购买请致电：400-898-9006 或登录 www.thinkworld.com.cn。ThinkWorld 商城。”

它只要清晰地写明广告所主推的产品、型号、技术优点，及购买电话和网址，而不需要渲染诸如品牌情怀之类的内容，因为这部分的沟通在标题和主画面中都已经解决了，剩下的，就是帮助有意购买的消费者更便捷地达成目的。

后面两个案例，劳力士腕表和弹个车 App 的广告也给随文留了足够的位置。劳力士广告的绿色区域中，罗列的是全国各地商场的地址和电话，欢迎尊贵的顾客莅临品鉴，没多余的废话，因为品牌的格调和价位摆在那里，如果不是目标受众也就不用过多寒暄了。而弹个车 App 的广告随文，就需要更热情一点，除了常规的 400 电话和网址外，还主推了 3 款热销车型、产品照以及首付政策等条件，甚至还有 App、小程序等下载途径，让读者可以更详尽地了解选购细节，增加拨打咨询热线的兴趣。

随文内容中的“特别说明”：在随文的要素中，联系方式和权威机构证明这些都很好理解，但是有一个“特别说明”需要解释一下，它的内容其实很灵活，就是根据产品的具体特点对正文进行一个补充说明，大致可以分为三类。

第一类是预防性说明，一般是为了防止法律纠纷，常见于科技产品类广告。比如一款无人机的广告，考虑到它随时会升级换代，所以它就会在随文中写“本公司保留对产品外观及设计改进和改变的权利，而不需事先通知”。这块内容的字号都非常小。

第二类是补充性说明，以免消费者根据广告的展示效果对实际产品产生误解。比如说我们大家都非常熟悉的方便面包装上的图片，通常看起来色香味俱全，但实际上里面的材料是达不到图片效果的，所以商家就会在随文中补充说明“产品以实物为准”。这种文字大家也一定见得很多了，商家就是告诉你，所见不一定即所得，让你不要再因为货不对板而去找他们。

第三类是规则性说明，常见于抽奖促销活动最后的责任声明，同时也是为了防止有人利用规则的漏洞，所以可以补充说明一句“保留本活动的最终解释权”，或者“请登录官网查看具体细则”。

三个小技巧，随文也能高大上

随文的撰写，是一项很容易被忽视的基本功。99% 的广告教材，都把重心放在那些引人注目的标题和广告口号上，很少有人会多费笔墨来讲解随文的要素，而我的职业经验却告诉我，随文的质量，关系到一个文案的作业态度与专业追求。如果你明白文案本来就是个连贯的沟通过程，那么你不应该放弃对这些“边角料”的打磨。

我们都知道，广告的版面有限，标题内文又说不了太多的东西，因此，当产品的卖点较多、说不完的时候，你就可以通过随文的方式来进行罗列和渲染。但是，留给随文的版面更加有限，我们必须要“省着点用”。

像这两则 Kindle（亚马逊设计和销售的电子阅读器）电子书阅读器的广告，虽然它的创意角度还不错，但是文案就显得不够职业了，没有用合理的结构，随文和正文混在一起，排版也比较随意，这只会让创意的效果大打折扣。

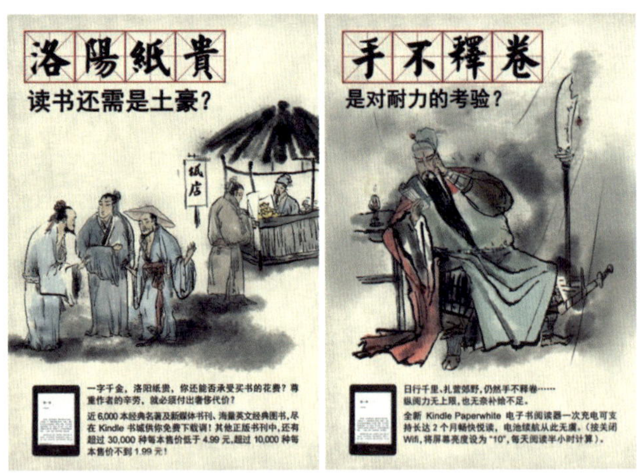

根据经验，我总结了以下几个撰写随文的技巧。

学会用“字数相等的词组”来撰写随文

地产广告的信息量一般都较大，让人全部读完已属不易，但是，如果通过合理化布局，将所有的信息都有序地放置，就能让读者各取所需，看得明明白白。

在下面这则地产广告的随文区域，产品“四季半岛”的卖点被归纳成 5 个词语——核心地段、龙头品牌、卓越品质、顶级规划、千亿配套，再加上几个短句做论证，这就让整个广告的版式显得主次分明。而其他部分，该凸显的元素一个都没有落下：大标题“港珠澳大桥直达”，让顾客可以快速了解到这套楼盘的区域优势，右下角的“2991888”电话号码也足够醒目，直接促使购买。

房地产或者汽车类的广告，通常需要激励客户来电预约看房或者试驾，它们的随文还有一个共性，就是电话号码需要被放大，目的就是希望增加电话来访的概率。

学会用“结构相近的词组”来撰写随文

下面这则西饼广告，它的目的就是促销，没有用什么华丽的标题或内文，但是在随文的撰写上却花了不少巧思。比如，围绕“星级下午茶”主题，它列出了三个词“幸福星期一、疯狂星期三、周五千层大放送”，听上去很有诱惑力。同时，它自创三个“幸福承诺”（实物不对版，退款不退货；迟到一分钟减一元、迟到30分钟免费赠送），还用三个结构相近的句式串联起来——“就敢退、就敢减、就敢送”，不仅让版式显得整齐，也表现出品牌的个性。

学会用“数字”来归纳卖点

碰到一些销售导向的广告时，如果发现产品的多个卖点能用

数字来概括，而且这些数字具备较强的营销性，那我们就可以将这些数字单独“拎”出来，作为文案的切入口。在这则优信二手车的团购广告中，标题抛出了一个吸引力十足的消息“开好车只需付一半”，剩下的文案就要对这个标题进行补充说明，解答读者心中产生的疑问。

对于团购的形式与益处，其实后续不用说太多，消费者也明白：天上不太可能掉馅饼，无非可能有几个新的促销政策，让人感觉很优惠（只需付一半的钱）。如果我们还要长篇累牍地解释这个点，就会显得很啰唆，也完全没必要。

因此，文案就用4个“数字”引出4个卖点，随后再设计成4个醒目的小图标，就简单地解决了问题。它们分别是：50%首付（精品二手车，首付50%先开走），0月供（两年时间完全0月供）；2年质保（两年不限公司质保）；2种尾款选择（两年之后：A.付完尾款买断使用权；B.不付尾款将车退回）。

有一点需要强调：随文最重要的是它的功能性，所以信息的清晰可辨可读，是第一位的，而表达方式上的各种技巧，只能算作加分项。两者不能本末倒置，也就是说，我们不能为了追求创意的效果而影响了信息的传递。例如，随文中的电话号码、地址、网址等基本联络方式，一定要写得清楚、实在，不适合加入任何的创意形式；另外，数字类、字母类的信息要与原始材料反复对照，确保无误。

别把“边角料”不当机会

其实，除了随文，那些出现在平面、视频广告、网站、App、微信公众号里的所有文字，都存在优化或者升级的可能，我们应该用金牌文案的标准，让它们变得更有沟通性，自带传播力。

就拿微信公众号来讲，从搜索一个微信公众号，到关注它，再到收到它的第一句问候，然后再去看它所推送的文章、它的菜单栏介绍……在这整个过程中，会涉及很多次与用户、读者的交互，而每一次又都离不开文字的沟通。这些文字，是不是符合这个公众号的定位，是不是传递了它的某些精神，能不能打动用户，让他们愿意一再地去点击、去发掘里面更丰富的内容，这些都属于文案的职责，是可以不断优化和提升的“边角料”。

公众号的命名及菜单栏文字，如何玩创意?

在公众号的初始设置中，就可以看出文案的用心程度。为了方便被搜索到，公众号的命名，最好能够体现出行业或者内容的属性（如能附上相关领域关键字则更好，但不做硬性要求），比如美食、旅游、汽车、英语、健康、广告等等。

就拿我的个人公众号“创意渐疯”的命名来说，就结合了专业与个性这两个元素。第一个词是“创意”，能让用户在搜索“创意”相关词的时候，第一时间能看到，也让他们对此公众号的内容定位一目了然；另一个词是“渐疯”，它谐音“剑峰”，用来强调自媒体作者的个人特征。两个词放在一起，就表达了一种“追求创意人憔悴，日渐疯狂终不悔”的情结。

欢迎词，是我们新关注一个公众号之后，第一时间接收到的信息，可以说一定程度上代表了公众号的个性。我在公众号的欢迎词里，用了一句常见的电影台词，希望通过意想不到的诙谐语调，拉近与读者的距离。

菜单，就是这个公众号的内部架构。因为我开设这个公众号的目的很清楚，就是满足三个基本功能：让读者了解我的著作，让学员了解我的课程近况，与他们进行在线交流。因此，我就在菜单栏上，用了三个短语来命名：要听课、要读书、要提问。如果想了解更深入的内容，只要再点击进去即可。

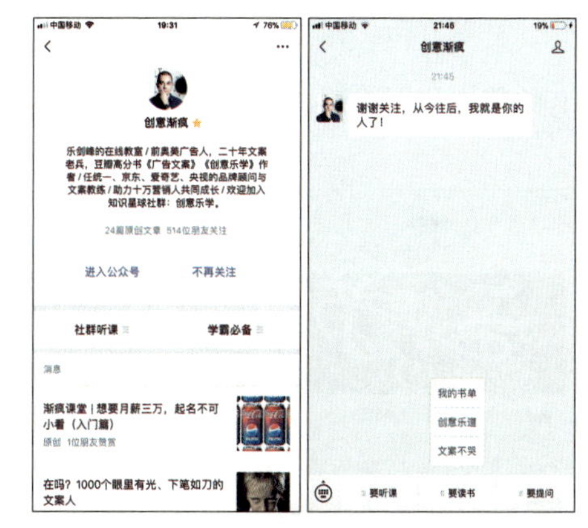

公众号的菜单栏，属于常用功能板块，点击率很高。它就像一个目录，体现了不同内容板块的划分。对于文案策划者来说，由于微信系统的设定，页面下方最多只能设置 3 栏菜单，而且每个名称不能超过 4 个字，这也是对文案的挑战：要在有限的字数内去发挥想象，既能体现栏目内涵（让人对里面的内容一目了然），也能体现公众号的个性色彩。这点，往往容易被运营人员（文案或者编辑）所忽视。我看到很多公众号菜单栏的设定都很草率，大家也都懒得花功夫在这上面。其实在这方面还是有不少出色的案例。

远通纸业：菜单栏中每个命名都加上“纸”字，突出行业与产品属性，如纸在远通、纸手可热、纸愿为你。

星巴克江浙沪：从品牌名称中提取“星”字作为栏目名的核心，同时“星”也谐音“新”，有着美好寓意，如星体验、星文化、星服务。

吾皇万睡：作为网红大咖级的漫画猫，栏目名也要体现出独有的俏皮和网络感，如吸猫撸狗、打包带走、勾勾小手。

网页导航按钮文字如何玩创意？

小小的按钮，也可以玩出爆款大创意。2014 年“双 12”前夕，淘宝与京东就用文案，上演了一场“猫狗大战”。淘宝为了突出它的低价优势，默默地对网站首屏上的 8 个功能图标做了加工，合在一起居然成了“真心便宜，不然是狗”。这个狗，显然是暗指京东（吉祥物）。这招实在太狠，马上引起了京东的反击，京东直接在客户端首页上显示“拒绝假货，不玩猫腻”。这个猫，暗指卖假货被曝光的天猫。随后，更是引发了各大友商的模仿与参与，国美电器将自己的首页按钮改成：“低价战猫狗”。顺丰优选 App 改成“比猫省，比狗快”；去啊旅行 App，更是打出了“别闹别闹，一块回家”。

这一场突然刷屏的口水仗，让网友们看得不亦乐乎，无形之中成了“双 12 营销战”的预热。先不论孰是孰非，这种玩法，就是充分利用了每一处有文字的地方，对它们进行打磨，从而体现创意感。

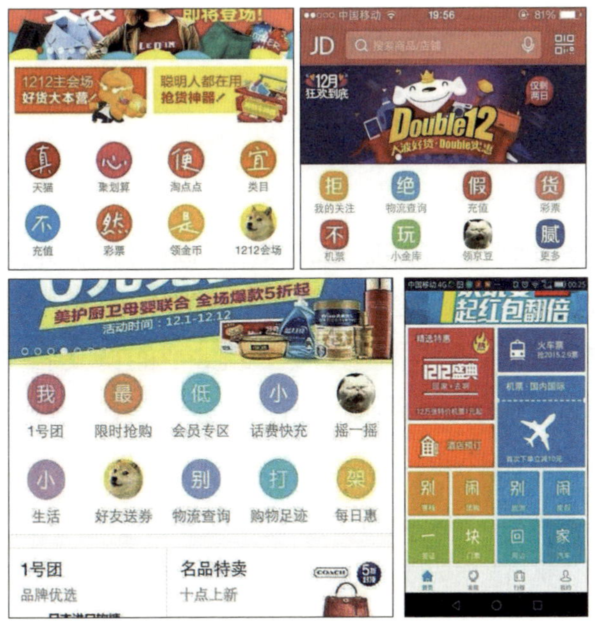

这一节，我们介绍的是广告随文的创作方法及基本要领。写文案，面面俱到并不容易，但只要在有限时间里用心写好每一块“边角料”，一旦它们的“微力”被整合在一起，就能发挥出意想不到的“威力”。

校对优化：离大功告成只差这一步

▼

经过前面的学习，相信现在大家已经知道如何能写出一篇完整的商业文案了。但是，这并不意味着工作的最终完成，我们还需要重视最后一步的审核工作。你需要反复地斟酌和打磨文字，删除多余的语句，选择更精准的词语，让整篇文案变得更加充实和完善。

在修订的过程中，你很可能会觉得前面写得乱七八糟，甚至想要推倒重来，可又无从下手。遇到这种情况，我建议你从这几个维度来审核文案的修订：媒介、内容、结构、风格、技巧等。

对自己的文案，如何狠心下手？

媒介，是修订环节的首要考虑因素，因为它是文案的载体。对于五花八门的媒体平台与形式，创意内容必须与之匹配才能发挥最大效应。我们在完成文案的撰写之后，要根据它将刊登的媒介（如：印刷品、手机、电脑、音频、户外等）来做考量与评估，看它能否与之相匹配。

平面印刷类的媒体文案，要考虑文字篇幅的长短及内容的可读性。因为平面广告受限于版面尺寸，要在有限的版面内讲完该讲的信息，还要确保读者能够看完广告内容。

视频类媒体文案，要考虑的是文案与画面之间的关系：文字发音能否在背景声音中被清晰地听到，文字的语速，能否与画面的切换、音乐的节奏很好地匹配。

音频类媒体文案，更要注重信息的清晰度。因为音频媒体（电台或在线音频节目）属于伴随式媒体，听众基本上是在“半收听”状态，一边还做着其他事情，注意力极易被分散，因此，这类文稿的用词越简单越好，任何一个难以发音的词组都会影响理解。不用追求字面上的漂亮，而是要考虑它们读出来的感觉是否顺畅，这直接关系到听众对于文案的理解度。你可以边写边读（可以默读，当然最好是念出声音来），这样有助于检查文章的韵律和流畅程度。比如这句话是不是过长、有没有充斥着让人无法理解的专业词汇等等。

后面的 4 个维度，都是对文案自身的审视：1. 文案的内容，是否准确地传达了广告的意思，逻辑是否清晰，信息是否完善；2. 文案的结构，是否主旨明确、卖点清晰，前后呼应；3. 文案的风格，是否考虑了目标人群的接受度、照顾到他们的文化背景、所在地区风俗等；4. 文案的技巧，是否过于缺乏而显得很死板，或是技巧过多又显油腻?

七个“小心”，修订文案有标准

文案修订，是一项考验耐心的工作，也关系到一名文案的职业口碑。

作为一名文案，交出去的文字就是你的“产品”。工作中难免出现差错，需要你在广告正式发表之前，提早检查出错误，对它进行“再加工”，最终才能成为“合格品”。

我将广告文案中的常见错误分为6大类型：1. 字词错误；2. 语法修辞错误；3. 标点符号及数字用法错误；4. 计量单位使用错误；5. 品牌知识性错误；6. 政治思想性错误。在修订时，我们要从这6个角度严加审核。广告中只要出现这6种错误中的1种，不管其他部分再怎么精彩，也只能沦为“次品”；如果出现2种以上，你的文案就只能归为“废品”。

我根据自己的职业经验，尝试归纳出文案撰稿中最容易出现的问题，并提出了一些优化方法。希望你掌握了这些基本规则之后，将来在各种媒体的写作中，都能举一反三。

小心“长句”

写文案时，使用长句时要非常谨慎，或者说，尽量少写长句，多用短句。因为句子一旦过长，就会影响读者的阅读以及理解。每个人的阅读习惯不同，也会让他们理解长句时产生歧义。而且，一旦写成了长句，语法上出错的概率就会大大提高。

如果实在避免不了要写长句，就一定要通过恰到好处的断句，来引导读者，有意识地帮他们切分好句子中的不同部分，帮助他们更容易理解你要传达的信息。就像中学语文课上，我们划分段落一样。

比如，下面的这段奔驰的文案，属于贷款政策性介绍，文风严谨，句子字数较多。在广告中，如果直接拿这种合同文本式的长句给消费者阅读，很容易产生“一口气接不上来”的感觉，让人中途放弃，而且也会产生理解上的歧义。我们就可以通过增加逗号或助词，来切分句子，让阅读节奏变得更为流畅。

修改前：

梅赛德斯-奔驰S系列专享汽车金融服务尊享体验即刻开启。2018年7月1日至8月31日期间凡在全国27个城市的梅赛德斯-奔驰授权经销商购买S系列豪华轿车，即可享受零利率无息贷款或一年无偿保险服务。欲知详情请速垂询当地授权经销商或致电活动贵宾热线或登录梅赛德斯-奔驰金融网站www.mercedes-benz-finance.com.cn了解更多。

修改后：

梅赛德斯-奔驰S系列专享汽车金融服务，尊享体验，即刻开启。2018年7月1日至8月31日期间，凡在全国27个城市的梅赛德斯-奔驰授权经销商，购买S系列豪华轿车，即可尊享零利率无息贷款，或一年无偿保险服务。欲知详情，请速垂询当地授权经销商，或致电活动贵宾热线，亦可登录梅赛德斯-奔驰金融网站www.mercedes-benz-finance.com.cn了解更多。

再比如，这则在线教育网站的广告，需要归纳在线辅导课程的三大卖点，但是原来的句子过长，每一句前面都有个数字，后面紧跟着一连串的词语，让读者不知道怎么去读，给理解设置了很大的障碍。这种情况下，我们只要做一处微调，加上一个冒号（或者逗号），将句子变成A+B结构：A（名称）+B（价值），马上就变得容易理解了。另外，还有一个办法，就是在后期的排版设计中，使用不同色彩将A、B两部分区别开来，也可以收到同样的效果。对于这类卖点类文案，我有个简单的判断标准，就是当一个句子超过8个字时，就要尽量用各种标点符号（逗号、冒号、分隔号等）来断开它，想方设法让它变得简短。

修改前：

12节直播课精讲知识衔接；

36个易考点提炼答题技巧；

100道真题练透经典题型。

修改后：

12 节直播课：精讲知识衔接；

36 个易考点：提炼答题技巧；

100 道真题：练透经典题型。

小心生僻字

大家在写广告文案时，往往会在遣词造句、锤炼文字上花费大量的时间和精力，有时候，为了让自己的文案看起来更有质感、更有内涵，会选用一些平时不太容易用到的文字，也就是我们说的生僻字。

这其实是一个误区，我们的读者，文化水平不一，阅读习惯不同，当你使用一些他们根本没见过的字时，其实就已经把很多潜在客户拒之门外了。更何况，前面已经提到，消费者每天会接触到非常多的广告信息，他们根本没有时间，也没有兴趣去弄懂你的这个字、这个词到底是什么意思，所以，多用通俗易懂的文字，而不要用生僻字来给你的读者设置障碍。在视频、音频广告中，更要多用一些口语化的句子，而不要过多使用书面化的语言。

魅族手机，曾经推出一个名为“侘（chà）寂”的美学理念。侘寂一词来源于日本，是一个复合词，意思是低调的外表和质朴的内在，体现的是极高的境界。魅族用这样的设计理念来美化自己的定位，当时受到颇多争议。因为对于普通消费者来说，他们更在意实实在在的手机性能和性价比的展现，这样的生僻词语，他们需要花更长的时间去消化，只会让他们望而却步，对这款产品甚至整个品牌抱有观望和消极的态度。因此魅族在后续传播时也逐渐改用“极致”等形容词来替代侘寂。

奥迪 A6L 有一则广告，说的是“有深思熟虑的谋略，更有慨然而往的胆略”，这句标题，颇具领袖风范，感觉很符合奥迪的车主群体，字面用词也很工整，但是读起来，就不是那么一回事了。上下两句的递进，过于追求对于时代精英人群的赞颂，却忽视了信息的沟通力，尤其是第二句中“慨然而往”的词组太过冷门，跟“胆略”连在一起发音更是拗口，让人读完以后，一时间竟无法明白它到底要表达什么。像这样的文案，就有舞文弄墨之嫌。

再来看看“夯实”（hāng shí）这个词，其本意为加固，指的是反复使重物自由坠落，对地基或填筑土石料进行夯击，以提高其密实度的施工作业。它多用于建筑行业，也可以引申为“把基础打牢”，比如：通过加大投入、夯实基础、创新机制，推进

区域建设的新发展。这样的词，在公文写作中出现很正常，但广告是大众传媒，目的是让大多数人都能够快速看懂。因此，如果在一个英语培训班的广告中出现了“夯实”，就会显得格格不入，需要换一个更通俗的说法。

修改前：
688 元学习干货大礼包，夯实你的英语基础

修改后：
688 元学习干货大礼包，巩固你的英语基础

小心词语重复与累赘

在一则文案中，如果通篇出现过多重复的词语，就不免使得内容显得冗长、空洞，整个句子缺少吸引力。所以，在写完一则文案后，你需要通读几遍，用以下两个方法来精简句子：首先，去除掉字里行间中多余的“了”和“的”等赘词，让信息更加紧凑。其次，审视段落中相邻的地方，看同样的词有没有反复出现，如果上一句中已经使用过这个词语，那么后面可以考虑用相近意思的词语来替代或是直接删去。

在苹果 iPad Pro（苹果平板电脑）的广告中，去掉了多余的词，比如“了”“的”“是”“它”等，句子的表达更精练。可以用这样的方法判断：凡是删去之后不会改变句子原意的字词，原

则上都可以删去，一直到删无可删为止。

修改前：

iPad Pro是影视制作的好搭档，它高度的便携性带来了灵活的取景方式，丰富的配件确保了场景记录的准确性。

修改后：

iPad Pro，影视制作好搭档，高度便携性带来灵活的取景方式，丰富配件确保场景记录的准确性。

段落中邻近的位置，同样的词不要反复出现。这句Bose（美国音响品牌）耳机的文案中，出现了两次“运动”，我们就要想办法去掉一个。上半句中的“无线运动耳机”是产品的固有名词，不能拆解，只能调整下半句中的“运动”一词。我们用“挥汗一刻”替换“运动”，既能保持意思不变，也能让产品的应用场景更形象。同时用逗号来断句，让句子更有节奏感。

修改前：

Bose无线运动耳机，让运动时有音乐陪伴。

修改后：

Bose无线运动耳机，挥汗一刻，也有音乐陪伴。

小心检查标点符号的使用

标点符号是平面文案的重要组成部分，却经常被忽略。在一则广告中，标点符号的使用，必须要注重统一性。在描述产品技术点的时候，通常用的是一句一行的格式，但经常出现的一个问题是，在撰写文案的时候，有些句子结尾加上了句号，有些则没有；有些句子用逗号进行隔断，有些又用了分号，使得整个格式参差不齐、很不工整，不仅不利于文案的顺畅表达，也显示出作者的不专业、不敬业。

在中文段落中，要用中文（全角）标点符号；在英文段落中，要用英文（半角）标点符号。比如，全角的句号是一个空心的圆圈，而半角的句号是一个实心的黑点。我们在撰写文稿时，如果因为疏忽，在中文句子的末尾，输入了英文半角的句号，就会让整个句子看上去头重脚轻。

要注意的是，很多平面类的文案标题结尾，通常不用标点

（如句号），因为它要将读者快速地引导到内文区域，避免任何思绪上的停滞。

小心检查数字的使用

校对数字，首先应保证正确无误，其次，要注意数字的统一。广告中的数字，通常就两种：阿拉伯数字和中文数字。还有一种罗马数字，但只在极少数地方使用，如在出版物中作为页码等。

最常见的容易混用的数字就是年月日。在一篇文案中，前面写作“1993”，后面又写作“一九九三”；还有的是年份用了阿拉伯数字，而月日却用了中文数字，如“1993 年一月二十五日”等，这种情况应该一律改成为阿拉伯数字，即“1993 年 1 月 25 日”。

如果在一段文案中需要多次出现数字的，那么除了专有名词及特殊情况外，我们只能选择一种数字形式来表达，要么都用中文数字，要么都用阿拉伯数字，确保统一。中文数字的大写或小写，用法也要一致，不要一会儿写“一二三四”，一会儿写“壹贰叁肆”。

在大多数情况下，可以把阿拉伯数字作为优先选择。因为阿拉伯数字书写方便、表达清楚，特别在数学上运算方便，已在世界上绝大多数地区通用。在我国的出版物上，它也在逐渐取代中文数字的表达。《关于出版物上数字用法的试行规定》中说：“凡是可以使用阿拉伯数字而且又很得体的地方，均应使用阿拉伯数字。”

特殊情况，指的是“成语和已定型的词语中的中文数字”，这类词语就不得改用阿拉伯数字，如：四通八达、文房四宝、七大奇迹、五四运动、二万五千里长征、伊丽莎白二世等等。

小心检查外文的使用

中文的文稿中，经常会包含一定数量的外文单词。校对外文，我们首先要做的是对照原文，或者上网查询，确保拼写正确。

此外，还要注意它的大小写和正斜体。一般来讲有两种情况：

1. 专有名词全称，选用正体，首字母大写，其余字母小写。比如：Biofore 是规范的写法，如果你写成 BIOFORE 就会让人认为你需要特别强调这个单词。另外，一旦采用了大写加小写的格式，在同一篇文案的其他位置再次出现这个单词的时候，也要保持同样的格式。

2. 名词简称或缩写，一般要选用正体或全部字母大写，比如：品牌路易威登的英文简称 LV，本身就已经是 Louis Vuitton 的缩写了，那么两个字母就都要大写。

当文案的文本被输入设计师的版面文件之后，还会经常碰到的一个关于外文的难题是：当一行文字的末尾排不下整个单词时，如何转行？以英语为例，我们讲一下对于这种情况的处

理原则。

1. 尽量避免把英文单词拆开，尽可能在汉字中调节（你可以在英文前后的句子中，增减字数，让英文单词不至于排在一行的最末尾）。

2. 音节是语言结构的基本单位，汉字通常一字一音。外文单词，有单音节的，有多音节的。单音节词，必须整个挪动；多音节词，可按音节断开转行。

3. 在上一行之末（断开外）加连接符号“-”。要注意的是，这个连接符号不能放在下一行的开头。如前文提到的“mercedes-benz”（奔驰）。

4. 专门名词，最好不分开，如地名、国名等。

小心确保重要信息无误

广告的末尾，会有一些重要的商业联络信息（如：热线电话、网址、经销商地址、二维码等等），这些是广告的“临门一脚”，是消费者联络广告主的途径，而这些信息也很容易发生差错，需要多次核对。

同时，文案中凡是涉及促销政策、价格、金额、联系电话等重要信息的介绍和罗列，一定要清晰无误，避免引发争议。同时，这也可以防止信息传递不到位，如电台广告的结尾经常将销售热线重复两次以达到强调的目的。

下面的这则在线音频课招生广告中，第一稿将所有的价格信息放在一句话中，就让人费解，此外，主标题“首周享优惠，全程享半价”，会让人觉得在首周定购可以享受优惠，而在“开课的全过程”（全程）中还能享受“半价”，那么用户就不用急着在首周报名、赶这个优惠政策了——这样就违背了文案的初衷。

我的修订方法如下：

1. 通过分段的形式，将“首周的优惠政策”和“购买全部课程的优惠政策”区分开来，这样就不会让人产生困惑。

2. 将标题中语义不明的“全程”改成了“打包购买”，将用户的下单动作描述得更准确。

3. 内文中“购买全部享半价”，这里的“全部”和前半句“全系列课程”语义重复，两者可以省略一个，同时只要在句子中加一个冒号即可确定后半句的归属——半价优惠政策，针对的是前半句的全系列课程。

4. 将“购买”改成“马上购买”，为用户下单制造紧迫感。

修改前：

首周享优惠，全程享半价！

原价 8 元 / 节，首周享优惠 3 元 / 节，12 周全系列课程 144 元，购买全部享半价，仅需 72 元！

修改后：

首周享优惠，打包购买半价！

原价 6 元 / 节：首周享优惠 3 元 / 节。

12 周全系列课程 144 元：马上购买享半价，仅需 72 元！

刷牙测试法：让我再多看你一眼

除了以上提到的这些，提升文案品质的方法其实还有不少。随着工作经验的积累，你会找到更多的方法来修订你的文案作品。

这项修订工作，不止针对文案人员的电脑文件，而且需要在设计师的电脑上再次进行检查。当你的文案被导入到设计师的排版软件之后，很有可能因为文件传输等原因，造成文字遗漏、信息缺失的情况，而设计师对文稿的熟悉程度肯定不如你（文案撰稿人），所以，为了确保设计师收到完整的素材，你最好亲自到设计师的电脑旁，查看是否所有文案内容都已经导入到设计软件中。

合适的校稿次数，至少有三轮：1. 校对文案人员自己的 Word 文稿；2. 文稿导入设计师的电脑后，查看文稿元素是否完整；3. 当设计师做完稿件之后，再次审核已完成的广告画面，最好打印出来，在纸样上校对。

最后，如果你的时间充裕，还可以尝试一下我的“刷牙测试法”，这种办法可以让你脱离旧的思路，从客观的角度审视自己写的东西。简单来说，就是改好文案之后，你可以试着先放一段时间，至少隔一个晚上，到第二天早上刷牙时回想一下，或者等刷完牙再来看一下，就可能发现，很多之前看不出来的语病、错别字都会浮现在眼前。如果到这个时候还没检查出什么问题，那说明这篇文案就基本过关了。

以上就是我在文案修订中的一些经验和操作步骤。有人可能会觉得，这简直比前期创作还要麻烦。的确，文案的功夫，就是快写，慢改，反复锤炼。如果你所写的内容都经不起自己的推敲，又怎么能够经得起市场和时间的检验呢？不断修订和完善，才能让文案达到更高的水准，就像某位电影导演所说的，“最好的作品，永远是下一个”。

第四章

醒目功

强化文案外在的视觉效果

选对字体，激活文案的内在力

▼

广告创意，是一门综合性的手艺。它的魅力，来自文案、视觉、音效等多种元素的配合。但在我的工作经历中，却经常碰到做文案的同事，跟我说这样的话：我只是一个文案，只管文字，其余的，请找他们去。顺着同事手指的方向，我看到几个在苹果电脑前辛勤工作的设计师。我明白了，同事的意思是，他只管写完文案，至于最后的作品效果怎么样，那得由设计师去考虑，他可控制不了，也没那个兴趣。

结果怎么样，大家也就可想而知了。在广告创作中，如果只考虑文字元素，而抛开相应的美术风格做支持，或者套用了不合理的版面结构，那么，就算你的文案再高明，也未必能够达成既定的广告目标。

不想做设计的文案不是一个好CD

在电脑键盘上敲打完文字内容，只是完成了文案工作的第一步。因为，电脑里的这份文稿，消费者是看不到的。他们看到的，是这些文案出现在现实的广告中的样子，不单单是文字，而是整个广告所呈现出来的氛围。如果整个版面无法引起消费者的兴趣，那么藏在版面里的这些文案，也可能就被埋没了。

你不仅需要考虑，这些文字将会以什么形式出现在客户面前（提案稿的排版），让它们顺利过稿；还要考虑，它们将以什么形式出现在读者眼前（广告发布稿的排版），怎么让他们看得明白。文字是不是太多或太少？文和图的比例是否恰当？内容的前后顺序是否符合阅读心理？

考虑这些问题，并不是设计师的专利，而是广告创作者的基本判断，也是一个广告文案进化到CD（创意总监）的必由之路。作为广告构成的一部分，文案不仅要让人阅读，更要让人悦读。所以，你最好掌握一些综合的审美能力以及视觉传达的技巧，如果能在版式设计、插画、摄影方面有自己的心得，那将帮助你对整个广告的表现进行更好的掌控。

文案创意人，一样需要提高对于图像的敏锐度与审美力。这块能力的提升，并不是说要精通多少设计软件，其实就藏在平时生活中的细心观察，以及日积月累的工作经验中。只要你掌握了接下来三个方面的基础知识，并稍加延伸应用，就足以胜任常规的创作任务。这三个方面的知识分别是：字体、版式和图像。首先，我们来看下字体。

关于字体，你无法忽略的一些常识

本书提到的字体，指的是广告中常用的印刷字体。

印刷字体，是电脑显示文本时所使用的字符样式。它的前身，就是在印刷业的数字革命之前，铅字厂为了排版而铸造的、尺寸各异的铅字。

铅字这个概念，现在的读者可能比较陌生，但却让中学时代的我感受过一种特别的荣誉。那时候，电脑还没有进入我们的生活中，只有专业单位或出版机构，才能配备那种老式的打字机，里面装着各式各样的铅字。当时我不知从哪听来一句话“发表文章，能让你的名字变成铅字”，于是我就一直给报刊媒体投稿，想看看名字变成铅字是怎么一种感觉。直到有一天，我的豆腐干文章终于发表了，甚至还收到了读者的来信，让我小小的虚荣心得到了极大的满足。至今，我还保留着当初的那张日报。

这个世界上，正在被使用的字体多达上千种。每一种字体，都显示了风格、历史、文化等诸多因素对文字设计产生的深远影响。按语言划分，有中文、西文、日文、阿拉伯文等。按字形划分，也有着多重维度：

1. 按大小分，以磅或号为单位，如 10 磅、9 磅、五号、六号等。

2. 按粗细分，如特粗、粗体、等线、细体、特细等。

3. 按文字笔画特征分，如黑体、宋体、圆体、楷体、Arial、Time New Roman 等。

黑体　宋体　圆体

微软雅黑　楷体

4. 从广告或设计的角度去看，根据形态特征和常用功能，我将字体大致分为三类：标准体、书法体和装饰体。

标准体，四平八稳，中规中矩，字形结构十分清晰，便于阅读。它又可称为"印刷体"，典型字体包括：黑体、宋体、微软雅黑。当你不知道应该如何选择字体时，那就从这三个里面去选，基本不会出现大的偏差。

书法体，字形特点自由写意，能够体现出书写者的风格与个性，如汉字的字体就分为楷书、行书、草书、隶书、篆书等多种。书法体的艺术感很强，但识别性较弱，因此较少用于广告正文，多用于企业名称的设计上。希望借设计来突出品牌历史地位的企业（如海尔、中国银行），以及那种简短的企业创始人签名、商品名称缩写等，比较常用书法体。

装饰体，就是根据商业目的对各种字体进行设计优化与加工，让文字的外形与内涵相互呼应，表达出更强的艺术感染力。它的应用范围较为广泛，几乎所有行业品类，都可以用它来呈现品牌独有的气质。如案例中的蓝月亮、可口可乐、迪士尼等，都属于这种。再来看我的这两本著作，封面上的书名字体就是精心设计的装饰体。它们建立在某个常规的字体之上，又做了相应的再创造。比如“创意乐学”这四个字，笔画变成了一段段的小水管，寓意着创意的思维在此触类旁通。“文案不哭”这四个字，也做了特殊设计，其中的“哭”字犹如一个半哭半笑的表情，感觉就像文案能力提升后的破涕为笑。这种想象空间，就是装饰体所带来的效果。

如何为广告选择字体？

我们都说字如其人，说的是每个人的字迹，能够反映出书写者不同的修为与气韵。其实每种字体本身，也都带着它独有的属性。广告创作中的字体选择，基本的出发点，就是围绕广告目的和品牌个性，去选择不同属性的字体，让两者可以相互配合，相得益彰。

黑体：字体方正干练，笔画直来直去，庄重醒目，黑体是机器印刷术的历史产物，辨识度高，因此它传递信息的效率就高，如下页图中的博朗剃须刀和巨无霸汉堡，都采用黑体来突出阳刚气十足的品牌调性。黑体非常适合作为广告标题，或者放在户外的大型广告牌上，让人在远处就能看到，但不太适合应用于字数较多的广告内文。

宋体：相对于黑体，更为纤细、精致。宋体的形态特征很容易识别，在笔画的转角和末端带有装饰性的尖角，横画比较细，竖画特别粗。宋体自带一种时尚气息，不少化妆品、服装品牌的广告，喜欢用它来体现优雅的品位，如下图的 SK–II（日本护肤品牌）美容套装。很多一线的潮流杂志，如《时尚芭莎》《时尚

先生》《伊周》等，都曾选它作为封面刊名的字体，或通过对它的字形进行再次加工，变得更具个性。由于宋体的辨识度高，也较多用于书籍内文。

宋体的线条比楷体显得利落，又比等线体多了抑扬顿挫的笔锋，这种较为明显的文化气质，也让它较多地应用于一些高端定位的品牌。如奔驰汽车广告就一直沿用宋体，形成了识别的连贯性。其他像电影、艺术、画展类的海报，也都较多使用宋体。

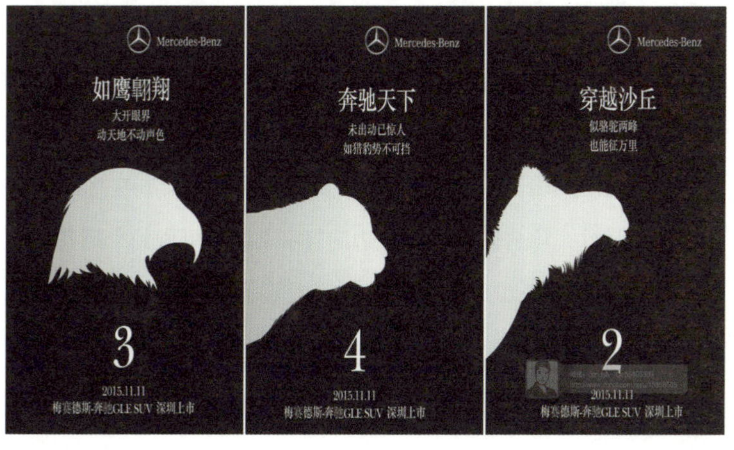

圆体：是从黑体演变而来的字体，笔画的拐角和末端均为圆弧形状，因为没有锐角，整体感觉比较柔和、圆润。这些特点，增加了字体本身的趣味性和可塑性，我们在广告设计中对其实施不同程度的扭曲和变形，也显得很自然。如案例中的奥利奥字体，就是圆体稍加透视变化而成，而宋体和黑体就很难实现这一点。不信的话可以试一下：如果你将宋体或黑体变形后，放在你的广告中，会感觉这个广告画面就像路边的打字文印店里做的（那些文印店里的设计师有个难以割舍的爱好，就是不肯好好地放字体，而是喜欢将各种字体变形来凸显他们的“创意”）。圆体可以用于玩具、童书，以及各种食品类的广告设计，如饼干、牛奶、巧克力等。

总体来讲，最简单易读的字体，就是人们用得最多、最为熟悉的字体。在广告作品中，最常用的就这么三种：黑体、宋体、圆体。不过，在此基础上衍生出来的、在实际工作中重新开发的字体，那可就不止千种了，而且字体可以根据不同的品牌定位与受众来调整。针对男性、女性与儿童的字体就各有特点：男性产品会选择正直硬朗的字体；女性产品会选择形态较为修长的字体，以表现女性的纤秀与柔美；而儿童产品则会选用造型夸张、寓意生动的字体。从产品定价来分，价格较高的产品会比较偏好庄重、稳定感较强的字体，以体现“尊贵感”；价格比较亲民的产品，会偏好醒目、活泼的字体。

我们可以将字体看成是一种图形设计，它变幻无穷，应用于所有的文字、字母、数字、符号上。很多设计师，善于将普通的字体做创意化变形，为原来的文案或句子增加了很多内涵和趣味性，也就更加容易抓住读者的眼球。在商业推广中，这是一个有效提升关注率的设计手段，常用于各种大型活动主题、徽标、产品标志和功能图标的设计。

字体使用的三大误区

本书中所讲的字体，主要是针对商业应用的广告字体，不是艺术字体。作为商业应用的字体，有一个基本标准，就是在美观的同时，要确保它的识别度，以及与消费人群的沟通力。

我们并不是排斥艺术创作，相反很期待艺术灵感能够提升文案内容的表达。但是，很多看似“艺术化”的加工，不仅无法为文字加分，反而因为违背了阅读的正常规律，牺牲了文字的可读性，结果也就影响了信息传递，让读者一头雾水，这样的创意就得不偿失了。下面，我们就来讲讲三种字体应用中的误区。

误区一：奇形怪状的字体

广告中的设计，要把握好一个度。任何的美化都要以清晰传递信息为原则，而不能用一些奇形怪状的字体去干扰文字的阅读。有些刚入行的美术设计师，喜欢将文字当作设计元素来玩，这种方式如果单单作为海报背景或辅助图形是没问题的，但如果作为广告主视觉的话，就会把正常的文案内容弄得没法看。

因为广告传播的首要目的，是让人一目了然。大卫·奥格威说：“戏剧性应该体现在内容上，而不是字体上。”对此，我深感认同，也建议大家，除非有特殊需要，尽量不要在广告中使用舒体、篆体这类过于繁复的字体。

▶ 案例 4-1　Seesaw咖啡

这是一家开在上海和北京的精品咖啡店，不过它的店名招牌却经常让人迷惑不解。就算盯 10 秒钟以上，一般人恐怕还是无法识别，logo 中几道弯弯绕绕的曲线，原来就是店名的 6 个字母：

Seesaw。我在与该咖啡馆创始人一起交流时曾经提出过建议：这个 logo 的字体必须调整，尽管它很有艺术性，但是它的设计却给消费者的认知增加了一道屏障，不利于传播。所以，要么重新设计一个，要么就将现有的这个弱化成辅助图形，新增一款标准体的 logo 设计“Seesaw Coffee”作为主店名，这样才不至于影响品牌的识别。

▶ 案例 4-2　Jeep吉普

这是 Jeep 越野车的广告，采用了黑白的美术风格，画面酷劲十足。为了体现豪迈不羁的品牌气质，标题采用了手写体。但是，毕竟这是广告而不是书法艺术，这个字体同样也给读者的辨认带来了困难，个别文字在笔画的连接处由于书写笔触的重叠，很难看清，也就白费了设计者的一番苦心。

误区二：反白字

没有十足的功力与把握，尽量少用反白字。为什么绝大多数的书籍、报纸、杂志的页面，不用反白字的形式？就是因为它的辨识度太低，而我们的眼睛已经适应了常见的白底黑字形式，要立马切换是不现实的。

这里的反白字，不仅指黑底白字，也指那些在深色、彩色的背景中使用浅色字体的设计。尤其是在手机上阅读的广告，对于字体的限制就更多了，本来屏幕尺寸就小，而满屏的黑底或者色彩花哨的背景，更会让文字的呈现变得难上加难。所以还是要奉劝大家，反白字的使用是一个容易出错的禁区，能不用就尽量不用，不要为了追求形式感而影响了阅读体验。

▶ 案例 4-3 Levis牛仔裤

Levis（李维斯）的这张平面广告，表现的是它的裤子就像这位年轻的朋克男孩一样，拥有无所畏惧的顽强个性。画面左边的文案是男孩的自我独白，但是，歪歪斜斜的手写字，加上全篇的反白字设计，虽然表达了特立独行的风格，但也很容易让人失去阅读的耐心。

▶ 案例 4-4 《如果国宝会说话》节目海报

《如果国宝会说话》是中央电视台热播的文化类节目，这组预热海报的设计可谓相当有意境，但是它在字体的布局和运用上，并没有照顾读者的阅读感受。你看，广告的信息居然分散在画面的四个角落里，显得很凌乱。毛笔作为海报的视觉中心，它

的旁边，就是节目的主标题——如果国宝会说话，但是它不仅用了识别度极低的繁体字，而且每张海报的字体还不一样，同时，字体和海报的背景竟然用了同一色系的颜色，无法形成清晰的区分。这就使得原本最该突出的信息反而被弱化了。如果你之前还没听说过这档节目，那么，从这套海报中，你连节目的主标题都看不清楚，也看不出来它的亮点是什么。

误区三：超小字体，或者超大字体

分辨字号的大小，不能光看电脑屏幕上的尺寸，最终还是要以你的肉眼判断为准。超大或者超小的字体，都不适合出现在广告中。如果你要审核一张平面广告的字号是否合适，我有一个常用的办法：按照它的真实尺寸打印或打样出来，拿在手上看，或直接贴在出版物的版面上，看看它在媒体环境中的效果如何。

一般情况下，一张广告中，字体由大到小的顺序，应该是：

标题 > 正文 > 随文。你需要按照信息的重要性，因势利导，将字号逐级递减，而不能随意排布。

▶ 案例 4-5 Volvo S80轿车

这张 Volvo 轿车的广告，就是用字号来区分信息层级的典范。广告中，字号最大的就是它的标题：领导者的格局，从容宽阔。下方灰色区域的就是正文，介绍车内配备的最新豪华设施，字号相对较小，但是在结尾“新款上市和网址”的位置又做了加粗，以示强调。最下方，是全国经销商的联系电话，因为信息很多，字号是最小的。按照这样的标准，读者就容易顺着字号从大到小，逐步深入阅读，获取不同层级的信息。如果你把这些次序给颠倒了，读者的视线就会无所适从。

精心排版，做读者的“导游”

版式，也就是通常所说的排版设计，它是在既定的版面上，将文字、图像等元素按照一定的原则进行排列。但这里所说的排列，并不是简单地排列整齐就可以了，而是要根据广告目标建立一个视觉的流通秩序，引导读者按照这个秩序来阅读。

那么，这个秩序该如何建立呢？通常在进行排版之前，广告创作者的脑海里需要先形成清楚的规划，把握广告的信息重点，还要平衡好文案与图像之间的比重和关系。在我看来，这就是一个对读者的视线进行有意识引导的过程，我们需要通过排版设计来安排读者先看什么，其次看什么，最后看什么。中间不能让读者有任何困惑之处，因为一旦他们感觉遇到了障碍，就会很快放弃，跳过你的广告。

大家可以回想一下你作为游客，跟着导游去旅行的经历。在出发前，导游会先做好路线的攻略：一般是根据游览的总天数、每个景点的位置、特点、大小以及适合游览的时长来做安排。比如说，这次你要参加“上海两日游”，计划游玩的景点一共有 5 个：外滩、东方明珠、迪士尼乐园、新天地和城隍庙。这 5 个景点，4 个都在市区，只有一个迪士尼远在浦东川沙，来回车程较长，然后，导游就会跟你建议，把迪士尼这段耗时最长的行程，放到第二天，可以玩个尽兴，其余 4 个，都放在第一天。第一天上午，先去城隍庙，品尝上海小笼包，下午去新天地，领略商业的魅力，再去东方明珠、外滩，入夜后，正好在黄浦江畔欣赏美丽的夜景。将短短的两天行程安排得紧凑而丰富，这就是导游的工作价值所在。

广告的版式设计，其实也是一种“导游”，只不过这里的引导对象是广告的读者。我们所做的排版，就是针对广告内部元素进行各种关系的处理与调配。不知道为什么，在同类的著作中，这部分内容鲜有提及，但我觉得排版知识对于广告创作来讲是不可缺少的一环。不管别人怎么看待它，我的原则就是，只要某个知识对我的专业成长有过真正的助益，同时它在每天的工作中也都会用到，那我就会毫无保留地分享给大家。

广告的版式虽然千变万化，内涵元素也很丰富，但是它们之间的关系，说到底也就只有三种。接下来，我们就来详细解读这三种关系。

- 文字与文字。一般应用于单张海报，主画面、PPT 文件页面。

- 文字与图片。一般应用于微信公众号文章、平面广告、PPT 文件的排版。
- 图片与图片。一般应用于微信公众号文章、平面广告、PPT 文件的排版。

文字与文字，排列显主次

在一则平面海报或一页 PPT 里，文字与文字之间的主次关系，体现了信息重要性的高低，需要悉心处理。作为“导游”（创作者）的你，需要引导你的“游客”（读者）先看主要信息，再看次要信息。版面的层次越多，传达信息的主次关系也就越丰富。但是我们也要控制好这个层次的级别与数量，以免过多的层级反而影响了阅读。

文字与文字之间的主次关系，可以通过三个标准来区分：字号的大小、色彩的深浅、排列的顺序。

字号的大小

广告中，通过调整文字的字号，可以显示出主次信息的对比关系。你可以将最希望读者关注的文字进行放大，然后根据文字重要性的递减，将文字进行依次缩小处理。但是要注意，文字如果被过度缩小就会给阅读造成不便，所以，也要根据整体的效果限定最小的字号。同理，我们还可以通过字体的粗细来进行区分，把需要突出的文字加粗，类似“划重点”。

▶ 案例 4-6 哒哒英语

这两则广告，来自同一家在线英语培训机构。我们看到，左图中的“专属外教”和右图中的“哒哒英语”这 8 个字是最大的，占据了视觉的中心，并且做了加粗处理，毫无疑问，这是广告希望你能看到的、最主要的信息。

当然，如果消费者愿意了解更多的话，还可以看到字号相对小些，字体也更细些的文字信息（如师资力量、名校教材）。如果他的时间再充裕一点，就可以看到字号更小的文字（5~16 岁青少儿在线英语）。如果他已经被前面的这些卖点所打动，想要进一步了解、查询更多的信息，那就可以看一下海报最下方的一些信息，那里有代言人或投资方的背书、官方网址等——对于整个广告而言，这些属于随文的部分，所以它用了最小的字号，但也还是需要能够被清晰地看到。

有没有想过，为什么左右两张广告的主打信息不一样？除了营销目的不同之外，还有一个原因就是它们的发布媒介不同。竖版的，是户外发布的版本，所以需要凸显品牌名字，就算消费者只是匆匆路过，只要记住“哒哒英语”这四个字就够了。横版的，因为本身就是官网上的网页广告，所以信息就主打“专属外教”的利益点，不用再浪费版面去重复介绍品牌。

色彩的深浅

信息的主次，也可以通过文字的颜色深浅来区分。最重要的信息，我们一般用最为明显的深色或亮色来表现，而相对次要的信息，就用浅一些的颜色来表现。当然，这个浅，也是有底线的，就算最次要级别的文字，也需要能够被清晰无误地辨识。这个道理，跟上面我们说的“需要控制字号的最小限度，以便让读者看清”是一样的。

▶ 案例 4-7　滴滴快车

在这张滴滴快车的广告画面中，最明显的文字是：因为他们，我上班很少迟到。这里“因为他们”加了下画线，突出了这个“他们”就是滴滴快车的司机。然后，文案接着说：我可以，逃离地铁公交的人潮。这句话里，“逃离地铁公交”的字体被加粗，让原本的白色字体变得更为显眼，也是为了强调“我”渴望逃离的心情是如此迫切，引发读者共鸣。

排列的顺序

我们之前讲到文案的结构原理，就是“重要的事情尽早说”。广告版式中的元素排列顺序，也是按照信息的重要性来划分。根据人们的浏览习惯，在一则广告的画面中，一般以“中间—上方—左侧”为最主要的位置，因为人们的视线一般是先看中间，然后从上到下、从左到右去浏览内容。因此，我们把重要的文案标题放在比较靠上、靠左的位置，次要的内容就靠下、靠右放。

▶ 案例 4-8　努比亚手机

来看努比亚手机的这张海报。首先，你肯定会被画面中间一个很有设计感的“3”字所吸引，接着看到标题“大有可为”，这时你可能会产生疑惑——什么意思呢？下面还有一句“让我为你卸下，这些甜蜜的负担”，但是这句文案没有让你找到答案。继续往下看到“# 论旗舰机的基本修养 #”，可能多少有些了解了，是不是在说旗舰手机呢？继续看，还有一行小字：“距离 Nubia（努比亚）新品发布会，还有 3 天。”这下清楚了，原来这是一张发布会的倒计时海报。虽然传播目的达成，但是广告依然没有忘记用它的品牌进行背书，画面最下方的网址，还有左上角的 logo，都在提醒你，还可以通过其他方式继续关注努比亚。

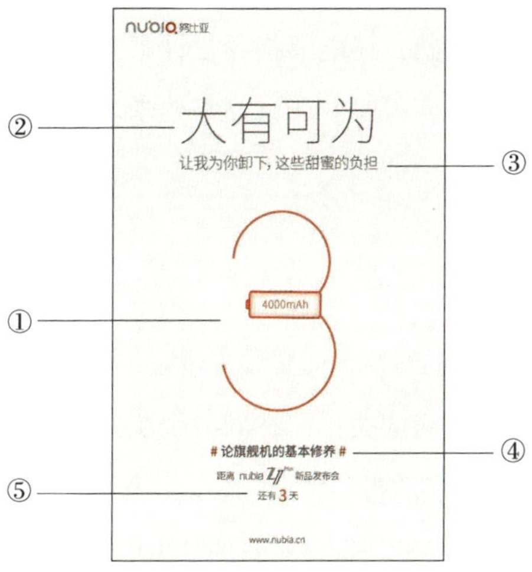

字号、色彩、顺序这3个要素，在实际的工作中，其实都是需要将它们结合起来考虑的。几乎在每一张海报的设计中，都需要进行文字的大小、色彩深浅以及先后顺序的考量。在一则广告画面中，最重要的信息部分基本都遵循着这几个原则：字号尽量放大、文字的颜色尽量抢眼、所处的位置尽量靠上。

文字与图片，易读是关键

在版式设计中，我们还需要把控文字与图片的关系。作为文案人员，无法保证每次都能碰到最好的设计搭档，你需要考虑，万一来了个设计新手，把你的文案版式排得乱七八糟、交不了差怎么办？你不能把广告的最终效果都寄托在设计师的身上，因此当你掌握了一定的版面知识，养成了思考图文风格的习惯，等时机成熟，还能够指导设计师去更好地编排你的文案，这样不是一举两得吗？所以你需要学习如何处理图片和文字之间的关系。

间距

在做图文混排的时候，需要预先设定好图片与文字之间的距离，来表现两者之间的关系。在同一个版式里，这种间距的大小，一般是固定不变的。

如果一段文案是专门针对某张图片做的说明，那么这段文案和对应的图片之间的距离就不能太远，以明确它们之间的从属关系；当然也不能太近，否则显得版式局促，不够美观。

比如，这张汽车图片与文案之间的关系，一般来讲，说明文字放在图片下方比较合适。左边的这张，上下的距离明显太近了，让读者不禁感到疑惑：下面明明还有那么大地方，为什么文字贴得那么紧呢？而右边的那张，图文的距离又太远了，从横向上来看，这句文案也没有处于正中的位置，显得很随意。最后一张是调整以后的效果，这里的图文间距，才是比较合适而自然的。

图片与文字的间距到底如何设定？可以根据具体版面的视觉效果来确定。举个例子，我们假定在某个广告版面中，图片和文字说明之间的间距为 2 毫米，那么在这一则广告或内容的版式中，所有的照片和它的对应说明文字间距都应该统一为 2 毫米。这样，1 张图片加 1 句文案，两者间距 2 毫米就构成一个基本的“图文小组”。在整个版面中，可以有好几个这样的“小组”，但是，小组与小组之间的间距必须要大于 2 毫米，以便跟小组内部的间距 2 毫米有所区分。这样，当我们再看整个版面的时候，哪张图片对应什么文字，也就一目了然了。

为了便于大家的理解，我再来举一个导游的例子。电视综艺节目《爸爸去哪儿》中，导游会带着几组父子（父女）去完成一个目标，通常一个爸爸带一个孩子，爸爸和自己家的孩子需要站得比较近，这样导游就能一下子看到哪个孩子和哪个成人是同一个家庭的。另外，家庭与家庭之间既要保持一定的距离，又不能分得太开，这样的话，就能保持大部队出行的整体性，方便集体行动。这个关系就可以对应到广告版式中的规则：每一对“图片加文字”形成自己的一个组合，不同的组合之间是泾渭分明的；但是当它们放在一起的时候，你又能感觉到它们都是属于同一篇文章或者同一个版面的，相互之间很协调，也不乏整体性。

位置

当文案字数较多的时候，我们需要在一段长文案中插入多幅图片，来活跃版面。这个图片的插入位置，就很有讲究了。我们要尽量在每一段文字的结尾处，或者在某一个主题意思表达完之后，再插入图片。如果在一段文字或者一行文字中间，随意地插入图片，阅读的连续性就会被破坏，读者的思路也会被打断。

来看这篇介绍韩国美食的文章，第一张图中的版式就是一种不恰当的例子。读者刚刚饶有兴致地看了两句话，还没有进入正题，这张插图就先把他的思绪给打断了，让人感觉很突兀。这就好像有个朋友到你家来拜访，他刚坐下来，正准备跟你好好聊聊，可还没说上两句，你就先把一盆超大的烤肉推到了他的面前，说“赶紧吃，有啥事回头再说”，根本不给他说话的机会，就会让他觉得你不太愿意跟他聊天。

在版式设计中，还存在一种情况：必须要在图片上标注文字作为说明。这个时候，图片的重要性往往大过文字本身，我们就要遵循一个规则：不能把文字放在图片的视觉中心或需要重点展示的位置。

比如，菜单上正在展示一款意大利面，如果把它的名称直接贴在面条上，就会导致既看不清文字，也让画面看上去很不美观，就像面条上爬了几只黑色虫子，谁看了还会有胃口呢？

✓

✗

再来看这组常见的明星代言人照片，你需要为明星加上名字或者其他文字的时候，就要选择画面中的空白处，通常建议是右下方。如果照片中的人物主体撑满了整个画面，就把文字叠加在服装上或

✗

✓

是其他比较次要的位置，同时注意文字颜色要跟背景形成反差。

辨识度

除了要注意文字在图中的位置，还要注意文字的颜色。不要选用与图片同色系的字体颜色，否则会使文字不易辨识。来看下面这两组图片，香蕉上用黄色的字，西红柿上用红色的字，就非常不利于阅读，显示的效果也会大打折扣。

如果要在画面背景上放文字的话，由于背景色彩的不确定性，通常，黑白两色是比较保险的选择。但在有些特殊情况下，

比如画面上元素过多、结构凌乱，又或者画面本身就是黑白的，那么无论文字用黑色还是白色都不易辨识，这个时候，又该如何处理呢？我的经验是，可以采取一种“隔离式”处理法，就是在文字与背景图片之间，铺设一条半透明的底色来作为“隔离带”，用它来烘托文字，让文字跳脱出来。

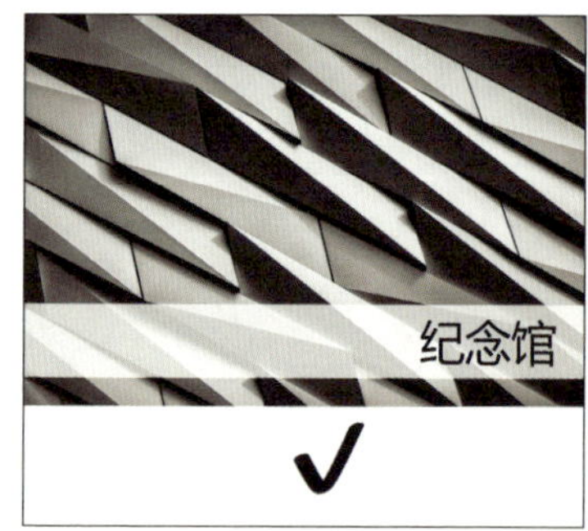

在这张蜂蜜广告中，我们看到背景中树木层层叠叠，色彩深深浅浅，比较繁复，给标题文字的色彩选择增加了不少难度。所以，我们可以在文字与背景图片之间，增设一块绿色的“隔离

带”。这块“隔离带”的颜色，可以和整张广告的主色调比较接近，并处理成半透明状态，在维持画面整体感的同时，也确保了标题文字的醒目度 。

图片与图片，位置不能乱

图片之间的处理原则，比前面两部分内容的要求要宽泛一些。很多情况下，我们很难明确说，某一种组合关系是对的或者是错的。有些问题说大不大，虽然会让读者的阅读体验不好，但是如果一直没人去改它，大家看多了，久而久之也就习以为常了，于是广告或者创意内容的品质也就越来越糟糕。本着专业的标准，我还是选出了一些在如今的广告设计上经常可能出现的一些失误，为大家提个醒，供有追求的读者参考。

注意图片的上下关系

人与人

需要上下排列多张人物照片的时候，一定要注意人物的层级关系，上司或者长辈的照片要放在上面。比如，部门经理的照片不能放在董事长之上，小孩的照片不能放在成年人之上。当然，除非你有特殊的宣传目的，比如摄影工作室的作品展示主打儿童系列，需要让小朋友的照片先出现，那又另当别论。

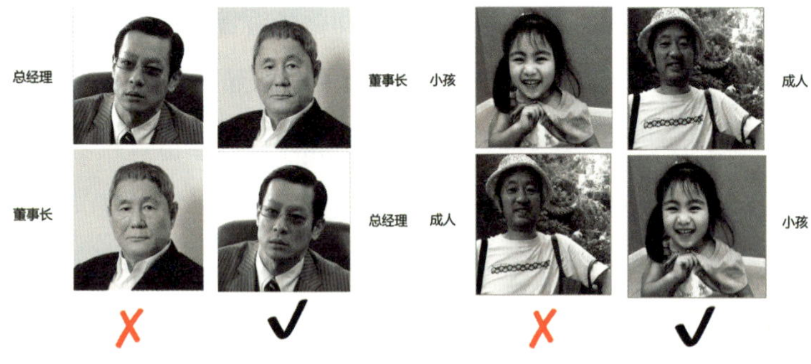

人与物

如果是人和物需要上下排列的情况，不宜把物品的照片排在人物的上方。比如，餐厅的介绍图片中，不能将食物放在人的上面，否则人物就像戴了一顶奇特的帽子。

物与物

如果要排列物与物，一定要遵照正常的自然特性。比如，当处理天空与大海图片的上下关系时，要按照自然中的天、海关系来安排，如果颠倒过来，海洋在天空之上就会显得很不协调。

照片之间的关系，应该与内容主题相呼应

如果在一个主题下，需要放置多张图片，应该选择出最能烘托主题的一张，排在所有图片最前面。如果图片中有人物，要选择人物表情最投入、神态最自然的那一张。碰到类似两方对谈的图片，原则上，人物的视线应该是相对的；如果对话的两个人背对背排列，就会引发意义相反的联想。

（愉快交流）

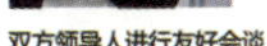

双方领导人进行友好会谈。

（意见相左）

双方领导人进行友好会谈。

限于本书主题，这里介绍的版式设计方法，只是为你开启了一扇小小的窗口，后面还有更多的细节值得大家去推敲、大量的内容需要去学习。掌握了视线流动的规律，你也可以成为一个优秀的视觉“导游”，带着读者畅游广告世界。

妙用图片，让视觉直击人心

我经常跟很多新人说，要学会自己找图、为你的文案配图。他们一般就会这样问：找图片不应该是设计师的工作吗？我是一个文案，为什么还要找图片？于是，我就会反问：那么当你在发朋友圈的时候，会不会想你是一个文案还是设计师呢？难道因为你是文案，就不发图片了吗？有没有发现，当你在文字下面配上一张图片以后，获得的关注度，会比你只发一段文字要高得多？而如果发小宝宝的照片，所获得的评论，又比发自拍的关注度更多，这是为什么呢？

背后的原因，都是因为图片有着与文案不同的价值。那些认为找图片和写文案没有关系的同学，在我看来，是因为其对广告的理解还不够完整，他把文案与美术的关系给割裂了。对一个广告创作者而言，无论文案还是图像，都是传播的语言，都应该成为其得心应手的表达工具。因此，学习图片的选择方法，对一个文案来讲，是十分有必要的。

图片和文字，大脑更青睐谁？

试想一下，当你每天走在上下班的路上，地铁、公交、商场，无数的广告牌从你眼前闪过，平均一天下来，你差不多能接触到 1 000 多条广告，但是真正能让你记住的，又有几条呢？

1973 年，心理学教授莱昂内尔·斯坦丁曾做过一个试验：5 天内让研究对象看 10 000 张图片，每张图片 5 秒钟，然后向研究对象展示成组的图片，一张是他们见过的，一张是他们没有见过的，结果他们能记住之前看到的 70% 的图片。然后，他又做了一个对比试验，向研究对象展示 10 000 条广告口号，以同样的方法测试他们的记忆效果，却发现他们能记住的口号极其有限。

我们也不妨做个简单的试验：下面这张图，左列是品牌的图形标志，右列是文字标志，现在你用 5 秒钟时间，快速地浏览一遍，然后合上书本，回忆一下，看能否在一张纸上画出或者写出

你脑海当中记住的品牌。你能回想起哪边更多一些？大多数人的答案，肯定是左边，以图形为主的这一列。

显而易见，图片比文字更容易留存在人们的大脑中。例如关于可口可乐的描述一般是活力、畅爽等形容词，但是如果一提到可口可乐，人们的第一反应可能就不是这些文字了，而是红色罐子、深褐色的液体、杯中的气泡、流线型的瓶身等形象化的内容。这些具体的视觉形象，比文字的影响力更大，让人难以忘记。

想要成为优秀的文案，你还必须是一个善于视觉化思考的创作者，不仅要想画面、找图片，还要能与设计师一起，对用作广告素材的图片进行分析、遴选、甄别。

平面广告的创意元素，由文字和图像构成，因此，它也可以分别由文字或图像来主导。这里我们来介绍下，当创意概念出来之后，如何通过图片来强化它，也可以说，就是为广告配上相应图片。你可以围绕主题概念或者文案的诉求去寻找相近或者相反的图片，让信息变得更有吸引力。这种技巧，大体分为两种：

1. 通过图片来呈现文案的内涵，将创意主题变得形象化；2. 将文字自身设计成可识别的图像，提升整体的视觉冲击力。

选图技巧一：人见人爱的3B原则

经典的配图法则 3B 原则，它的意思就是在选图的时候，尽可能地选择这三种视觉元素：beauty（美女）、baby（婴儿）、beast（动物），因为它们符合人类关注生命的天性，可以轻松地捕获消费者的视线。

beauty（美女）——性感、眼球杀手

爱美是人的天性。美女形象，是广告这个形式诞生以来最常用的手段之一。对于姣好的面容、飘逸的秀发、窈窕的身材，无论男女、不分国界，受众都会多看几眼，并产生一种代入感——一旦选择了这个商品，自己也能成为广告中的美女，或者与她更加亲近。同时，优雅动人的女性形象，还容易让人联想到商品或服务的优良品质，增强广告的感染力。无论是香水、首饰、皮包之类的品牌广告，还是在各种媒体的封面、产品的包装上，美丽的诱惑一直是长盛不衰的主旋律。当然，在如今的市场上，花样美男也是赚足眼球的另一道风景线。

Coca-Cola
SUMMER
AS IT SHOULD BE
Coca-Cola

Coca-Cola
SUMMER
AS IT SHOULD BE
Coca-Cola

哈爾濱大和平雜貨店
贈品
營業科目雜貨部
請點大和平出品和平牌蠟燭
注意
和平牌蠟的特點
電話

國貨工品
電池筒
工商牌
上海工商電器廠敬贈

baby（小孩）——纯真、母性呼唤

纯真的孩子就像天使一样，他们可爱、稚趣、毫无掩饰的动作与表情，能在短时间里激发人们的怜爱之心。很多聪明的广告就是利用这一点，用婴儿作为主角，让消费者（尤其女性）卸下对广告营销的心理防线，只剩下“抱抱他，亲亲他”的人性本能，不知不觉间对品牌的诉求照单全收。

▶　案例 4–9　依云矿泉水

法国高端矿泉水品牌依云，借助婴儿的元素，让它的品牌主张“活得年轻”在全球市场获得了绝佳的反响。在广告创意中，小家伙们穿着各种特大号的成年人服装，看他们惊讶的表情，似乎还为一下子返老还童感到不适应。它所要传递的就是一种想象：无论你是网球冠军、商业精英，还是时尚潮人，只要喝了依云，就像回到了天真无邪的孩提时期。依云的品牌精神“Live Young”（永葆童真），就和青春一样，会一直留存在你的心中。

▶ 案例 4-10　Findus薯片

再来看这则薯片的广告，它表达的是：品尝祖母般的好手艺，却不必遭受附加的“特殊待遇”。不妨想象一下这种场景：肉嘟嘟的小孩子，长得人见人爱，老奶奶们看到了总是忍不住想在他脸上捏一把。孩子的心里，尽管极不情愿，但老奶奶做的薯片实在太美味，也只能忍了。所以，这则广告告诉孩子们：以后再也不会有这种遭遇了，因为可以选择 Findus（芬达斯）薯片来替代。

▶ 案例 4-11　酒心巧克力

这组广告中的主角就更萌了，明明是婴儿的脸，却有着成熟大叔的神情，感觉就像是刚喝了一顿大酒，醉眼蒙胧、酒气冲天。画面还故意处理成了写实的风格，就好像真的在喝酒现场拍的。为什么会这样呢？原来，这款酒心巧克力的浓郁口味，让宝宝们忍不住尝了又尝，难怪就不胜酒力了。

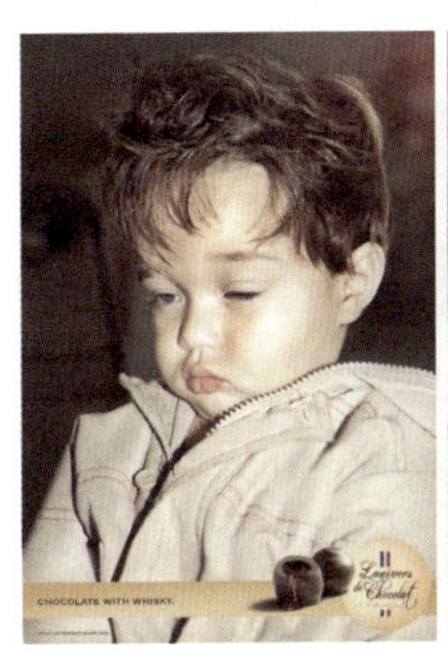

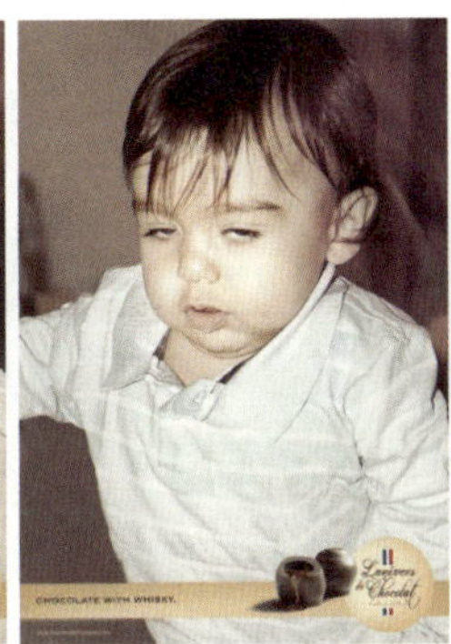

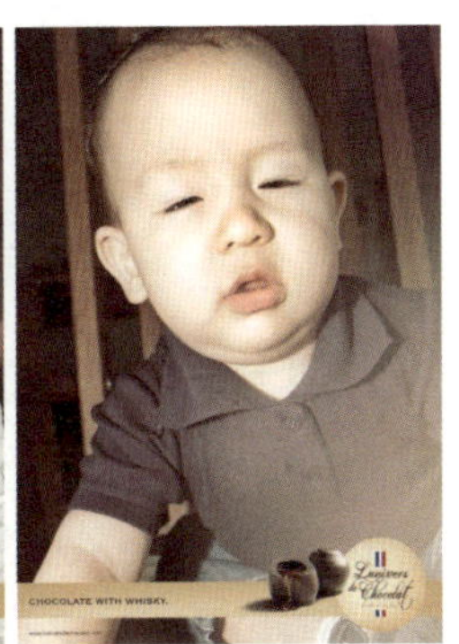

beast（动物）—— 自然、融化防线

当动物成为广告的主角，受众可以在比较轻松的氛围中接受广告信息。这不仅因为它们有着形象各异、惹人喜爱的特征，还因为不同的动物本身都已经被赋予各种象征意义，比如：狗代表着忠诚和机警，猴子象征机灵与调皮，狮子象征威严与力量，雄鹰代表着自由与顽强。这些特征，有利于将产品个性与品牌精神相连接。

另外，动物元素与婴儿有些类似，都能够融化人们的防线，激发起心底的关爱。尤其是宠物，已经成了很多都市人的情感寄托，养宠物的人群甚至以“猫奴、犬奴、铲屎官”等自称。如果围绕这些元素做营销，将收到意外的惊喜。比如星巴克在2019年春季，推出一款樱花季新品“猫爪杯”，只是因为在普通的杯型里面加了一只可爱的猫爪设计，刚一发布就被抢购一空，原价100多元，网上居然被粉丝炒到数千元，还根本买不到。

▶ 案例 4-12　SK-Ⅱ

这两张是SK-Ⅱ的海报，作为美容护肤品牌广告，它居然破天荒地不用美女，而是选了两只狗作为模特，让人在会心一笑中记住了产品效果。左边这张海报上有一只斑点狗，可令人感到奇怪的是，它的脸上干净到一块斑也没有，原来是SK-Ⅱ的祛斑精华液发挥了作用，连天生的黑点也能强力祛除。第二张海报上的狗狗看上去更是滑稽，它的左眼上有明显的“黑眼圈”，可右眼的“黑眼圈”却因为用了SK-Ⅱ的祛斑精华液而消失得无影无踪，强烈的对比下，产品的强大功能也就不言而喻了。

▶ 案例 4-13 路虎揽胜越野车

大家都知道，野兔敏捷的身手可以帮助它从众多捕猎者的手中迅速逃脱，可以说，它是森林中数一数二的跑步健将了。可是，广告中的这只野兔两眼放大，耳朵拉直，这可是遇到危险的信号，到底是什么让它如此惊恐？原来，是路虎揽胜越野车正疾速驶来，令善跑的野兔望而生畏，以为是猛兽来袭。

▶ 案例 4-14 Sunlight洗洁精

有统计表明，最令家庭主妇们头疼的，不是烧一大桌子的菜，而是收拾一堆等待清洗的锅碗瓢盆。尤其是那些盛过牛羊肉的菜碟，沾在上面的油渍更是顽固，就好像广告中的动物那样紧

紧地抱着盘子，怎么也不肯撒手，要对付它们可真不容易。不过别担心，Sunlight（阳光）洗洁精就是你的好帮手，它的口号就是 Separate Them（拆散它们）！只要用上它，油渍们再不情愿也必须得马上离开你的盘子。看，这头哀怨的牛，噘嘴赌气的猪，不正说明了一切？

选图技巧二：将文字直接变成主视觉

这种方法，就是让文字和图片融为一体，共同形成一个创意化的识别点。比如像这两则食品和旅游的广告中，将文案中的字母设计成 3D（三维）造型，直接构成了广告所要宣传的汉堡包或山水景物。这种视觉效果，会吸引读者去深入了解文字的含义，也强化了创意的主旨。

正如美国的定位专家劳拉·里斯曾经在《视觉锤：视觉时代的定位之道》一书中说的，图像是锤子，文字是钉子，只有通过图像这把锤子，才能将文字嵌入人们的心智中。因此，当我们有了一颗钉子（语言文字）之后，还必须要借助锤子（视觉形象）的敲打，才能将信息深深地敲入人们的心里。

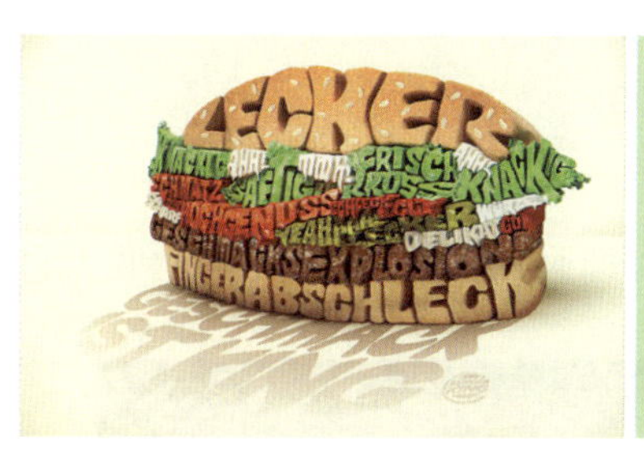

▶ 案例 4-15　西岸音乐节

“我要去西岸”，是我为西岸音乐节所策划的主题口号。如果只有这 5 个字，它就只能成为一句普通的口号，无法呈现出摇滚音乐节的特质。为了有助于推广传播，我们将它设计成了一个完整的视觉符号：黄底黑字，加上了吉他、年份元素、心电图的线条，并放大了音乐节的举办地“西岸”字样。这样，文字信息就更有指向性，整个形象也增强了识别度。

▶ 案例 4-16 明道App

明道，是一款 SaaS（软件即服务）协同办公软件。我为它

策划的传播主题叫“弃暗投明道”，将它的品牌名称融入成语中。在广告设计中，“明道”这个名字用白色字体进行凸显，同时在文字下方辅以手电筒的造型。一道能量满满的强光射向远方，象征着高效的协同工作为企业带来光明前景。

▶ 案例 4–17　支付宝

再看这几张支付宝的主题海报“每一笔都是在乎”。海报中的标题文案，都没有中规中矩地排列，而是与画面中的灯泡、球鞋、茶杯巧妙地融合在一起，就像是直接印在上面的一样，营造出支付宝与真实生活息息相关的视觉场景。走心的文案、细腻的插画，传递了一种年轻时代特有的文艺气质。

建立个人图片资料库：茫茫图海，有备而战

如何找到既符合广告目标，又不落俗套的图片呢？如果每次都是要到用的时候才去找，效率就太低了。所以，你要在平时就做好积累，在电脑中建立起自己的图片资料库，以便在需要的时候随时调用。以前我们总说“好记性不如烂笔头”，现在要改成“好记性不如大硬盘”。

你可能会说，现在网络上的资料非常多，电脑里存的也有很多，可是每到用的时候，还是找不到。这里面，主要的原因就是你只是把这些信息从网络上搬到了你的电脑里，没有定期去整理、运用它们，所以，它们还是没有和你产生关系。

只有按照个人的工作特点与使用习惯，整理好这些素材，它们才能真正地为你所拥有。你可以根据你主要服务的客户行业以及项目类型，来进行针对性的资料搜集。比如，经常做地产的广告，你就可以多搜集一些地产相关的品牌海报、形象设计、H5 动画、视频等；如果主要服务快消品类，你就可以多搜集一些快消品牌的广告，以及在不同节日、不同产品周期的促销设计等。

在我的电脑里，就有一个文件夹，专门用来整理和归纳图片，根据我平时做的项目，我把它们按行业分成了三大类：传媒文化、政府组织和商业零售。三大类下面又分成不同的小类，比如商业零售下面有食品、数码、服装、汽车等，在小类下面是不

同的品牌，比如汽车下面有奔驰、宝马、大众、福特等，每个品牌下面，再按照图片类型分为产品广告、招商广告、公益广告、品牌广告等等。大家也可以用这个方法来进行归类整理，建立自己的图片资料库。

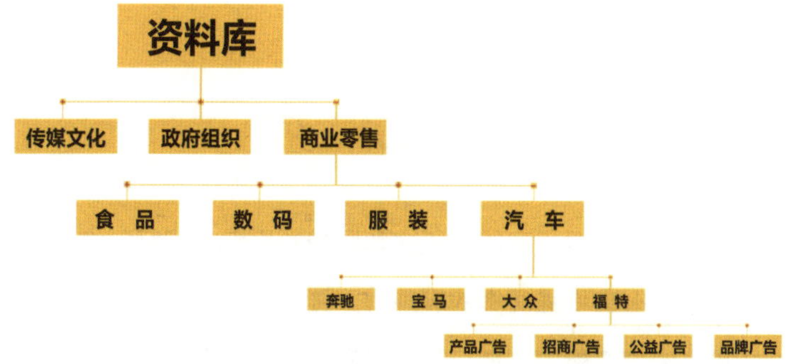

这就是一个广告人的日常功课，它将持续在你的大部分职业生涯中。它的价值暂时可能不会很明显，你可能也感觉不出什么变化，但是日积月累之后，你会看到时间的力量。

文字加图片，如何擦出新火花？

我们已经学习了字体、版式和图像的原则，了解到它们可以从版面结构上来增强文案的表现力。接下来，我们再认识一种综合性更高的创意能力：如何将文字和图片糅合在一起，让它们产生一种新的化学反应。

广告创意人的本质，就是一个手艺人，每天所做的，就是把文字和画面进行各种串联、嫁接，创造出有利于传递信息的图像。开始时每个人拿到手里的素材都大同小异，包括色彩、影调、人物照、产品照，也包括了商品资料、企业信息、商标内涵等等，但是，最终产生什么样的效果，就看每个人的功力了。

这里有四张汽车品牌的广告，因为品牌定位、车型与广告目标的不同，保时捷、奥迪、宝马、吉普，四张广告，呈现出四种截然不同的感觉：或宁静，或动感，或机智，或霸气。

这一切，都是通过对文案与图像进行编排，所带来的变化。表面上看，不同的元素，传递着不同的信息。但当它们被组合起来构成了整个版面，就形成了一个“局”。由文案与图像形成的这个“局”，对读者来说，它就可能是一种特定的、由品牌传递出来的气场。这个“气场”要足够吸引人，读者才会花更多时间进行深入阅读。那接下来我们就看一下，文案与图像共同形成的这个“局”，究竟是怎么布的。

天生一对，各司其职

我们已经知道，文案和图像，各有各的优势和不足。

文案，是概念的载体，它富有条理性，可以把事物的因果与逻辑关系讲得很清楚，但容易让人感觉枯燥、乏味，使读者失去兴趣，因此，需要图像让它显得更灵动。

图像，是直觉的呈现，给人更真实可见的印象，适合表现感性、跳跃的思维，但是意义指向较为模糊，容易失去焦点，因此，需要文字来进行描述和界定。

这两者，刚好是天生一对，必须放在一起才能构成一则完整意义上的广告作品。但是如果在组合的时候，两者都很突出，又会产生各种不可避免的冲突。所以关键的问题就是要在一则广告作品中，分清文案和图像的主次。就像一出舞台剧，必须先设定好主角和配角。

说一说我自己的经验。刚开始做广告的时候，我希望我的作品很有创意，所以每次都会挖空心思去琢磨一些文字上的亮点，同时把画面也做得很夸张，两种元素分开来看都很好，但是合在一起总是有点不对劲。随着经验的积累，我才逐渐认识到，一个广告中的创意点太多，只会适得其反。如果不想让文字和画面变成一对欢喜冤家、相互掐架，建议各位将广告大师鲍勃·吉尔的名言牢记于心：“有趣的视觉需要乏味的标题，有趣的标题需要乏味的视觉。”

文字与图片，非得同时出场？

没有文案，怎么做广告？

有一些特殊的情况，只要图像的信息够明确，就完全可以把文案给省略掉。就像我们在前面说的，有些广告可以根本不用文案。比如美食餐厅的海报，可能千言万语，都比不上一张色香味美的真实图片。当图片能够表达的意思已经足够清晰的时候，文字再去过多强调，就会显得画蛇添足了。当然，如果文案够强大，广告中也可以不需要图像。

▶ 案例 4-18 可口可乐

这是一则获奖的平面创意，画风简洁，内涵却不简单。背景色就是可口可乐的标志红，中间的图形，乍一看，以为还是标志中那条熟悉的白色飘带，但是仔细辨认，原来是两个人的手臂。双手交替就像接力跑的场景，而中间的空隙正好构成了一个经典的可乐瓶。广告中，并没有用一个字的文案，甚至连品牌名称都没有，但是，谁都感受得到，这是可口可乐在向人们“传递快乐”。

▶ 案例 4-19 Zoo Safari动物园

Zoo Safari 是个开放式野生动物园，真正地诠释了“融入”的概念。你可以开着私家车在园内尽情游览，车窗摇下来，可能正好有个狮子或者猩猩在盯着你，组成你和动物之间“你中有我，我中有你”的面部表情。这种与野兽近距离对视的惊险体验，相信不需要文字，也能让你心跳加倍。

没有图像，怎么做广告？

刚才的广告案例，让我们知道，一张好图片可以胜过千言万语。当然了，也可以反过来，如果光用文字就足够吸引人，那么图片也就可以省略了。我们再来看两个例子。

▶ 案例 4-20 Apple Pay地铁广告

广告明白无误地告诉你：有了 Apple Pay（苹果手机支付），再也不用担心手中的游戏需要暂停，你的手机可以当成公交卡来刷，“叮”一下就能轻松通过检票闸口。文案可以说非常理解游戏者的心态，当你沉浸在游戏世界中时，最怕被别人打断，所以苹果的支付新功能不仅可以让你不被干扰，而且就连它的广告也很为你着想，省去了所有无关元素。文字既是标题，又充当了画面的视觉中心，这样单纯的广告着实难得，在纷乱嘈杂的地铁广告环境中，让人耳目一新。

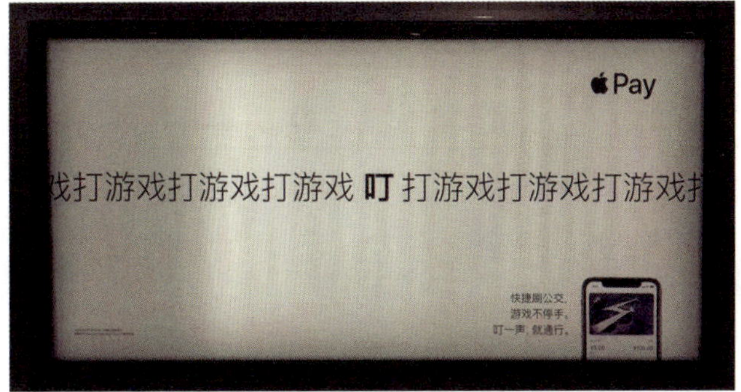

▶ 案例 4-21 戒烟公益广告

画面文字的意思是：癌症治愈烟瘾。这是一张纯文字的户外广告，概念非常强，表现方式又极为简单。白底黑字，居中对齐，不再规劝与教育，直接把结果给你看。句子中间的动词“治愈”用得高明，看似褒义，实则是一种反语，言下之意就是：“你就继续抽吧，不用担心戒不掉，死亡会终结这一切。”文字的力量，让任何装饰显得多余，足以让人警醒与反思。这则作品曾获 2003 年戛纳广告节全场大奖。

更高明的化学反应

纯文字广告对文案的要求极高，因为缺少了画面的支持，单靠文字去传达诉求和情感，就需要对文字本身有更多角度的审视，以及足够成熟的文字技巧。

纯画面的广告，没有文字做解释说明，需要单凭画面传递丰富的信息，视觉处理上就要尽量简单，带给读者清晰、准确的联想，不能含混不清。

但是，图和文都很强的情形毕竟少见，大多数的时候，我们还需要将两者结合在一起，互相配合。当你的创意功力达到一定境界，就可以学着驾驭一种更高明的表达方式：让画面说的是意思 A，文字说的是意思 B，当它们放在一起，又产生了一层新的意思 C。这种思维游戏的难度，比一般的创意要大，它能让读者体验到层层解谜的乐趣，最后一旦成功，就能与品牌产生一种积极的共鸣。很多杰出的广告作品，正是利用了文字和图像各自不同的特征，制造出妙不可言的化学反应。

▶ 案例 4-22　宜家产品广告

这是一组宜家的产品宣传广告。首先映入眼帘的是，画面里一左一右两把堆满衣服的椅子，看起来好像都差不多，脏乱不堪。再看，旁边还有价格标注：图一左边写着：现代主义经典（382 美元）；右边写着：SVENBERTIL（49 美元）。图二左边写着：包豪斯杰作（640 美元）；右边写着：TOBIAS（79 美元）。你好像看出了两者的区别：左边的价格比较贵，右边比较便宜。但是为什么呢？

你再仔细一琢磨，原来 SVENBERTIL（思伯帝）和 TOBIAS（托拜厄斯）都是宜家的产品名称，广告是在告诉我们：反正都要用来堆衣服，何必买那把贵的呢？还是选择我们宜家的椅子吧，经济又实用。

想必每个女主人的家里，都会有这样一把被“废掉”的椅子，它不是用来坐的，而是用来堆衣服的，人们会把那些需要洗的脏衣服，暂时性地放在椅子上，但往往放着放着，这把椅子就真的不能坐了。这应该就是这则广告的灵感来源。

从美术风格上分析，这两张海报的字体、字号、排版、颜色，都沿用了宜家风格。就像你在宜家商场里看到的广告牌，或者宜家产品目录手册里的标价字那样，所有的字体具有统一性，形成了明显的品牌识别性，让人一看就能联想到宜家的购买场景或者相关海报的风格。

这则广告的图文，在整体上符合宜家品牌定位和客户定位，充分体现了简约、实用的生活理念。但是，图片加文字的组合，却跳脱出了人们脑海中原有的逻辑。文案很克制，没有添加任何另外的标题，但却利用标价的对比，制造出了新的意思，同时还“取笑”了对手的高价格，让宜家产品的价值观得以放大。

这就是刚才说的“A+B=C”的化学反应。这种高级的创意表达，是由文字与图像联手打造、相互成全的。

第五章

异想功

拓展创意的思维边界

当我们谈论创意时，我们在谈些什么

▼

如果有被问到：什么样的广告才能吸引你，可能很多人都会不假思索地回答三个字：有创意。但如果再问，什么样的广告才算有创意，答案可能就千奇百怪了，哪怕年龄、学历相仿的两个人，都可能给出截然相反的答案。

可见，每个人对创意的理解并不相同。创意这件事，就跟春晚节目一样，实在是个众口难调的活儿。大众的喜好是一回事，甲方的标准又是另外一回事，那么，作为以“创意”为职业的广告人，他们心中的创意，又该以何来度量呢？

有创意vs没创意

在我们定义创意之前，还是先来看看，以广告的标准，有创意和没创意的区别到底有多大。

▶ 案例 5-1 炸鸡广告的对比

相信大家都尝过肯德基的炸鸡，也都看过它的各种宣传广告。就像左边这张图，它是一张标准意义上的炸鸡桶广告。但是，如果每次的推广都放这样的图片，未免太缺乏新鲜感。为什么不能换个其他的角度来说一说鸡块的火辣美味呢？右边这张，就玩了一个别人从来没玩过的“大”创意。它居然把炸鸡块的辣感和航天飞机升空时所喷射的火焰相提并论，似乎想说明：这种喷薄而出的热辣火爆，正是炸鸡块带给你的震撼味觉体验。这种通感式的表达，就会让人觉得“有创意”。

▶ 案例 5-2 七人座轿车广告的对比

七人座的轿车，往往诉求的是载客量和空间的舒适度。在大多数的广告中能看到的，都是像左边这样的合家欢画面：全家老小其乐融融地围坐在一辆车旁。而有创意的广告，应该怎么做呢？来看右边这张沃尔沃 XC90 的演绎。它利用众所周知的白雪公主的典故（她永远是和七个小矮人在一起），重新创造了一段小插曲：大伙儿要一起出门，白雪公主却无法上车，只能靠自己在空荡荡的马路上拦车。为什么呢？因为广告右上角的英文已经说了："The Volvo XC90 with seven seats, sorry"（对不起，我们开的沃尔沃 XC90，只有 7 个座位）。它的潜台词就是，七个小矮人都可以上这辆车，而白雪公主还需要再乘另外一辆。沃尔沃看似表达了一种爱莫能助的歉意，其实是幽默了一把，虽然连车子都没出现，却让读者强化了对其"七人座"的记忆。

▶ 案例 5-3 降噪耳机的对比

智能降噪耳机，能够阻断外界的噪音，带来静谧的体验。像左边这样的广告画面，展示了一个常见的降噪耳机使用场景，很容易让人视而不见。而右边这张，就有创意多了：啦啦队的热辣舞蹈居然卡壳了，这一切只因你戴上了哈曼卡顿的耳机。看过球赛的人都知道，中场休息时，啦啦队的那种喧闹让人实在难以忍受。但是，广告告诉你，它的耳机能让这个世界立马安静下来，就像画面中女队员们的嘴巴都被队友的鞋尖给堵住了，再也发不出声音来。这种戏剧化的夸张，是屡试不爽的创意手段。

▶ 案例 5-4　止咳药广告的对比

这两张止咳药水的广告画面，哪一张会令你印象更深刻？左边这张广告，只是将药品功能直接地说了出来，无法形成任何记忆点。而右边这一张，它将成语“谈何容易”的“谈”换成了“痰”字，从而向消费者强调：有了我，止咳化痰，何其容易！醒目的四个大字“痰何容易”作为整个画面的视觉中心，带给人强烈的冲击力，更容易留下深刻印象。

到这里，想必大家也都明白了，广告的目的是让大多数人都

能顺利地接受商品的信息，但是广告的手段，却要让大多数人都意想不到，才能吸引人们的注意力。

创意本身是头脑中虚幻的概念，它需要通过某种物质的媒介（比如图像、文字、音乐、产品），让人看得见、摸得着。我们学习创意的本质，就是学习一种与众不同的表达方式，当受众产生好奇心，事情就成功了一半。

别纠结，这不是艺术

我经常会被问到一个问题：广告和艺术到底有什么区别？坦白讲，一开始我也很难说清楚，因为它们的边界有时真的很模糊，表面上看，两者的形式都差不多，都需要令人惊艳或是出人意料的表现，但是，实质又似乎存在着很大的不同，有时候两者互相借鉴，有时候两个圈子的人还会互相瞧不上。它们的背后，到底有没有相通之处呢？

直到有一天，我在某个国外美术馆里闲逛，突然想通了两者的区别，就是：虽然我被这些伟大的艺术作品所感动，但它们不会对我有额外的要求，我所付出的不过是一张入场门票的价钱而已。而如果我们被某个广告所打动，它的目的是要我去购买它所推荐的商品或者服务。这一点，可能就是纯艺术和商业创意的本质区别。

纯艺术的创意，只需要我们的共鸣和感悟；而商业化的创意，需要在我们被感动之后，掏钱去买东西。艺术家（艺术的创意人）是通过反思，用“自己观察自己”的方式来看待这个世界，创作的目标就是要完美地表现自己的内心。而广告人（商业的创意人），需要“观察消费者”，挖掘他们的内心需求，让他们关注、体验某个产品或服务，广告人的创意必须导向一个商业目标。

不妨想象一下这两种创意形式的不同结果：我们去美术馆时，会在艺术家的作品面前发出感慨：“哇，这个艺术作品，表达的正是我心里想说的！”如果艺术家听到了，他也会很欣慰：“不错，又多了一个知音。”而当我们看完一则广告，对它的最高奖赏并不是夸奖它“真是一个好广告”，而是应该说“这个商品太棒了，我想买”。从广告人或者设计师的立场上看，他的作品并不是表达自己的内心，而是为了完成客户的订单，因此，当他们完成作品之后，就需要反复地和客户确认：“您觉得怎么样？”

我选了两组图片，可以帮助大家更好地理解这两者的区别。

第一组是艺术创意，包括了音乐家的乐谱、美术家的油画和雕塑家的人物雕像，在创作这些作品之前没有什么甲方的命题，更大因素是遵照艺术家自身的命题而创作。

第二组是商业创意，里面有米老鼠、绝对伏特加的酒瓶、Michael Jackson（迈克尔·杰克逊）的唱片封面，还有苹果 iPod 标志性的剪影。通过大量的商业化传播，这些视觉符号已经跨越了国界和语言，大多数人都能理解并喜欢。这些商业创意都有一个最终目标：让你为这些商品买单。

▶ 案例 5-5 张择端《清明上河图》与支付宝《清明上河图》

《清明上河图》是中国十大传世名画之一，是北宋画家张择端精心描绘的汴京以及汴河两岸的自然风光和繁荣景象。画面中体现了很多当时的生活细节，错落有致，情趣盎然。这就是艺术家的创意。

基于这幅画作，支付宝创造了现代版的清明上河图，将其演变成销售力十足的商业创意。它将北宋的繁荣与现代互联网的昌盛形成呼应，又将账单数据、收钱码、跨境支付等各种个性化的产品信

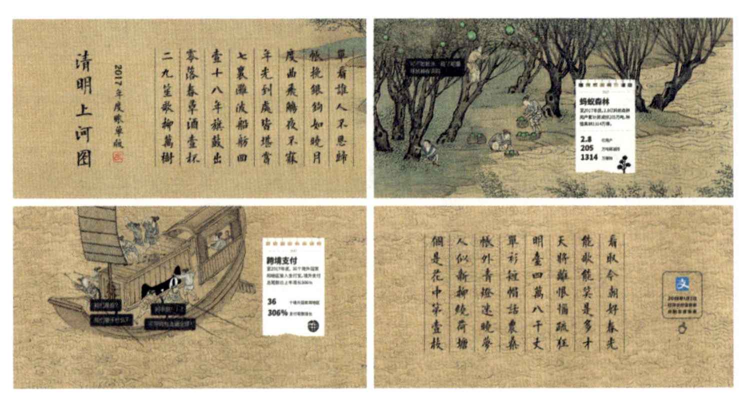

息融入画面中。这样的创意，就让原本显得有点沉重的“年度消费账单”变得更有文化味，也让经典画作焕发了新的生命力。

文案不是艺术家，而是一名商业创意人，需要时刻记得自己的身份与使命。尽管，有时因为创意表现需要借助各种艺术形式，但是说到底，文案就是一名用文字来说话的销售员。

创意和文案，先有鸡还是先有蛋

再来说一说文案和创意的关系：创意是灵魂，文案是工具。创意，是文案的统帅和灵魂，决定着文案的方向与效果；而文案，是从属于创意的，是创意想法的表达工具。

在绝大多数的情况下，肯定是广告创意在前，文案写作在后。但在实际的发想中，两者完全可以互相颠倒或者“反串”。有时候你可以用创意指挥文案，有时候你也不妨用文案诱导创意。以我自己的经验来说，很多时候，我会先出一个“文字”元素，然后根据它的特点，去发想出一把“创意大伞”（创意主题），然后我再去考虑，还有什么例子可以收罗到这把“大伞”当中。

▶ 案例 5-6　奔驰汽车端午海报

这套创意作品，是在端午节期间，奔驰发布在社交媒体上的微海报。它的创意和文案脉络都很清晰，让人对奔驰品牌的文化与格调留下美好印象。

我试着将这套广告的创作步骤进行还原，让大家可以更加清楚从某一个元素上升到创意主题，再从创意主题延展成具体文案的过程。

首先，我们需要罗列出跟端午节有关的各种元素，如采粽叶、包粽子、吃粽子、划龙舟、插艾草、挂菖蒲等等。然后，对这些元素进行发散性联想，看看哪个元素能够跟车的特性结合在一起，而且能产生较好寓意。不难发现，龙舟的造型，似乎与车的形象最搭。同样是载人的交通工具，一个在陆地，一个在水中，能不能将“车头”比喻成“龙头”？怒目圆睁的龙头，是整条龙舟上最为抢眼的部分，可谓威风八面。而奔驰的车头，也必定是霸气外露，引人瞩目。

这样看来，将车比喻成龙舟，就是一把能够起到统领作用的“创意大伞”（创意主题）。一来，龙舟与车的联想本身就接近，车体的各部分，正好类比成为龙身上的各个部位；二来，将奔驰车比作腾云驾雾的神龙，也带有吉祥的寓意。在美术处理上，可以让龙的影子与实体的车自然叠加，体现出绚丽饱满的视觉效果。在 4 张海报中轮番出现 4 款不同型号的奔驰车，也能尽量地兼顾品牌车系的阵容。

创意的主心骨一旦确定，接下来的工作，就是考验文案的联想能力与写作功底了。我们可以将龙舟（头、身、爪、尾）和奔驰车的特点逐一对应，采用一语双关的形容词，将两者巧妙结合：

- 车头好比龙头：龙头要威，吐息之间，气吞天地。
- 车身好比龙身：龙身要稳，线条分明，无畏汹涌。
- 车轮好比龙爪：龙爪要迅，视线所及，皆是迅影。
- 车尾好比龙尾：龙尾要绚，一骑绝尘，尾翼倾城。

就这样，一套主题清晰、内涵丰富的系列文案诞生了。相信大家也明白了，不论从文字到创意，还是从创意到文字，哪个先来都可以，关键是最后要让它们串在一起，构成完整的广告语言。

进入创意车间，看看它是怎么产生的

▼

做创意，是广告工作中最核心的部分，但它也是最难被描述清楚的一步。就算你已经学过 4W 的策略梳理，手里可能也收集了客户提供的不少背景资料，但是面对真正的创作，很多人还是束手无策。

两个老大，两种启发

我在广告公司工作的时候，曾经跟随过两种不同类型的创意总监。第一种总监，属于发明家型，你和他共事时，他想的创意永远要比你好，他可以想出很多新鲜、刁钻的角度，让你很佩服：居然还能这样想、还能那样想，但是呢，他也讲不清楚这个点子是怎么产生的，你跟他共事的时候，就始终觉得他好厉害。第二种总监，属于分析家型，他自己想的创意倒不见得有多牛，但是他很善于“倒推”创意，就是根据一个已经成稿的创意作品，倒推回去看看它最初的策略是什么，然后告诉你，这个点子是怎么想出来的，久而久之，你就能把整个创意的来龙去脉、从策略到执行中的各种逻辑关系捋得很清楚，在这样的领导手下工作，你的思考能力会提升得很快。

幸运的是，我从这两种 CD 的身上学到了不少真功夫，也获得很多专业上的感悟。在跟第一种 CD 工作的时候，我对创意的理解是一种不可知论，就是把大部分时间花在聊天、玩耍之后，创意才会不知道从哪里冒出来，它可遇而不可求，只能靠上天的眷顾。后来，我又经历了与第二种 CD 的合作，我才确信，再玄妙的东西、再高深的创意，也必须有其内在的触发逻辑。如果一个商业创意无法被讲清楚，就等于不成立。如果不遵从创作的客观规律，无目的地去玩、去体验，把好创意的产生寄托在运气上，那么你的大多数时间都会被浪费掉，也无法通过持久的训练，成为一名职业的创意人。

从消化资料到形成创意，离不开这五步

创意的思考到底有什么规律可循呢？美国广告大师詹姆斯·韦伯·杨，早在 1932 年总结的创意 5 步法，已经将它说得很清楚了。这 5 个步骤分别是：收集—消化—抛开—捕捉—检验。这也是一个将原始信息打磨成创意成品的全过程。

有人可能会问，那些创意高手每天都很忙，要以出品效率排在第一，难道也得“熬”过这5个阶段吗？答案是肯定的，只不过表面上，他们的工作方式不一定表现得和新手一样。当面对同一个创意命题时，为什么高手就反应快，出活好？无非是因为他们经历的案例够多，当运用娴熟以后，这5个步骤早已内化成思维习惯，无须刻意地让每一步动作都做得那么明显，但肯定也免不了经历从积累、思考到飞跃的过程。熟能生巧，这就是从业余选手到职业选手的进化。

下面，我用这创意五步法为大家拆解一下，我曾经为浙江卫视的主持人所做的广告策划“中国蓝自白体”。

说起浙江卫视，相信大家对它的蓝色台标和“中国蓝”口号一定印象深刻，它有很多有名的综艺节目，如《奔跑吧，兄弟》《中国好声音》《中国梦想秀》，但是有影响力的主持人却屈指可数。在社交媒体时代，个人品牌越来越重要，如果主持人不能成为流量明星，也无法利用他们的公众影响力进行传播，就等同于浪费了资源，也限制了频道品牌的发展。

我提出，能否为6位当家主持人提炼一套专属的文案型广告，向公众来个自我表白？这些文案也将作为主持人“个人品牌”的关键词，引领后续推广。这一提议很快得到了浙江卫视的认可，于是“创意五步法”就这样就开始了。

第一步：收集资料

创意是一个从观察到发现的过程。在工作的最开始，一定要控制住“想点子”的冲动，而是让自己尽可能地多看、多问。千万不能图一时省事而直接进入发想阶段。很多时候，当你把大量的资料都消化之后，问题和解决方案就会自然而然地出现。

你需要收集的资料大致有4种。

1. 产品本身相关信息：你可以亲身去使用某个产品，或者体验某种服务，也可以通过网络或者客户给的资料，整理出产品相关的信息。

2. 消费者相关信息：找到目标消费者，或者任何与产品相关的人去聊天，了解他们的消费习惯、语言方式、生活方式等；也可以打开百度、微信、知乎，去各种论坛里看看关于这个话题的讨论，获得看问题的不同角度。

3. 竞争品牌的相关信息：可以收集直接的竞争对手，或者同行业中成功或失败的案例资料。

4. 当下流行的创意形式：比如通过广告门、数英网、梅花网或者国外的各种专业网站，了解当下热门的文案或美术风格，为思考创意做准备。

虽然浙江卫视这个项目的广告主角不是产品，而是人，但策划的方法是一样的。以前我是为企业与产品提供解决方案，这次，要将关注点转向对人物个性与故事性的提炼。

首先，研究“产品”：一档节目受到观众的认同与喜爱，很大程度上就是因为节目的主持人。我们深入地研究 6 位主持人，收集他们各自的成长历程、个人爱好，甚至还有口头禅，当然也包括了他们所主持过的节目、出席过的活动、代言过的品牌等等。

其次，去了解下“产品用户”或者“产品研发者”的看法：我们跟主持人的观众、同事和朋友聊天，听听他们对几位主持人的印象。

接着，我们还收集了其他卫视频道的成功案例，研究他们是如何将节目推广与主持人个人品牌的打造相结合的，比如凤凰卫视的《鲁豫有约》《老杨读报》《一虎一席谈》，还有像台湾的《康熙来了》等。

最后，我们还收集了当时在个人品牌塑造方面比较成功的文案体裁，如由韩寒、王珞丹代言的“凡客体”，由陈欧代言的聚美优品“陈欧体”。

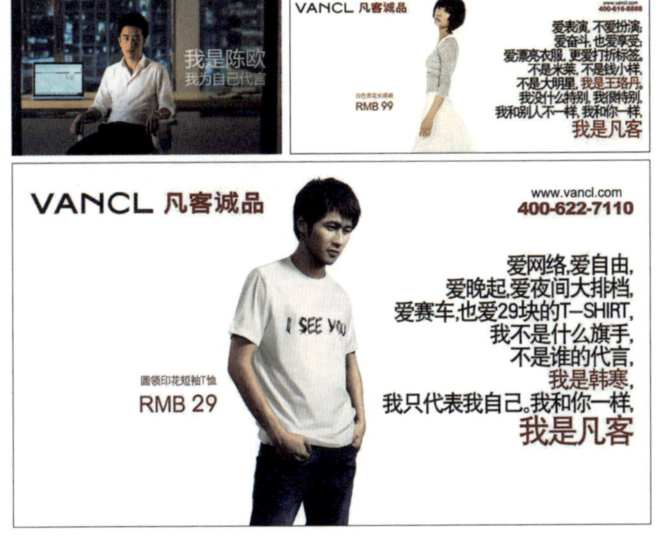

第二步：消化前面收集的资料

通过第一步的收集，你的手头已经掌握了大量资料，那么接下来，就要消化它们了。可以从两个角度入手。

1. 分析我方实力。对包括主持人的往期节目、访谈视频、感兴趣话题等在内的信息进行研究，将它们翻个底朝天，从不同的角度尝试归纳，看能否总结出一些规律。在这个过程中，可能会突然迸发一些灵感，不论对错，不论合适与否，都记录下来。

在收集主持人资料的过程中，我发现了很多有意思的信息：男主播华少，堪称才艺全能，唱歌、主持、导演、写书样样都行，后来凭借超快的广告吐字速度，让全国人民认识了他，但他自己却很不喜欢网上热传的外号（中国好舌头）；女主播伊一，星座是狮子座，个性直来直去，自称“人来疯”，4 岁开始学舞，平时爱好在西湖边夜跑，口头禅“彪悍的人生不需要解释”；忠厚实诚的沈涛，人称“中国好女婿”，居然主持过 4 档超人气相亲节目，让无数有情人牵手，深受丈母娘们的喜爱；落落大方的温雅，是少见的中英双语主持人，曾经在奥运赛场和 NBA（美国职业篮球联赛）球场，与世界冠军谈笑风生 …… 这些主持人拥有这么多闪光的经历，却都零散地分布在网络、微博及各种访谈节目中，如果不对它们进行系统的梳理，就无法有效地对外传播。

2. 研究“对手”特点。我们发现，港台同行和湖南、江苏等卫视的主持人，一直非常重视个人品牌的塑造，早就领先了好几步。

他们每个人都有自己的差异化定位，按学者、雅痞、文艺女神、财经专家、学霸文青等关键词进行归整。在外在形象上，每个人强调了各自的特色，包括了发型、着装、帽子、眼镜、配饰等细节，甚至还会有意地添加一些个性化符号，比如大家很熟悉的蔡康永肩上总是停着一只鸟，高晓松喜欢手持纸扇，这些都是精心设计过的。此外，就连主持人所接的代言广告、参演的影视剧，也会由经纪人进行严格筛选，凡是有可能影响或者误导个人形象定位的因素都被拒之门外。正是经过这样煞费苦心、持之以恒的管理，个人品牌才慢慢地巩固起来。

第三步：抛开

这个阶段，你需要放松一下，先放下眼前的工作，忘记前面找的那些资料。我的意思是，你需要躲开动笔的诱惑，但并不意味着你可以无所事事，而是让你的潜意识去“工作”，让知识、信息和经验，在你的脑海当中融会贯通。

你可以通过参与各种其他的活动，来刺激自己的想象力和情感，比如：听音乐、看电影、喝啤酒、散步、游泳、读书、聊天、玩象棋、逗宠物，都有效果。

如果截稿时间太紧，实在转移不了注意力，那么你至少也要让自己的大脑稍微换个频道。比如，我们虽然策划的是浙江卫视主持人的文案，但也不妨看看其他卫视的节目，看看别的主持人有什么值得借鉴的优点。不管是国内的还是国外的，都有可能激发你的灵感。这也是一种休息的方式，就当是给自己放个小假，哪怕只有几个小时。不需要有任何期待，这个阶段，本身就是一个邂逅意外与惊喜的过程。

第四步：捕捉想法

这是最重要的一步，你要开始主动出击了。趁着神清气爽的一刻，你要将前面的所有信息在大脑中进行回忆过滤，捕捉各种好的苗头，将它们进行自由连接。一旦出现有创意的点子，马上用笔将它记录下来。

如果说一个产品为人称道之处是它的功能，那么对明星主持人而言，大家更关注的，就是其成功背后的成长故事，以及个人价值观。进入策划的第四阶段，我开始根据之前的资料，尝试用最精练的语言，来总结 6 位“中国蓝”主持人的成长故事，并提炼他们个人的性格关键词。

有了每位主持人的关键词之后，还要再把这些词组织成一句话。这句话，类似为这个人物下一个定义，需要概括他的最显著特点，类似下面这样：华少：才艺全能，不认输的代名词。伊一：直来直往，青春就该带点野。沈涛：靠谱大叔，中国好女婿。温雅：见多识广，双语国际范。亚丽：收视黑马，努力所以更美丽。陈欢：从导游到主播，创意人生爱跨界。

这个“一句话”写作法，是撰写系列广告文案的重要技巧。它追求的是“先总起，再细化”，有了这“一句话”作为统领和重心，可以延伸出后面更多的创意。不仅是平面创意，任何形式的广告主题都应该，也可以找到这样的一句话来描述。

等到文案的思路基本拟定了，同步要考虑的，还有画面的内容与风格元素。我们在第一阶段收集了很多资料，现在就可以将它们都拿出来了。从这些资料中，我们可以选一些方向，来确定画面风格，包括版式构图、色彩字体、文与图的比例、人物动作、着装风格等等。

就这套“自白体”的画面表现而言，我们做了如下策划：1. 广告中，用“奔跑的姿态”作为每位主持人的动作，表现热情洋溢的运动感，同时也是为浙江卫视当时即将开播的综艺节目《奔跑吧兄弟》做预告；2. 拍摄采用棚拍搭景形式，模拟非常火爆的 Color Run（彩色跑）活动，以“人物穿越彩色粉雾”的形式来呈现；3. 个人自白的文案形式，采用较大的字号，作为视觉构成的主要元素出现在人物一侧。

第五步：检验灵感

终于到了最后一步，这时，要对之前所有的想法做一个检验了。因为灵感就像一个婴儿，刚出来的时候肯定会很稚嫩，我们要有耐心去培养它。完成这一步，通常有两种办法：1. 自我检验，我们不妨再次拿出最初的创意简报与工作要求，进行审核。

2. 将创意分享给其他人，听取不同意见，将想法进一步发展和完善。

在广告公司的作业环境中，一般都会采取项目组工作制，每个项目组往往包括几个成员。当你捕捉到好的想法后，可以再和小组成员一起进行头脑风暴，将自己的灵感与他人的想法进行交流碰撞，不断地去芜存菁，留下大家都认可的、有潜力的想法，再进行深入挖掘。

这个阶段，被批评是很正常的。不要希望只得到赞扬和认同，你需要的是更多客观的意见。因为，不管是多么了不起的主意，也要被别人接受才有价值。而且，别人可能会从一个崭新的角度来评价你的创意，让它变得更成熟。

有了创意之后，如何落地成文案？

通过前面的五步法，核心的创意想法终于有了。那么，如何将这个想法落地呢？这又是一个“烧脑”的过程，也是一个不断试错、修改、打磨，然后重复进行的过程。中间可能会很痛苦，但只要不断尝试、不断磨炼，肯定越写越顺。

继续来看这套“中国蓝”文案的策划。刚才说到，经过多次的头脑风暴，我们已经达成了最后的共识：通过凝练的关键词、固定的句式，形成一种文体（我将其称为“中国蓝自白体”）。它可以传递更多的信息，而且能让观众一起参与创作、展现主持人鲜活的个人特色。

根据既定的主题和文案形式，我带领团队开始了深化创作。我们写了很多个版本，比如：以“我”开头的版本、“谁”开头的版本，还有微语录、自嘲版、正能量版等等。不断地更新角度，就是为了找一种最合适的表达语言。接下来，我为大家来摘选几篇，看看不同的版本是如何呈现的。

第一轮版本：“我”系列，

● 华少篇：

我主持，爱书爱唱歌，
我生活，雅风痞气都沾些，
想做高手，就不能高调，
能嘴快，但不能心快，
平凡里的光，才最稀罕，
我是华少，一抹闪耀的中国蓝。

● 伊一篇：

我舞，脚步不乱，
我歌，声音不颤，
时尚不浮夸，
清新不苍白，
年轻人，就要享受年轻，
我是伊一，一抹跃动的中国蓝。

这个版本，相当于找到了一个以“我”字为开头的句式，但是，感觉文字上还是有点平淡，只是写出了个人的经历和特点，另外，如果把整个6篇文案都用这个“我”来开头，未免太公式化了，略显呆板。

第二轮版本：“谁”系列

● 华少篇：

谁，谁说我书生气？
我其实是个雅痞，
爱记歌词，厨艺家传，
几十平国王，嘴皮子最忙，
杂家不高调，任何时候都想着“本土改造”，
你说我有野心样样都上，我说梦想从来不重样，
我是华少，我看好中国蓝！

● 沈涛篇：

谁，谁说我胖？我是略胖，
前有听众，后有观众，
无奈还是躲不过体重，
卖萌加卖老，
努力做个好月老，
你说我有亲和力，我说“我就是收视率”，
我是沈涛，我看好中国蓝！

这个版本的文案，以自问自答的形式来介绍。每段文案，都采用反问句作为开头，比如："谁说我书生气""谁说我国际范""谁说我胖""谁说我美"等等。目的是通过对主持人固有印象的否定，让观众自己找到其中的笑点或吐槽点，也让他们对主持人形成更为全面的了解。但后来经过评估，总觉得主题还是不够有力，语气上也有点啰唆和拖沓，不做采用。

第三、第四轮：微语录、自嘲版

- 伊一篇：

我，微帅，

12 岁开始跳拉丁，

活泼加清新，要想炫，就得有后劲，

你说我是俏花旦，

我说我的风格，有待完善，

我是伊一,一抹跃动的中国蓝!

- 亚丽篇：

我，微美，

圆梦大使，又称女闺蜜，

期待转身看到 TA，

不想让"脱光帝"如此尴尬，

你说我是主持黑马，

我说精彩伏笔早已埋下，

我是亚丽，一抹亮丽的中国蓝！

这一版尝试了略带自嘲的语言风格，来介绍主持人的节目与个人经历，最后收尾落到“中国蓝”。尽管它最终还是没有通过，却有一处表达的亮点，被沿用到了最后的确认版中，就是在“中国蓝”之前加上6个不同的形容词。这样既可以从6种角度形容中国蓝，也可对应6位主持人不同的个性特征。

第五轮：最终确定版

- 华少篇：

装斯文，全靠眼镜框子；舞台上，我不当空架子；歌词串成台词，思想码成文字。华少不是工作狂，只是认输的反义词，看我用一抹“中国蓝”，跑出正能量的名字。

- 伊一篇：

舞鞋，跑鞋，高跟鞋，我的字典里没有拖鞋；上发条奋力跑，青春就该带点野。别看伊一人来疯，彪悍人生你才懂。看我用一抹“中国蓝”，让脚印与汗水重叠。

- 沈涛篇：

小清新到萌大叔，长得还算可靠；打量爱情的赛道，可惜腰围大一号；男神女神你别哭，没我哪来比翼鸟？沈涛并非月老，不过丈母娘们都说好。看我用一抹“中国蓝”，让幸福跑着来报到。

- 亚丽篇：

跑得更努力，压力可以变美丽。夏天躲开冰淇淋，冬天消灭卡路里。粉丝不是压力，真爱当然无敌。亚丽没想当黑马，更盼王子骑来白马。看我用一抹“中国蓝”，跑出温柔的定义。

● 陈欢篇：

世界多奇妙，跑了才知道，把地图都玩透，再来场脱口秀，追光打灯 ready to show（准备表演）。陈欢不是型男，只是规则打破后的涅槃。看我用一抹“中国蓝”，颠覆顽固的大脑。

● 温雅篇：

发 ABCD 的音，念唐诗宋词的韵；跑过奥运赛道，PK（对决）过好莱坞巨星；更多光环都是内心的修行。虽然我叫温雅，却不止温文尔雅。看我用一抹“中国蓝”，跑出国际范儿的背影。

经过多个版本的反复沟通与打磨，最终选定了上面这 6 篇文案。这 6 篇，从不同角度表现了 6 位主播的个人背景，但最终，还是回到主题上。它们就像钻石的 6 个切面，各有异彩，又汇聚在一起，构成“中国蓝”的能量。

在男主播“华少篇”的文案结构里，隐藏了很多彩蛋，比如：眼镜框子是他的显著特征，装斯文希望体现他的幽默与自嘲，在舞台上他想做更有内涵的主持人。“歌词”，对应的是他主持成名的一档节目《我爱记歌词》。“思想码成文字”，对应的是华少写书的经历。华少才艺全能，但他一点也不认为自己是“工作狂”，而是凭着“不认输”的性格走到了今天。最后一句话用来点明主题，也是为了让 6 篇文案的结尾组成一个系列。“中国蓝”这个词，又呼应了浙江卫视的频道口号。所以说，这短短的几行字里，蕴含着一个完整的沟通策略。

女主播伊一的文案，内涵同样丰富。舞鞋、跑鞋、高跟鞋分别代表了她人生的几个阶段和不同的经历，她从小就学习舞蹈（舞鞋），喜欢运动（跑鞋），只要一有空就在西湖边上夜跑，现在，她登上了主持人的舞台（高跟鞋）。文案又加上了一个“拖鞋”，因为她对工作的要求极高，在她的字典里没有“妥协”（拖鞋）。最后，依然需要一句话来定义她，“别看伊一人来疯，彪悍人生你才懂，看我用一抹中国蓝，让脚印与汗水重叠”。这里所用的词语“脚印”和“汗水”，其实也是为了跟“奔跑，一步一个脚印，踏实奋斗的精神”产生联想。

好了，到现在，你已经了解了从背景资料到创意，再从创意到文案的整个流程。回顾这一切，是不是发现，其实创意并没有那么神秘，只要遵循合适的方法，它就可以像生产线制造产品一样，一步步地成形。

收集、消化、抛开、捕捉、检验，我经常将这 5 个步骤，比喻成做菜的过程。“收集、消化、抛开”相当于去市场买菜、回家清洗、精心切配，而“捕捉、检验”，就是用心烹饪、不断调

味、试味的过程。

成为金牌文案的途径，跟成为五星级大厨的途径没什么区别。如果你只是把烧菜当成一种爱好，学会做几道拿手菜足矣，而如果你想把它当成职业，并且想做到行业顶尖，就要付出比别人更多的努力。你需要在掌握基本动作之后，进行不断地重复练习，假以时日，才能变得游刃有余。厨艺如此，文案功夫更是如此。

A4纸创意法，让灵感根本停不下来

▼

创意人可以少加班吗？

刚毕业的同学，总会问我这样的问题：很想加入广告行业，但加班太严重，真的让人吃不消，有没有可能少加点班？我一般是这样回答的：加不加班，原因分内外两种，外在的因素，包括公司的文化、老板的风格、团队的工作效率，以及客户的deadline（截稿时间）等；主要还看一个内在的因素，那就是，你自己心里的创意标准，到底在哪里。

创意标准，永远是山外有山，天外有天。你要想做得更好，就需要比别人花更多的时间；你要想做得不一样，就要用别人没有用过的创意手法，也需要投入更多的时间。所以到了最后，创意，不仅仅是脑力活，它更是体力活，一种时间和体力上的比拼，谁坚持得更久，谁的创意就能够更出色。如果你觉得做一条60分的创意，就够了，那么你的确就可以不用加班，晚上可以看电影去了。如果你希望得到90分以上的创意，那一定是有难度和有挑战的，付出时间就是一条必经之路。

道理就是那么简单，就看你选的是什么。只要你对创意有追求，加班就不可避免，不过，加班的时间长度，倒是可以自己调节。当你在广告行业经过了一些年头，也掌握了我介绍的这些方法之后，的确就可以更好地管理时间、提高自己的产出。在同等的工作条件下，一个资深的创意人，一定比新人的工作效率要高，因为他们的产量更多、速度更快、工作的品质更成熟，他还能用余下的时间带领团队的其他同事一起提高效率。只要你做到这几点，当然也就能比别人早下班了。

像白纸一样去思考：A4纸创意法

在这里，我要介绍一个我经常使用的创意方法。它的原型，就是一度风靡全球的“脑地图”。脑地图，又称“思维导图”，英文名 Mind Map，由英国的“记忆之父”东尼·博赞所发明。

大脑的思考，大多数时候就是用图像化的思维来运行的。脑地图正是模仿了我们大脑的神经元，展现出更全面的视角。当你画出一张脑地图时，相当于把你的思维轨迹，给清楚地展现了出来。它有着充分的发散性和添加能力，可以让你的想法根本停不下来。而传统的线性笔记，由于难以修改，较为适合封闭式的逻辑思维，就容易让创造力停滞不前。

比较通用的操作方法，是在电脑或手机 App 中绘制脑地图。但是，我的建议是，必须把想法书写出来，或画在真实的纸张上。虽然现在都是无纸化办公，大家的工作场景也都在电脑上，但我还是奉劝各位读者，有机会多使用下纸和笔，这样能最直接地刺激我们的大脑神经，获得更深刻的启发。我管这个方法叫“A4 纸创意法”。

A4 纸创意法的准备工作：找出一支笔和一张 A4 纸，将白纸平铺在桌上，最好横放，显得幅面比较大。

1. 把你计划要做的某个创意命题，或者想要解决的问题，画在白纸中央。这个问题，就是整个工作的创意原点。例如：如何表现一杯果汁的新鲜？如何突出一次旅行服务的性价比？

2. 你可以围绕这个原点（问题）尽情地畅想，用多根线条延伸出各种词汇或者元素。放松自己的心情，想到什么就写什么，用笔记下来。过程中可以问一些简单的问题，比如它是什么，它在哪里，谁在用它，为什么要用它，它的形状、颜色、功能、结果，它的同义词，它的反义词，跟它有关系的事物，等等。

3. 从原点延伸出来的每一根线条，都可以成为一个创意路径。不管是组词、造句，还是意象的涂鸦，任何形式你都可以尝试，不要阻碍思维的发散，不要轻易停下来，一直到你才思枯竭为止。当你在某一条路径上，感觉就像跑了很长的路，实在跑不动了，那么就先暂停这条路径，换一条再想。慢慢地，当你的 A4 纸上布满了密密麻麻的信息，恭喜你，你已经收获了一张“脑地图”。

4. 对照着这张脑地图，我们再来仔细研究所有线条中出现的节点名词。你可能会发现：哎，这根线上现在有三个词，如果再增加一个，是不是就凑成一套组合了？这根线上有一个词，是不是可以和另外一根线上的某个词连起来？我们可以把 a 加上 b，或者 a 加上 c，也可以把不同路线上任何的两个点、三个点，甚至多个点连接起来，看看有什么更惊喜的发现。当然，你还能够继续延长思维的线条，增加新的节点，直到再次发现新大陆。

另外值得一提的是，在绘制脑地图的时候，可以有两种思考路径，一种是通过具体的词语去发想，类似于组词，我称之为“单词思考法”。这些组成节点的词语，就是后续创意路径的关键词。另一种，就是用视觉方式去发想，通过一种抽象图形或者高度凝练的元素做联想，我称之为“意象拓展法”。你可以根据个人的习惯，选择这两种路径的某一条，或者将两者结合起来使用。

一枚有3万种用途的神奇别针

有位日本研究者叫村上幸雄，他在一次创造力的开发研讨会上，捧了一把曲别针问大家："请各位朋友动一动脑筋，打破思维的定式，看谁能说出这些别针的多种用途。"大家踊跃回答，举出了别照片、夹稿件、钩纽扣、钓鱼等各种答案，短时间内就想到了 20 多种用途，然后他们问村上："您能讲多少种？"村上笑着伸出了 3 个手指头，说：我可以讲出 300 种。大家对此惊叹不已，但没想到，这时我们中国的"思维魔王"许国泰站了出来，他说，我可以讲出 3 000 种，甚至是 30 000 种都没问题。大家就更惊讶了。

那么，他是怎么做到的呢？他所用的方法就是刚才所讲的 A4 纸思考法。先在一张纸画出一幅脑地图，他的原点问题就是"曲别针有多少种用途"。围绕这个原点，我们就能将曲别针的各项要素给罗列出来，如：数量、重量、体积、长度、截面、弹性、线条、色彩，所有能想到的都可以列出来。然后，你再将它们用线来做连接，看看它们能否跟各种人类的实践活动联系起来。经过多次发散，就能发现源源不断的惊喜。比如说，往"数量"的方向去思考，可以把曲别针做成"1234"等数字的形状，或者变成"加减乘除"各种符号，还可以进行四则运算等。这还只是一个"数量"方向，就已经可以产出几百、几千种结果，如果继续往"重量、体积、长度"等更多的方向上去发想，你就可以得到无穷无尽的结果。

无独有偶，有一则平面广告就是借助一枚小小的别针，斩获了戛纳广告节的大奖。我们来看看它是如何做到的。

▶ 案例 5-7　Volvo沃尔沃轿车——从“安全”到“安全别针”

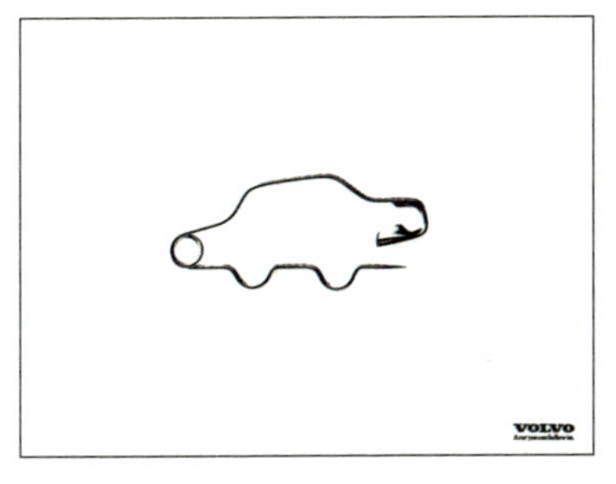

在这个案例里，创意原点就是“如何表现 Volvo 轿车的安全性”，从这个原点开始，你可以想到各种代表安全的元素，比如救生圈、红绿灯、人行道、平安符、安全帽、安全标语，甚至是车里的保险带，等等。在这些元素里面，当然也包括了安全别针，它的特点是可以轻易地弯曲、拗出形象化的“汽车”造型，所以，它就理所当然地成了广告的主视觉。

这则广告的作者，曾经在书中回忆了他的创作经历。当时的确有过很多种备选方案，这些手绘的创意草图中，分别用麻将牌、刀片、手掌等元素来表现安全的特点，但是看下来，的确还是中间的这张最简单。因为它胜在单纯，没有其他的辅助元素，只有这枚汽车轮廓的别针，让人一目了然。

水平思考模式，提升你的思维广度

这里介绍的 A4 纸创意法，其实就是一种水平思考的模式。这种模式，在广告创意中是最常用的。它可以让思维变得无限发散，有了这种联想能力，解决问题的方法就不止一种。

水平思考，就是让你的大脑自由不设限，增加的是思考的广度。另外还有一种跟它恰好相反的“垂直思考”，追求的就是思考的深度，讲究的是顺序，更为严谨，通过不断地深挖，找到问题的本源，从而选出最优、最简的解决方案。

举个例子说，家里的洗衣机坏了，怎么办？如果你考虑的是换种方式去解决问题，比如改成手洗、送去干洗店、过几天再洗，或者索性买一台新的，这种方式就是水平思考。如果你是这样考虑的：洗衣机哪个部位坏了？是什么原因导致坏了？要怎么修？是自己修，还是找人修？找人修的话，应该去哪里修？有没有过保修期？下次怎么防止再坏？那么，这种深入式的思考，就属于垂直思考。

生活中，这两种思考方式，缺一不可。如果只进行水平思考，然后就去做，会冒很大的风险。如果只进行垂直思考，就容易墨守成规，一成不变。

▶ 案例 5-8　阿迪达斯——“太不巧，这就是我”系列

运动时尚品牌阿迪达斯，曾推出一条个性鲜明的视频广告。它的文案创意，就运用了典型的水平思考法。广告中，不同身份、打扮前卫的年轻人，在繁华都市的各种场合中，表达着自己的个性宣言。文案围绕着“太”字展开：太有才、太放肆、太浮夸、太假、太快、太呆、太娘、太完美、太幼稚、太狂热……这些看似负面的世俗评价，从他们的口中说出，转变成对自我的定义。广告的收尾用了一个神转折，以“太不巧，这就是我”来总结，进一步强化了品牌的个性与自信。

水平思考：如何为“国家品牌计划”做标志？

相信不少读者都很熟悉这枚金色月牙。自 2017 年起，在华为、海尔、格力等多个中国品牌的广告中，它曾经无数次出现。作为“国家品牌计划”的代表符号，它和各行业的顶级品牌联手，亮相于城市的交通枢纽、商业地标，以及人们的手机、电脑和各种移动终端。

入选国家品牌计划，代表着中国本土品牌的巅峰荣耀。而有幸参与并赢得这一视觉创意项目的过程，则是我职业生涯中难忘的经历。

创意，是一场艰辛的淘汰赛，如果你参与过广告创作，一定会有这样的体会。任何一个出街的设计方案，背后都会躺着无数个被“毙掉”的方案。logo 设计工作的特点更是如此，每一次提案，没有哪家设计公司会只递交一两个方案出去，而是精心准备了多个方案，才会拿出去与客户沟通。因为专业的创作者，从来不把美感作为唯一的目标，所谓图形的美丑只是表象，其背后的理念才是真正的较量。一家企业或品牌 logo 的更新工作，很多时候是“一把手工程”，取决于企业掌管此事的最高决策人，它将受到决策者的格局、观念与审美等因素的影响。如果甲乙双方在前期沟通还不充分的情况下，就仓促进入设计执行阶段，创作就会变成互相猜测的游戏。

所以，在每次设计前有两步动作是必不可少的：第一，就是与甲方的高层、决策者进行深度沟通与交流；第二，先求量，再求质，用水平思考法发散思维，探索尽可能多的设计路径。

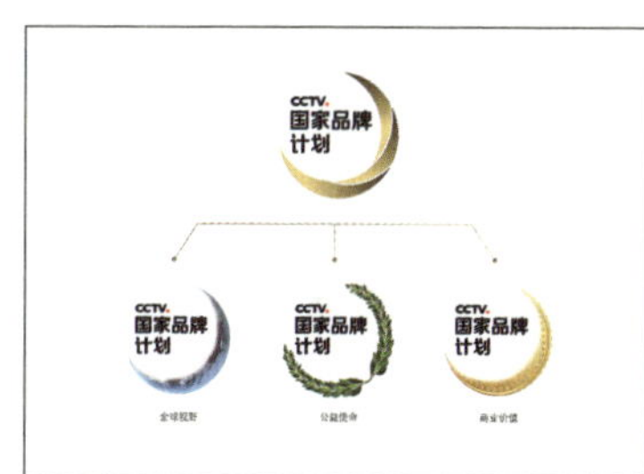

在国家品牌计划 logo 的设计启动之初，为了理解项目精神，我带领团队多次赴京与央视广告中心团队交流。在提炼出本次设计策略的关键词（公信力、全球化、包容性）之后，我们回到上海办公室，继续围绕这三个关键词，展开头脑风暴。下面所列出的，就是当时我们讨论、延展出来的部分词汇。在这个阶段，切记不要对大家提出的任何词语或思路做出批评，而应该在会议记录中全盘保留下来，鼓励各种可能性的产生。

媒体公信力：玉玺、徽章、华表、旗帜、五星、中国红、天安门、人民大会堂、万里长城、天坛、故宫、中国梦、荣誉、奖章、金牌、天平、日晷、时钟、印章、书法、龙图腾、龙的传人、实力、自信、信赖、赢家、珍品、国之重器、品牌背书、领袖气质。

视野全球化：梦想、使命、国门、窗户、地球仪、太阳、月亮、银河系、和平鸽、彩虹、白云、翅膀、飞翔、肤色、笑容、拼图、五大洲、太平洋、民族服饰、万家灯火、一带一路、文化使者、奥运五环、Made in China（中国制造）、中国智造、品牌复兴之旅、扬帆起航、放眼全球、国家地理、双语频道。

平台包容性：央视大楼、央视 logo、CCTV（央视）、红黑标准色、舞台、聚光灯、五行、太极、握手、光合作用、平衡之道、24 家入选企业、品牌培育者、大牌俱乐部、品牌故事会、媒体融合、变革力量、精准扶贫、黄金资源、财富、蓝图、亲和力、增值服务、共谋发展。

然后，我们开始问自己一些问题：

1. 上面罗列的这些词语，有些是现成的视觉元素，有些是抽象的概念，如何进行统一的视觉转化？

2. 在新版 logo 设计中，如何结合央视已有的红黑色彩及视觉体系，与其形成呼应？

3. 已经入选计划的品牌包括哪些？我们需要全面地来看待它们的设计，让新版 logo 既能成为它们的依托，又能达成和谐共生的关系。

4. 新版 logo 和消费者的接触点是哪些？它将来会在哪些场景中出现，如何在其中实现理想化的传播效果？

5. 同类属性的 logo 还有哪些，它们有没有什么共同特征？比如各类国际经济组织与官方机构的标志，G20（20 国）峰会、世贸组织、亚太经合组织、联合国等。

以上问题的答案，汇总起来，就像一个漏斗，会帮你筛选出有潜力的设计方向。越到后面，你越会发现，虽然在第一轮头脑风暴会议中涌现出很多词语，但是真正能够转变成视觉方案，还能具有独创性的，其实并不多。正确的方法，就应该超越第一轮的联想词继续深挖，直到脱离人云亦云。

这里，我们精选一部分当时的提案方向，它们同样也是由水平思考法所带来的创意成果。

方向一：以中国传统的辅首衔环为灵感，象征叩响品牌复兴之门。

方向二：央视大楼的空隙构成数字“1”，寓意媒体平台首屈一指。

方向三：造型简洁的金色月牙，结合金牌品质与全球瞩目的联想。

方向四：玉玺作为至高无上的信物，代表国家品牌计划的权威与信用。

方向五：祥龙环绕，“国字号”品牌，印证独一无二的荣耀。

方向六：将央视名称中的字母“C”转变角度，寓意连接中国与世界的桥梁。

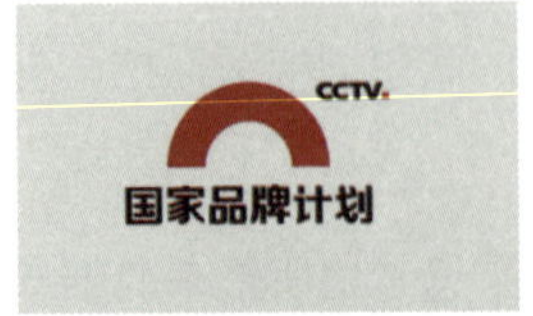

如上所述，最终的结果是“金色月牙”以最高票数一举胜出，该设计还荣获了IAI（亚太乃至国际最具国际影响力的设计大奖之一）国际创享节的金奖。除了这款“金色月牙”之外，还有很多未入选的方案也同样精彩，囿于本书篇幅无法介绍更多。创意工作就是这样，在有限的时间内，赢家只能有一个，所以前期的策划思路越开阔，后面中标的概率就会越高。

在介绍创意方法的同时，我还想和大家分享一个专业之外的真实感悟，那就是：无论文案还是设计师，创新的目标都应该是相通的。没有人规定文案不能思考画面，也没人说设计师不用撰写文案，真正的创意人，不会被那些职业岗位的界限所束缚、所局限，因为他们追求的是创意的完整表达。

如何评价一个创意的质量

▼

创意，就是一种更新鲜的表达方式。它不仅存在于广告与艺术创作中，在生活中，一样有着独特的价值。

如果一个人要向另外一个人表达爱慕之情，如果一上来就是“我爱你”未免显得太过直白，换一个方式，会不会更容易打动对方？是用英文“I love you”，还是用谐音“爱老虎油”？是用“有情饮水饱”，还是用“再见二丁目”？

“我的心是旷野的鸟，在你的眼里找到了天空。”——泰戈尔

“一想到你，我这张丑脸上就泛起微笑。”——王小波

“曾经有一份真诚的爱情放在我的面前，我没有珍惜，……人世间最痛苦的事莫过于此。”——周星驰

“我已经很久没有坐过摩托车了，也很久未试过这么接近一个人了，虽然我知道这条路不是很远。我知道不久我就会下车。可是，这一分钟，我觉得好暖。”—— 王家卫

不管是泰戈尔的诗句，还是王家卫电影的独白，这些文学和艺术作品，一直在为我们做出表率。在这些大师的句子里，从头到尾都没有提一个“爱”字，但却像网易云的评论所说的：就算捂住嘴巴，爱，也会从眼睛里跑出来。

所以说，创意是永远没有尽头的，只要你敢想，总有更新鲜的表达方式在不远处等着你。那么，在这些不同的表达方式之中，总会存在着一些高水平的，也会存在着一些普通水平的。什么样的才能算作高水平的创意？如何避免产生平庸的创意？这里，我们就来学习一下创意的评判法则。

H-I-G-G-S：走得越远，惊喜越多

创意的能力不仅体现在质量上，也体现在数量上。面对同一个题目，普通人可能想到五六个解决方案，已经觉得非常艰难；但是，卓越的创意人，就算想了五六十个，还是觉得有很大的潜力没有发挥。这是个从量变到质变的过程，它需要你刻意练习才能掌握。比方说，前面你已经学习了许多广告口号的策划技巧，也看到了思考的多种路径，觉得不错，但如果你只是在书中浏览一遍，并没有投入时间去练习，也没有及时将它们用在实际的工作中，那么，这些方法很快就会被你的大脑所遗忘，也就无法成为你真正拥有的技能，得不到实质的进步。

很多年前，哈佛大学的理查德博士提出过一个迷宫理论，他

认为创意的产出，就像在迷宫里闯荡。当一个创意人员接到工作任务之后，他就要在一定的时间里产出创意。而在这段寻求创意的过程中，他是孤独的、不知所措的，充满了迷失感，就像困在迷宫之中。

创意的迷宫只有 1 个入口，却有 5 个出口，分别是：

1 号出口：一般的（ho-hum），比较平淡，让人听完就想打哈欠。

2 号出口：有趣的（interesting），能吸引人们的眼球。

3 号出口：不错的（good），能将创意与品牌形成好的联想。

4 号出口：杰出的（great），成为行业的标杆。

5 号出口：惊世之作（spectacular），突破常规，令世人赞叹。

在这个迷宫里，大多数的生意和客户，都在 1 号出口向你招手，如果你想早点收工交差，那么你从 1 号出口出去没有问题；但如果你想成为一个顶级创意人，就应该抵制住前几个出口的诱惑，让自己走得更深入。

5 号出口的创意，通常具有这 3 个标准：1. 品牌。不管创意再天马行空，品牌始终是圆心，如果你做的和品牌没什么关系，再独特的创意，也是废品。2. 单纯。每次你想要传达的广告信息必须聚焦在一个点上，要很容易被人理解。这样，你的创意才会非常有杀伤力和穿透力。3. 意外。形式一定要新，要出乎意料，如果是别人都知道、司空见惯的点子，就无法吸引眼球。

看不懂的Wonderbra，岂止于大

这一节，我们来介绍一个不走寻常路的国际内衣品牌——Wonderbra（神奇胸罩）。跟我们平常所看到的那种主打美女秀的传统内衣品牌很不一样，它的广告中，极少出现产品本身，几乎都是从男性视角来反向呈现，而且创意角度之刁钻，每次都出人意料又让人不得不服。虽然这些大胆的创意，让它的广告引发过不少争议，但不可否认，它突破性的思维方式，可以帮助我们更好地理解创意的不同标准。

按照5个出口的理论，首先我们来到1号出口，看看大多数的内衣广告是怎么做的。通常，广告中会找一位身材火辣、金发碧眼的国际模特，穿上不同款式与质地的内衣，再配上动人的表

情、诱惑的眼神，就算完成了。根本不用花太多的力气，只要把画面拍得美美的就够了。但这样的创意显然就太普通了，我们不能指望别人看完还能记住它。

再来看 2 号出口的创意，它没有采用模特或产品，而是借助了一个形象化的比喻：两只剥了一半的橙子。不言而喻，橙子外表紧裹着的果皮，指代的正是与身体曲线“天然贴合”的胸罩，这比直白的展示更进了一层，有了些许新意。

接下来，是 3 号出口的创意。这次的画面中连对产品的比喻都没有了。取而代之的，是平常的生活场景：公园、超市和草地。3 个小孩子，居然不约而同地捂住了老爸的眼睛，难道，前方出现了什么不该看的？这时，画面右上角、黄底黑字的商标，低调地提醒着读者——这是 Wonderbra 的内衣广告。于是，我们继续想象：一位美丽的女子可能正从前方走过，是 Wonderbra 让她的身材看上去“挺”好，以至于可能会严重干扰老爸的专心状态，所以连孩子都要出手“干预”了。广告采用“拐弯”的手法来呈现结果，让读者借助想象完成了对产品特点的认知。

再来看 4 号出口的创意。一辆摩托车正在马路上飞驰，但令人费解的是，后面的女乘客居然是反过来坐的，而且完全看不到这两人的上半身。这又是为什么呢？如果你看到右下角的黄色标志，就会大概猜到最后的谜底：Wonderbra 会让身材显得丰满，所以，女乘客在乘摩托的时候，为了避免不必要的尴尬，不得不选择背对着驾驶者。这样的创意，在 Wonderbra 的案例中，已经属于非常含蓄了，也就只有像它这样知名的成熟品牌才敢这样玩。如果你刚开始做一个新品牌，大家都不太认识它，连它代表什么产品都不知道，就不能采用这种方式。

最后，我们再来看看 5 号出口的创意，选用了怎样的切入点。这套广告，第一眼的确很难看得懂，而且会让人觉得诧异：怎么画面的调性那么沉闷，竟然有点像是审讯室？然后，我们再仔细看，会发现这几个男人有个共同的特征：他们的手掌特别大，而且眼神似乎有些奇怪，眼睛所注视的方向和身体的状态似乎是相抵触的，身体很镇定，但是眼神和手的动作却早已“出卖”了他们，似乎被某一种神秘力量所牵引着。广告想告诉我们什么呢？带着疑惑，不妨再次思考右上角 Wonderbra 所蕴含的寓意，如果你对它过去的品牌历史有些了解的话，就可以回想到，它的广告其实每次都在说“大”，这次也不例外。它把男人内心中更隐秘的想法和欲望，用夸张的想象“释放”了出来，又含蓄地表达了一贯的广告诉求。

这样的案例，对真实的人性做了非常深刻的洞察，但又紧紧围绕着品牌，用从未有过的方式表达出来，就可以看成是5号出口的创意。

谁不曾是丑小鸭？

在刚才的案例中，我们已经看到，只有思考角度不受限制，创意的水准才可能持续升级。而在这个过程中，有很多经验无法一蹴而就，需要在长期的实战中逐渐体悟。

从丑小鸭到天鹅，是另一个对创意水准的评价方法。我曾经受此启发，并一直以此为目标去衡量手头的工作。这是谭启明先生（奥美全球创意总监）提出来的，他打了一个很形象的比方：刚想出来的点子，往往样子很不起眼，就像一只丑小鸭，只有对它进行坚持不懈的培育，才能化身为美丽的白天鹅。

我是在从业好多年之后才看到这个观点，当时就有一种突然开窍的感觉。难得有一本国际公司高层的著作，能用如此朴素的语言，把创意的道理讲得如此透彻。如果早几年看到，我可能会少走很多弯路。因此，这些年来，我一直不遗余力地向学习广告的朋友们推荐这本简明又有益的好书。丑小鸭的观点，也同样佐证了我的从业感受：好创意不可能信手拈来，而是需要坚持苦练，才能在某一天拨云见日。作为一个专业人士，不能仅仅满足于丑小鸭式的表现力，只有摆脱旧概念的诱惑，下一个 super idea（超级创意）才有可能诞生。

在《丑小鸭：奥美的创意观点》（中信出版社，2009）这本书中，收录了大量精彩的案例，但它跟其他同类的广告著作又有很大区别，或者说这本书最大的价值，就在于它将创意作品的初

级状态和高级状态，分别呈现了出来，让我们对两种创意水准的差异一目了然。这里，我在该书推荐的作品中选取了几例，从我的角度，再为大家深入解读一下。每一组案例中，左边，是创意的雏形，也就是长相平平的丑小鸭；而右边，就是经过优化，可以称为白天鹅级的创意。

▶ 案例 5-9 固齿牙膏

在牙膏广告中，如何表现牙齿的坚固和强悍？左边的这张图，一位青年男子面目狰狞，张开大嘴，露出两排闪光的利齿。这个创意将人比喻成猛兽，是一个轻易就能想到的、比较普通的创意。而右边，构图极其简单，只有一个开瓶器，却给人强烈的视觉震撼：因为这个开瓶器的锯齿，居然被人的牙齿所替代了！它的言下之意就是，用了这支固齿牙膏，你的牙齿，也能像开瓶器一样无往不利，生冷不忌，吃什么东西都不在话下。这就是一个情理之中、意料之外的白天鹅级创意。

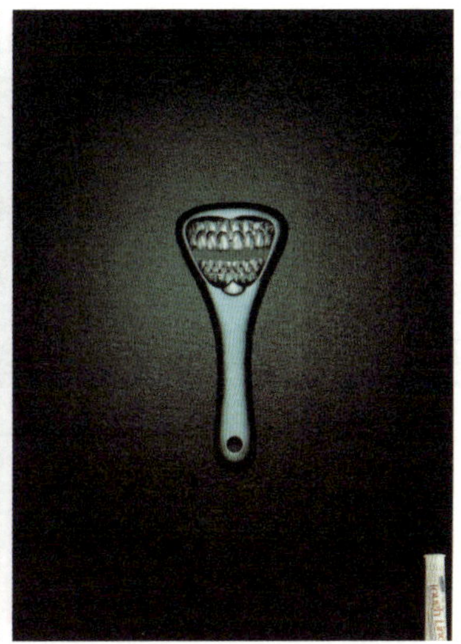

▶ 案例 5-10 健力士啤酒

这一组是健力士（Guinness）黑啤的广告，左边这一张，从赛场的大屏幕上，我们可以看到某一位选手创造了标枪的世界纪录，因为他喝了健力士。但是这个创意手法太符合逻辑，不会让人感到意外。右边这张图的效果就不一样了：仍然是在赛场上，可裁判居然被标枪射中倒在了地上，这是怎么回事呢？根据图示分析，裁判离标枪的最佳成绩区还很远，本来不可能被射到，如果真的中招了，那一定是选手喝了啤酒超常发挥，才导致这不可思议的一幕。显然，第二个创意更具有冲击力，毕竟人命关天。这也体现了健力士黑啤不循常理的品牌个性。

▶ 案例 5-11 反对虐待儿童海报

下面是呼吁停止家庭暴力、保护儿童的公益广告。两者间的区别，仅仅是文案位置的不同。左边这一张，文案在画面最下方，很容易被人忽视。而右边这一张，直接将文案挪到孩子眼睛下方，构成了“乌青”的形状。这个小小的改动，却有一举两得的大效果，既能让大家注意到孩子被虐待后的惨状，又能吸引人去细读里面的文案，称得上是白天鹅级的创意。

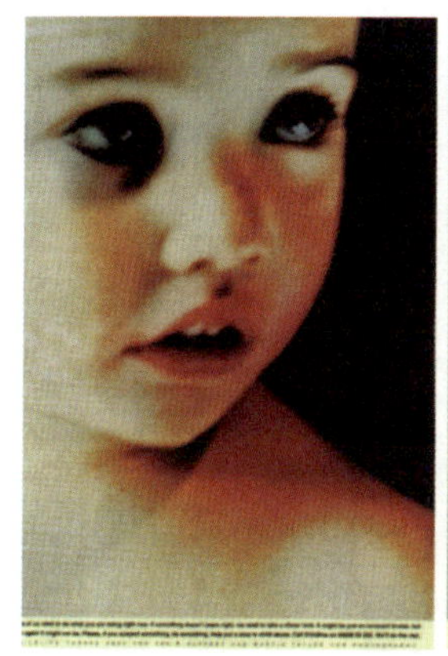
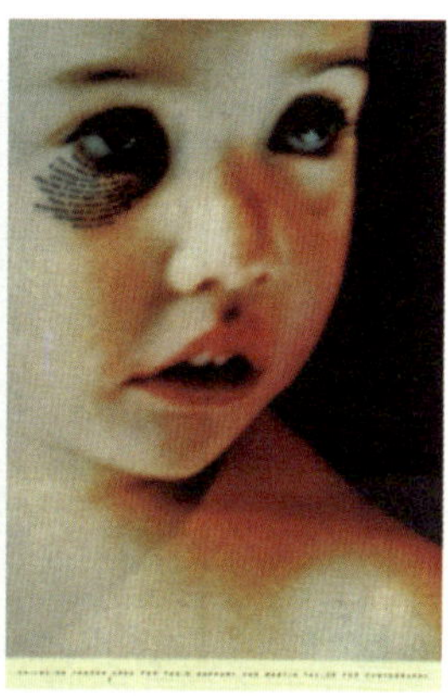

▶ **案例 5-12**　纯净水海报

再来看一组纯净水的海报。为了突出水质的纯净，左边这张通过几乎透明的瓶子来呈现，但还保留了隐约可见的半个瓶身。而右边这张，索性把整个瓶身都去掉了，让它和背景完全融为一体，只留下实在无法透视的瓶盖和瓶身上的包装纸，反衬出这水质是有多么纯净！这两张图的创意水准，也就高下立现了。

▶ 案例 5-13 涂改笔

接下来看一组涂改笔的广告，左边这一张，拍摄了一个空空如也的纸篓，用文案告诉你：有了涂改笔以后，你就再也不用扔废纸了。右边这一张显然更聪明，它干脆就把文案加在了涂改笔上面（就像涂改笔本身就有的商标文字），就连广告标题的位置也省掉了。它的好处是，可以让画面所构成的悬念感更强，更能引发读者的好奇心去深究画面下方的产品信息。我们在之前的内容里讲过，最好的文案就是没有文案，而这则广告就运用了这个方法。

细心的读者们可能已经发现，这里所讲的白天鹅级创意，等同于理查德博士所说的 4 号、5 号出口的创意，两者的共性就是它们的创作难度都非常高。但也正因为这样，我们的创意工作才能遇到更多的惊喜与乐趣。我反复强调这些，就是希望大家不要满足于自己的灵光一现，因为我们能想到的前几个创意，别人早就想到了。只有勤于思考、永不知足，才有机会发现最美的景色。

好创意，应该只用一句话就能说清

前面我们已经讲了很多广告的创意方法，基本上都是围绕着如何创作一张或一条广告来展开的。而在实际的工作中，同一轮传播战役所需要的广告往往不止一张，更可能需要多张、多组的广告表现，才能满足持续的营销需求。对于这种情况，我们应该如何举一反三，创作出一套主题统一、情节连贯的系列广告呢?

对于职业广告人而言，想出一个点子并不难，但是，如果要同时想出好几个不同形式的点子，而且它们要紧紧地围绕同一个中心，传递出统一的内涵，还不能跑偏了，这就需要相当多的经验了。这是通过学习才能获得的技能，首要的任务就是核心创意（core idea）的表达。只有掌握了核心创意的描述方法，才能够用它去统筹你所发想的、所有的文案与画面，从而推导出有延展性的系列广告。这是一个商业创意人所必备的核心能力之一。

一堂来自奥美的必修课

我刚入行做广告的时候，和很多同学一样，完全凭的是一腔热血和胡思乱想的劲头，没有任何方法和窍门。当时的网络也不像今天这般，有那么多经验干货可以学习，所以基本上都是在瞎摸索。直到我在奥美参加了一次重要的培训，才一定程度上改变了我对于广告表面化的认知。

我至今还记得，那次培训主题讲的正是核心创意。当时我听得似懂非懂，心里还有点犯嘀咕：做创意明明是件很开心、很随性的事情，偏要搞得那么程式化、那么教条干什么？这就是一个新兵的真实想法，做创意就是图开心。但是，随着工作经历和年龄的增长，我也成了一个广告老兵，就越来越能理解，能否厘清核心创意概念，对于后续的创作，是多么有必要。

那场培训的主讲人，正是当时奥美中国区的创意领袖，香港的邓志祥先生。这个名字有着大神般的光环，在那个年代的广告界，众多以文案闻名的创意总监，比如：日薪三万的劳双恩、汽车文案女王林桂枝、以 Sunday（星期日）电信广告横扫各大奖项的曾锦程，都曾经是他的手下。记得当时他刚来北京奥美办公室赴任，同事们送了他一台水果榨汁机，说“让我们一起搅和搅和”。有一次工作交流，足见他对于细节的严苛，当时正在为摩托罗拉手机策划商业电视广告，我所在的小组递交了一份相对完善的创意脚本请他审核，他居然又从台词中挑出了两个多余的字，直接用笔划掉，我有点不甘心，问为什么，他用港味普通话喃喃地说，这样，念的时候，不就又可以节省半秒钟吗？

没有核心创意，谈不上系列广告

在讲核心创意之前，我们要先来了解系列广告的定义，它指的是在同一次广告传播中，基于同一个主题来进行创作、集中发布同类媒体中的一组广告，通常是 3 篇或者更多。它们的特点是风格统一，图像上大体一致，内容上相互联系。在系列广告中出现的文字，我们称为系列广告文案。

核心创意的功能，就是统领系列广告。核心创意，其实就是一种描述，它说明我们想采取什么样的方法，把产品对于生活的利益告诉消费者。而且它应该非常独特和新颖，让人们能够用一种全新的、有启发性的视角来观察事物，从而获得更好的感觉，并产生行动欲望。

一般来说，在创意的具体表现出来之前，就要先确定好核心创意，这样的话，不论是内部讨论，还是和客户开会，就能有一个讨论的基础。核心创意一旦确定，就等于为后面的系列广告确立了一个坐标。每一张广告的标题、正文的句式、语调和篇幅，还有画面的元素与构图，都能够形成相对的一致性。同时，它们又需要做一些变化，让整个文案的阅读过程显得不那么刻板，比如标题内容的变化、正文中关键词句的变化，以及阐释角度的变化等。

在之前的内容里，我们学过 4W 法则。在广告策略的前期，研究的是“说什么”，如果是一款牙膏广告，那么就要确定它的主诉求到底是抗过敏还是防蛀牙。而到了创意环节，就要面临解决“怎么说”的问题，还是以牙膏为例，为了把信息传递给消费者，就要寻找能让他们信赖的最佳方式：是用消费者的生活场景来做演绎，还是找专业的医学人士做证言？

在“怎么说”这个内容里，又可以分为两个层级：概念和点子。注意，这两者是不一样的。概念，就是我们所说的核心创意，它是关于广告信息传达的一种基本的想法。而点子，就是在核心创意的基础上，你所使用的具体执行手段。

下面这张图，将帮助你分清这几个不同的概念，它也是核心创意的思考路径。首先，你要明确这个广告创意的主诉求是什么，然后再用一句话定义核心创意，最后，再延展成具体的创意点子（可以是 3 个或者更多，根据所需要的广告数量而定）。

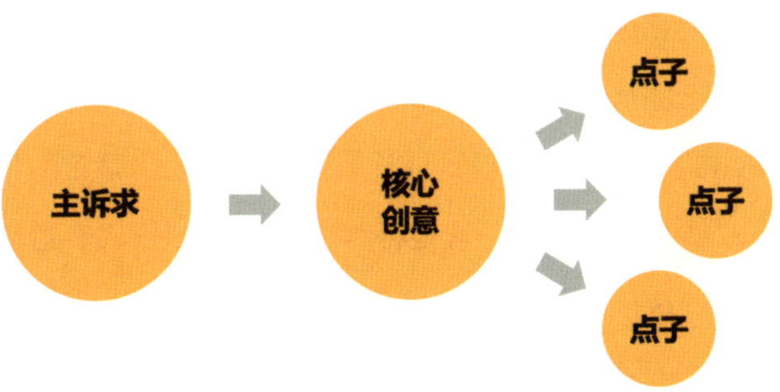

创作一套系列广告，最关键的地方不是追求作品之间的“形似”，而是要把思考的焦点集中到这套广告的核心创意上。它到底是什么，应该如何表达？你可以采用类似的结构来写：这个广告通过什么形式，让读者得到怎样的认知。

我曾经多次提过，好的创意，应该用一句话就可以概括。有了这句话，你才可以更加精练、准确地拓展想法，同时评判所选择的系列元素是不是切题。如果无法找到这样的一句话，说明你的创意概念还无法起到统领的功能，还需要继续优化。

接下来，我们来解读几个案例，来看看核心创意的价值所在。

▶ 案例 5-14 捷豹汽车

这是一组捷豹汽车的平面广告。它将宝马、奔驰、奥迪的 logo 分别用酸奶、比萨和面包圈来比喻，意指它们都是小菜一碟，表现出对竞品的藐视。在这套广告里，它的“主诉求”就是突出自己完胜对手的优异产品性能，“核心创意”就是将对手的 logo 进行戏剧化的设计，让对手显得很弱、很菜，从而标榜自己；创意的“点子”就是将对手的 logo 制作成一道道可口的小点心。这样分析的话，是不是感觉三个层级都很清楚了？在核心创意的这把大伞下，只要遵循同一种逻辑：有多少种车标，就能做出多少张画面，接下来，相信你能想到的创意，何止三张。

▶ **案例 5-15**　“浙江新闻”App

这个案例，是我为《浙江日报》旗下的“浙江新闻”App 所做的系列创意。在前期调研中我们发现，作为首屈一指的省级新闻客户端，浙江新闻的用户基数很高，但是人群范围相对较窄，集中在机关、事业单位，用户年龄普遍偏大；品牌的辨识度很弱，过于正统的形象，也导致了很多年轻用户的流失。

如何用新的创意方式，来传达浙江新闻所带来的价值感？第一步，我们提炼出广告的“主诉求”——让世界了解今天的浙江，并转化成口号“浙就是我”。第二步，思考画面的“核心创意”——集合不同的视觉元素，让它们成为传播口号中的首字拼音。第三步，再到具体的“点子”——对应三大关键词“颜值、价值、根植”，用矢量图形设计出三个方向的主题元素（地标景观、生活标志、地图形状），同时将它们拼贴出“浙江”首字拼音“ZHE”。这样，既表现了 App“新闻 + 服务”的综合功能，也让“浙就是我”的主题口号更加醒目。

创意 1：用浙江各地的地标性建筑和景观元素，来拼成“ZHE”的颜值。文案：看遍万千山水，比不上“浙”里更美——浙就是我。

创意 2：用教育、医疗、交通、养老等象征便捷服务的图标，组成“ZHE”的价值。文案：生活大事小事，掌握“浙”里好办事——浙就是我。

创意 3：用浙江 11 座城市的地图形状，来表现“ZHE”根植省内、发掘新闻的地方优势。文案：处处用心丈量，深知“浙”里不寻常——浙就是我。

▶ 案例 5-16 台湾全联超市

这套广告要推广的，是台湾的一家平价超市。全联超市的货品齐全、价廉物美，在这里购物很省钱。但是，“省钱”这个词在人们心中，却常常不是那么正面，经常会被跟“抠门、小气”之类的形容词挂钩。于是，这套广告用了一个“转换概念”的技巧，它把“省钱”提升到“经济美学”的高度，广告的“主诉求”也就变成了：来全联超市，省下来的钱，是为了实现更重要的人生目标。

这套广告的“核心创意”，应该这样描述：在城市中奋斗、打拼的普通年轻人，自信满满地告诉你——省钱，是一种新的生活美学。

随后，我们再将这个核心创意延展成具体的“点子”，让不同身份、职业、性别的年轻人，手里都拎着一只全联的购物袋，从不同的立场来阐述他们的省钱宣言。于是就有了下面的这一系列文案：

- 长得漂亮是本钱，把钱花得漂亮才是本事。
- 为了下一代，我们决定拿起这一袋。
- 知道一生要去 20 个地方之后，我决定先去全联。
- 距离不是问题，省钱才是重点。
- 来全联不会让你变得更时尚，但省下来的钱可以让你把自己变时尚。

- 花很多钱，我不会，但我真的很会花钱。
- 在明天会更好之前，先把今天过好。
- 美，是让人愉悦的东西，比方说全联的价格。

▶ 案例 5-17　Followfish比萨

这是一套很有科技感的食品广告。和普通比萨不同的是，Followfish（德国速食比萨品牌）能将食材的信息完全公开、透明，让消费者感到放心。因为，在所有 Followfish 比萨的外包装上，都有一个独一无二的产品跟踪代码，消费者可以用它来追踪到每一种食材的来源。

这组广告的“主诉求”就是“选择 Followfish，就是选择安心”。它的“核心创意”就是通过将“比萨中所用的食材，变形为谷歌地图中广为人知的水滴状定位标识，来突显食材的原产地”。具体到系列画面中的“点子”，就是选取比萨中常用的食材（海鲜、水果和蔬菜等），进行创意化处理，例如将三文鱼、西红柿、火龙果变成水滴造型，从而强调它的每种食材，都可以放心地追根溯源。

商业创意不是天马行空，它必须有迹可循，就像上面案例中的这些蔬菜鲜果一样，创意的源头也是可追溯的。创意中不可或缺的两个部分，一个是想法，另一个是方法。想法，就是我们所说的核心创意，越单纯就越强大；而方法，是为了实现核心创意，而产出的各种各样的点子，你的思维越发散，表现就越多元。

穿越功

探寻广告的守恒原力

今天的热点，昨天的经典

佛系青年、冰桶挑战、C 位出道、啥是佩奇……这些大家是不是很熟悉？几乎每天，媒体上都会有各种新的爆点产生，热搜的榜单上更是一波未平，一波又起。刷屏事件为品牌方带来了巨大的流量，也让其对广告公司有了更高的期待：给我也做一个“杜蕾斯鞋套”那样的爆款；给我也来个“逃离北上广”……

按理说，广告公司应该感到轻松才对。客户都说了他想要什么样的，那还不简单，照着来不就行了吗？但是，现实并非如此，你照着做了，同样的题材基本不可能火两次；如果你不照着做，非要走出一条自己的路，还是有可能火不起来。因为，互联网对产品、创意和执行的要求都极其苛刻，少了一个环节都无济于事，会不会刷屏，还是一个未知数。

于是，大家就更困惑了，对于创意的把握更是让人无所适从：热点，到底该不该追？什么时候追，怎么追？如果别人都在追，咱们还追吗？天天追热点，什么时候是个头？

依我看，眼前的热点，就算追到了，也可能是别人早就已经玩过的，还不如将目光投向半个世纪以前，看看在那个没有手机、没有 Wi-Fi（短距离高速无线传输技术）的年代，广告都是怎么做的。我们会发现，今天的很多创意技巧，跟当年的广告异曲同工，而且他们的工具更简单：一张白纸，加上文案和美术。

研究创意，我还是喜欢往根源上去看，去探求那些最本质的规律。对一则广告的喜好，可能每个人不尽相同，但是专业品质的确还是存在着高下之分的。20 世纪五六十年代，纽约麦迪逊大街上的众多广告公司所创造的经典作品，不仅贴合当时的市场，更为后来者提供了学习广告的绝佳样板。大众甲壳虫汽车的一系列广告，就堪称教科书级别的创意，它用独特的定位、言简意赅的文案，一针见血地戳中了消费者的痛点，也为甲壳虫带来了巨大的成功。今天，如果将它当年的那些稿子重新翻出来，你会发现依然那么耐看，每个细节都经得起推敲。跟现在的那些时髦、炫酷的广告相比，这些黑白的美术风格可能会显得单调，但

是那种简洁、隽永的力量，是如今这些快速制造出来的刷屏海报所不能比拟的。

经典之所以能够成为经典，必然有它们的独到之处。接下来，我们就做一个新旧的对比，为大家剖析 5 则以往的案例，看看它们分别对今天的品牌产生过哪些影响；新旧之间的传承性和突破性，又分别在什么地方。

五大创意样板，总能制造新鲜

▼

大字报，没有图片照样让你买单

大字报这种形式，说白了，就是纯文案广告的“大号版”。通常采用黑白或单色背景，画面中央只放一句大标题，文字的字号比平时常用的要大得多，占到整个版面 60% 以上的面积，相当醒目。很多品牌都曾经用过这种形式，表现出一种“就是没图片，光凭文字，也能让你买单”的自信。

▶ **案例 6-1** 《经济学人》

创刊 170 余年的《经济学人》，是世界上历史最悠久的杂志之一，也堪称全球最具影响力的政商类杂志。《经济学人》的广告，开创了一种独特的“大字报”风格。形式超简单，就是那种最基本的红底白字。

为什么要用红底白字的形式呢？首先，红底白字足够抢眼，具有非常高的辨识度，又跟该杂志红色 logo 保持一致。其次，这种明快、热情的风格，跟杂志目标人群的定位有关。它的目标订阅者，包括了政商学界的决策者、企业家、各界精英人士等，他们每天都很忙碌，只有将广告的色彩组合做得简洁而强烈，才能让他们在商旅奔波中，最快速地接收到信息。

虽然它的每一篇广告所讲的内容都不相同，但它们强调的主题是一样的：订阅《经济学人》，改变你的人生，如果不读它，你就只能继续做 loser（失败者）。

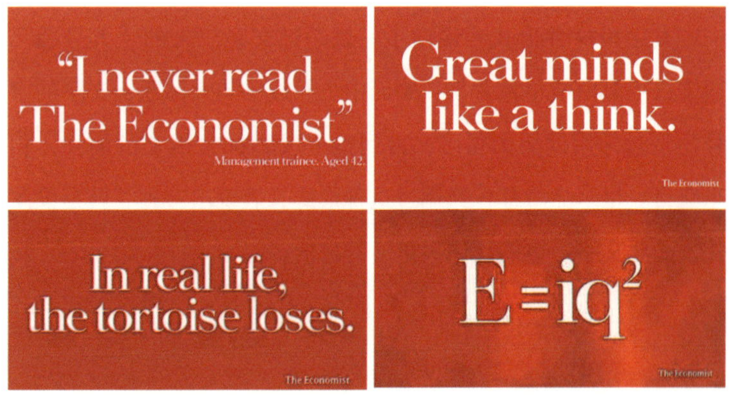

作品中的文案（从左至右）：

① 我从来不读《经济学人》。—— 42 岁的实习生

② 伟大的头脑爱思考。

③ 在现实生活中，乌龟才是输的那个。

④ 强大 = 聪明²。

▶ 案例 6-2　锤子手机

国内的不少品牌采用过这种大字报风格，成效显著。比如，锤子手机的新品发布会海报，就多次尝试红底白字的设计，一眼

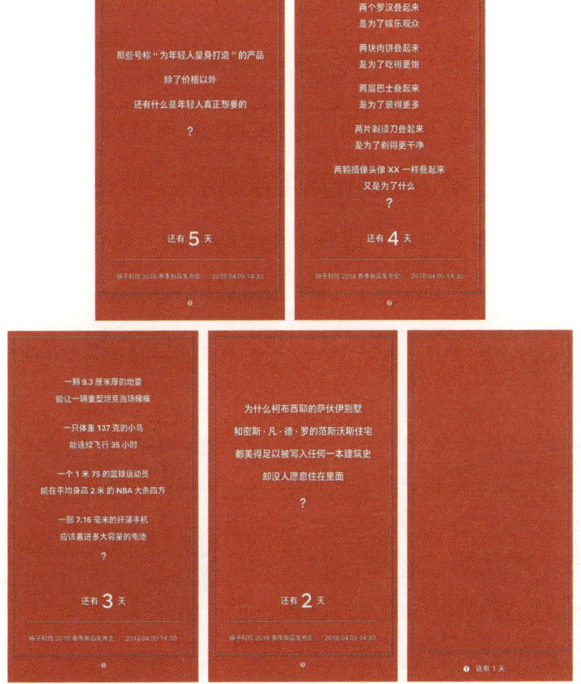

望去很有整体感，形成了极强的辨识度和记忆度。就连它的文案所体现出来的那种自负、爱卖弄学问的语气，是不是也有点向《经济学人》致敬的感觉？值得一提的，还有它的发布形式。在倒计时最后一天的海报中，索性将主题文案全部去掉，只用一整片红色和画面底部的一句小提示“还剩 1 天”，这个设计技巧，就像一个很爱说话的人突然闭嘴不语，貌似有“大事发生”，将用户的期待值拉到了最高点。

▶ 案例 6-3 网易云音乐

网易的很多广告，也喜欢用这种“大字报”。网易云音乐 App，曾经策划过一个活动，将网友在各种歌曲下面的“走心”评论精选出来，放大，设计成几百张海报，并署上了网友的名字，贴满了杭州的地铁，造成了不小的轰动。这些海报设计，用的就是红底白字的形式，一方面凸显歌词本身，另一方面也跟网易品牌的红色视觉保持了一致。我们还看到包括网易新闻、网易

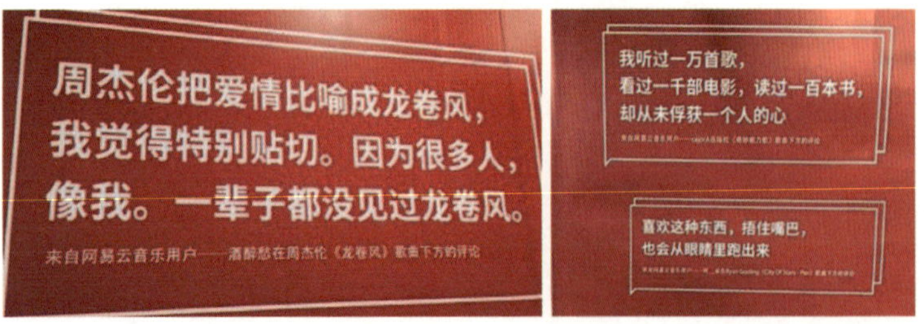

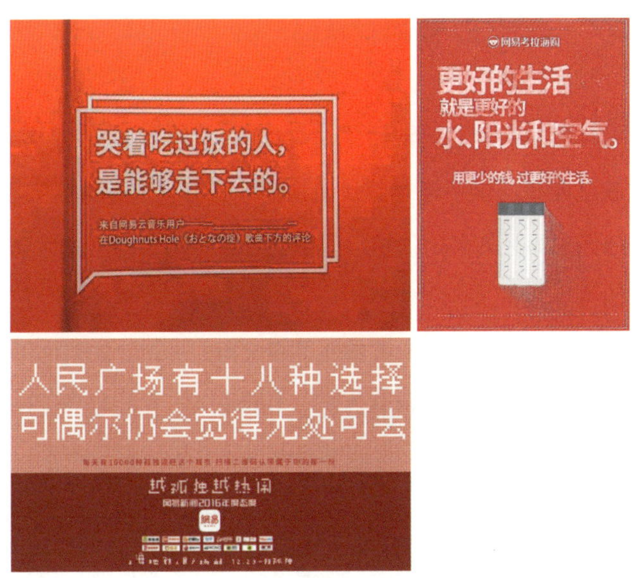

考拉海购在内的多个广告，都采用了这种经典的红白组合。

用好这把视觉锤，把品牌敲进心里去

视觉锤的方法，就是在广告中有意识地制造一个“让你的品牌一眼就被认出”的视觉重心。它跟广告口号的作用很像，只不过它是用“视觉”帮助我们把品牌形象植入消费者的内心。视觉锤的元素，可以来自品牌 logo，也可以是产品的外形、包装或其他特征等。它需要多次出现，才能形成重复记忆。如果某种元素只在广告中出现一次，就不能称其为视觉锤。

▶ 案例 6-4 绝对伏特加

来自瑞典的绝对伏特加，在 1979 年才亮相市场，比各种 16 世纪就已诞生的俄罗斯老牌伏特加要晚得多。但是它后来居上，如今已经成为最知名的伏特加品牌之一，它的瓶身已成为全球最经典的符号之一。

绝对伏特加的广告，就贯彻了视觉锤的理念：如果你不是品类中的第一，那么就要做消费者心中的唯一。它的瓶身设计，让人很难联想到酒水品类。在刚登陆美国市场的时候，由于这款酒瓶太像药水瓶，而被很多广告公司拒之门外，但是 TBWA 广告公司却看好这个奇特的瓶型，并通过连贯的创意传播，让它成为长期的广告之星。

30 多年来，它所有的平面广告，加起来估计都已经有上千张了。它们的创意画面都是在固定的位置、用固定的方式去展现它的酒瓶。它善于结合各种主题，如城市、节日、名人、电影等，甚至与设计师、艺术家跨界合作。它们的标题文案更是步调一致，始终都以“绝对”两字开头，如：绝对吸引、绝对完美、绝对纽约、绝对东京等。这种以不变应万变的方式，既传达了丰富的内容，又加强了市场的认知。

绝对伏特加的广告，被美国《广告时代》誉为“20 世纪最好的 100 个广告”之一。

▶ 案例 6-5　天猫

视觉锤的方法，现在被很多品牌所采用，包括知名的天猫。每年的“双 11”前夕，天猫的预热广告，总是离不开这个“猫头”

的形状，给人留下深刻的印象。即使在联合促销中，需要加入其他品牌一起造势，广告也总是能兼顾不同的特性。依云矿泉水、乐事薯片、李维斯牛仔裤……精心的设计，让不同产品的元素，内置于这只“猫头”轮廓中，显得毫无违和感。“猫头”就像是一个万能的容器，无时无刻不在提醒并强化着电商平台的属性。

▶ 案例 6-6　抖音

就连新兴的短视频分享平台，也深谙视觉锤的价值。抖音联合了数十个品牌一起发布“抖音，记录美好生活”的主题，在一系列海报中，我们看到有一个视觉元素是始终不变的，那就是音符形状的抖音 logo。广告的创意，就是在这个固有的 logo 基础上，根据衣食住行等不同品牌的内涵和特色再做发挥。这样，尽管画面一再变化，但在每一张海报中最先映入眼帘的，肯定还是它的这个音符，抖音也借此增强了自己的“品牌辨识度”。

流行符号，创造不一样的记忆点

刚才说的视觉锤，它的创意原型，往往来源于品牌的logo或产品的外形特征。此外，还有另一种方法，那就是为品牌凭空创造一个“记忆点”。我们可以通过发掘全新的，甚至是毫无关联的元素，将它与品牌之间建立起一种强关联。还可以设计出某种参与机制，让原本的商业活动变得更具公益性和社会影响力，明星和普通人都可以成为品牌的宣传大使，一起制造流行。

▶ 案例 6-7　Got milk?

当我们喝完牛奶的时候，嘴唇上方常常会残留一抹白色的牛奶印，像不像可爱的胡子？美国的健康牛奶推广组织Body By Milk，就利用它创造了一个全新的符号，并发起了一个面向大众的公益活动“Got milk？”（喝牛奶了吗？）。它通过邀请多位娱乐界、体育界富有影响力的明星来拍摄广告，向大众宣传喝牛奶的好处。这些明星中，包括了我们所熟知的贝克汉姆、成龙、姚明、周润发、章子怡等，甚至还加上了像超人、金刚狼这样的虚构形象。

如此强大的“代言人”阵营，让喝牛奶这么一件可能会让人厌烦的事情，重新拥有了新鲜度和时尚感。而不管海报上的明星是谁，其嘴唇上方总是有一抹“牛奶胡子”，这么多年一直没有

更改。这个“牛奶胡子”，就是我们所说的“流行符号”，在长时间的传播中，它可以保持一致的记忆点，确保受众的关注点始终在牛奶上，不会产生偏移。

▶ 案例 6-8 “今天不说话”（壹基金）

不知道是不是受到“牛奶胡子”的启发，国内的公益活动“今天不说话”，同样也沿用了打造流行符号的传播模式，获得了很大的影响力。只不过它的流行符号换成了蓝色口罩。

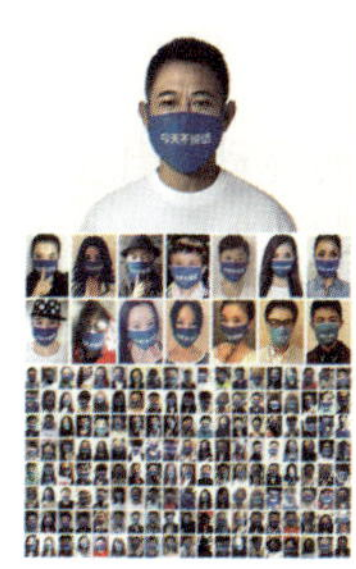

这场由壹基金发起的公益活动，目的是呼吁公众关注自闭症儿童，并为他们募捐。活动的方式很简单，参与者只要戴上一款印有“今天不说话”字样的蓝色口罩，然后在微博上发一张自拍，就算完成任务。活动一开始，先由李连杰、张靓颖等明星艺人来做示范，然后，100 多万名网友以及街头参与者相继通过上传佩戴口罩的自拍，来进行爱心接力。

这样的事件策划，它的参与门槛、传播成本都很低，可以最大化地激活参与者的积极性，让更多人自发地去转发、扩散。在整个过程中，这款蓝色口罩，就作为流行符号保证了话题的醒目性与连贯性。

调戏对手，用话题来“碰瓷”

在品牌营销的历史上，有很多同品类的品牌，从一开始就是势不两立的对手，比如：肯德基与麦当劳，可口可乐与百事可乐。它们在市场上兵刃相向，寸土不让，非要争个胜负。但是，在做广告创意的时候，它们却经常换上另外一副面孔，反而会故意向对方“示好”。挑起话题，为的是制造出更多的互动。比如，宝马和奔驰、加多宝和王老吉，曾经的敌人，突然以一种相互“调戏”的暧昧状态出现在公众的面前，让人大跌眼镜的同时，也博得了大量关注。

▶ 案例 6-9 可口可乐 vs 百事可乐

可口可乐和百事可乐之争，差不多持续了一个世纪。我们通过下面几则广告来看一下，它们是怎样互相调戏的。第一则是在万圣节期间，百事可乐先发制人，讽刺可口可乐，说它的红色瓶身，就像是红色的披风，只是一个“装神弄鬼的道具”。没想到，

可口可乐竟然用同样的这张图给怼了回去，文案说的是“每个平凡人都渴望当英雄！”，意思是指百事可乐自己更渴望成为红色的那个（也就是可口可乐），可以说是借力打力的典范了。

再来看这两张：左边这一张，同样的两根吸管，碰到红罐（可口可乐）的那一根，竟然分裂成两手撑在外面，就是不愿意伸进罐里面去，可见有多么抗拒。右边的广告中，有两台自动贩卖机，卖百事可乐的那一台，前方的地面都已经被顾客踩出明显的坑来，相比之下，右边可口可乐的机器前面干干净净，这无非就是说：可口可乐的味道不怎么样，根本无人问津。显然，这两则广告的发布者都是百事可乐。

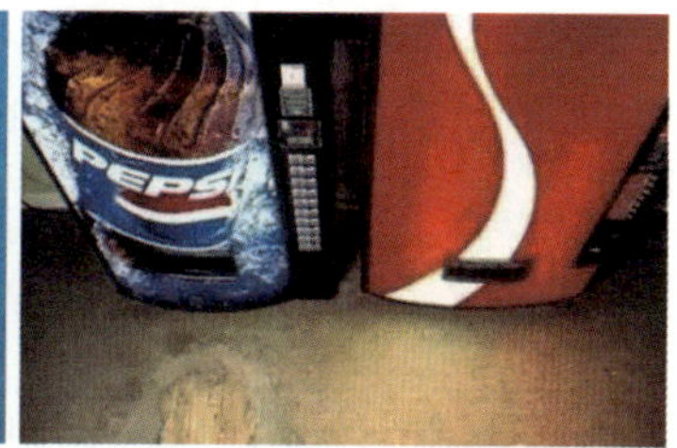

这真是一对欢喜冤家，就连贬低对方的语气，都透出一股打情骂俏的味道。看来它们实在是了解营销的真谛：没有话题，就没有关注。

▶ 案例 6–10　ofo小黄车 vs 摩拜单车

摩拜（mobike）一周年的那天，ofo 小黄车发布了一张生日祝福的海报，写着："在没有你的那一年里，我很孤单。"它的意图就是要表明：自己才是共享单车模式的首创者，突出了自己的领导地位，同时也向消费者暗示"摩拜只是一个模仿者而已"。当然，摩拜也不甘示弱，马上发布了反击海报，在感谢祝福的同时，强调了自己才是城市里的共享单车，拥有更好的用户基础，并讽刺了 ofo 的机械锁存在弊端。两个品牌的这种隔空喊话，自然为的是引起消费者的关注。

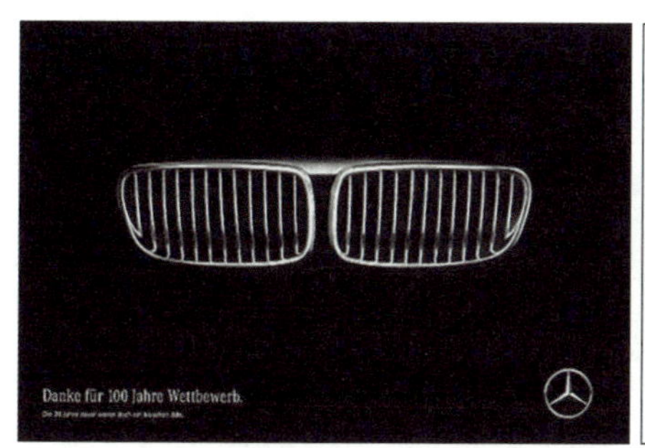

如果往前追溯，这种对话，其实在奔驰和宝马的身上早已发生过。在宝马 100 周年生日的那一年，奔驰曾经发布过一则广告表示祝贺，文案是这样说的：“感谢 100 年来的竞争，没有你的那 30 年，其实感觉很无聊。”这就是要让消费者明白，奔驰才是真正的老大哥。而宝马的反击广告指出“我生君已老”，虽然它的创立时间晚于奔驰，但世界属于充满创造力的新生代！

▶ 案例 6-11　杜蕾斯 vs 13个品牌

我国的广告法规定，不能对其他品牌进行任何形式的贬低，但是并没有规定说不能互相感谢。于是，在感恩节期间，杜蕾斯率先写了 13 封“感恩情书”，一口气向包括绿箭口香糖、Jeep 越野车、德芙巧克力在内的多个品牌致谢，再次成功地制造了一波热搜。

作为成人用品，安全套广告的创意尺度一直较难把握，而杜蕾斯的高明之处，就在于它经常能找到一种含蓄又生动的方法，来巧妙地化解话题的尴尬。这次它凭借机智的文案，居然和那么多本来没什么交集的品牌，都扯上了关系。当然，那些品牌也都明白，被“小杜杜”点名就是流量的保证，这种热点，不蹭太浪费。所以它们在官微上也欣然做出回应，并发布了各自的致谢海报。而杜蕾斯，无疑在这个过程中成了最大的赢家。

KOL代言，人人有机会当网红

在今天的网络和社交媒体上，还有一种常用的营销手段，那就是将多位有影响力的人物汇聚在一起，共同为某个品牌站台。这些代表人物，就是常说的KOL（Key Opinion Leader，关键意见领袖）。在营销学上，他们的定义是：拥有更多、更准确的产品信息，且为相关群体所接受或信任，并对该群体的购买行为有较大影响力的人。现在活跃在网络上的很多微博红人、微商达人、抖音高手，都可以归为此类。他们中的每一位，不管是真人还是"人设"，都有着鲜明的个性、形象或观点，拥有一大批忠实粉丝。当他们汇聚在一起，就能形成更广泛的影响力。

▶ 案例 6-12 苹果 Think Different

苹果公司的广告就非常信奉名人的号召力。1997 年，重返苹果的乔布斯，推出了这套经典的系列广告"Think Different"（非同凡想），其中就集结了 17 位不同领域的卓越人物，包括猫王、甘地、爱因斯坦、毕加索和鲍勃·迪伦等。广告的文案这样说道："这些在别人眼里的疯子，却是我们眼里的天才。因为只有那些疯狂到以为自己能够改变世界的人，才能真正地改变世界。"借着向这些特立独行的人物致敬，苹果再次传递了自己的价值观，吸粉无数。

大家如今经常看到的、以九宫格形式发布的微信朋友圈海报，和苹果的思路很类似。这类广告，通常是为企业新品的发布会或者行业论坛做推广，9 张图片中，分别会采用 9 位大咖或 KOL 的照片，每个人的头像旁边再加上一句个人观点。这些海报的版式调性非常一致，在传播时就会形成系列感。

案例 6-13 优信二手车

优信二手车在刚登陆市场的时候，就曾经采用集体代言人的策略。它邀请了十多位影视和运动明星同时出镜，阵容堪称豪华。每一位明星都有自己特定的粉丝群体，当不同的明星集中出现在同一个广告中时，它所能够覆盖的人群基数也就变得更大了。此举也体现了优信面向大众市场的定位，并传递出一个信息：每个人都可以找到心仪之车，因为这里有足够丰富的车源。

案例 6-14 摩拜单车

集体代言的广告，还可以借助动漫人物来营造特别的戏剧性。摩拜单车为了呼吁人们“文明停车”，借助漫威电影热点，发布了一组海报。凭借深入人心的超级英雄形象和朗朗上口的宣传文案，摩拜仅用半天就完成了一次吉尼斯世界纪录的挑战——单一活动收到最多数量的宣誓。“正义联盟，摩范停车”，为品牌树立了一个积极正面的公益形象。

高明的模仿，别样的致敬

我们反对单调乏味的模仿，因为它只能满足一时的关注，而无法形成长久的风格，但是，如果你是故意模仿，并且明摆着就是为了让别人看出来的，那就另当别论了。

就好比人人都知道苹果是一个伟大的品牌，它的广告已经形成了鲜明的自我风格，这时候如果有另一个手机品牌去模仿它的话，就会让人觉得是东施效颦。

但是，如果模仿它的是一款风马牛不相及的零食辣条，市场的反应就又可能不一样了。

我说的这款辣条，大家一定不陌生，对，就是卫龙辣条。它采取的策略就是“傍大款”，踩在苹果这个巨人的肩上去借势。在广告上，它故意朝苹果的画风靠拢，从版式、产品照到文案的语气，都进行了模仿。有意思的是，消费者居然没那么反感，大家都直接认出了这就是模仿，不仅不会批评它，反而还觉得很好玩，并对此展开了热烈的讨论。因为他们没想到，一个只卖几块钱的零食，居然会去跟价格上万元的科技产品“套近乎”。这个事情，就有一种以小博大，或自不量力的幽默感在里面了。在我看来，卫龙辣条的这种模仿，就不算常规意义上的抄袭，而是一种再创作。

以上我们解读了五种经典的创意样板：大字报、视觉锤、调戏对手、KOL 代言，也看到了如今的各种刷屏广告，或多或少

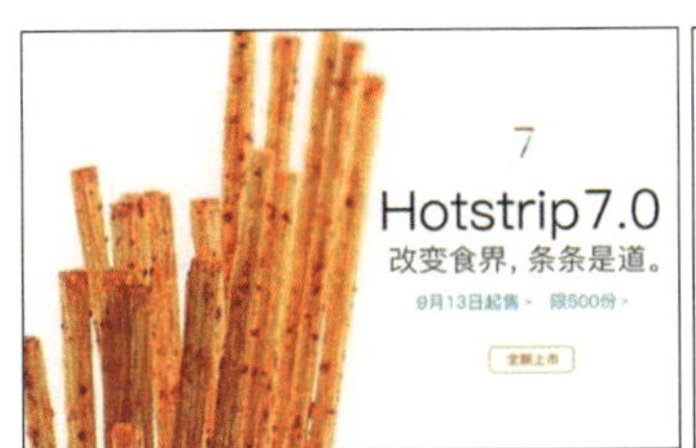

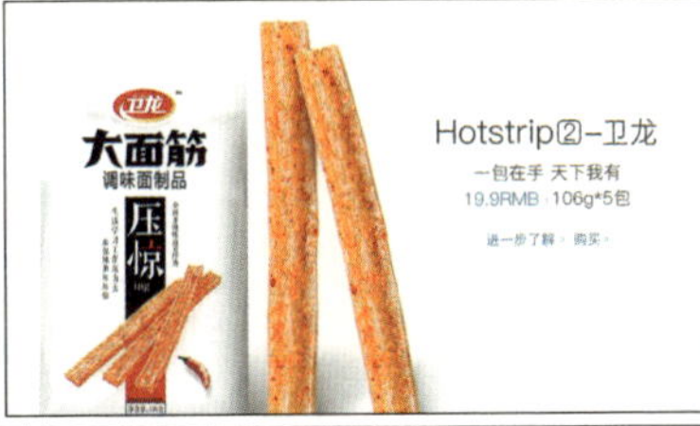

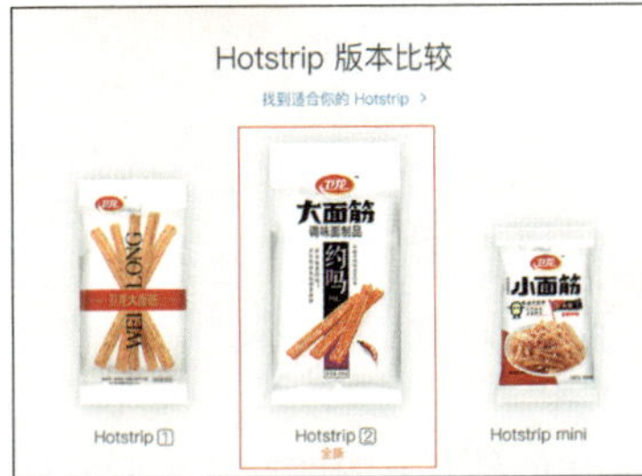

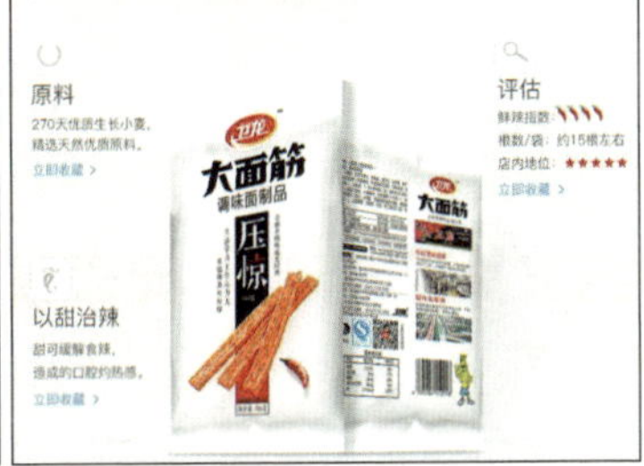

都有对这些传统形式的传承。过去的那些广告，之所以拥有穿越时间的魅力，是因为它们对人性与广告受众的心理，已经做了深刻的挖掘与研究。无论广告的形式如何变化，内容的核心思维不会过时。这对当下的创作者依然具有借鉴的价值。

纯文案广告的经典表现技巧

▼

在正常的情况下，一则广告是由文案加上图像这两个元素所组成。但是，大家在构思创意的时候，经常会为这样的问题而发愁：想到了一句好文案，却怎么也找不到合适的画面，不知道该怎么去配图。

其实，如果你的文字够强，也不一定非要再加上一个画面，也可以围绕文字本身去表达创意。广告内容的确是要文案加上视觉，但没有人规定，这个视觉只能是图案，它也可以由文字来创造。而且，如果广告版面上只有单纯文字的话，视觉效果可能会更加突出。

我在 Saatchi&Saatchi（盛世长城国际广告）工作期间，当时的老板 Peter Soh（苏秋萍）先生，经常会在策划会上问一些奇怪的问题。比如说，我在策划汽车广告的时候，一般画面里都会放一部车，但是他会问：画面里可不可以不用车，还能表达同样的意思？如果我在做一个酒的广告，当我递交的广告画面含有酒瓶或酒杯的时候，他又会问我：可不可以不放酒，而不改变画面的含义？如果我的广告中出现了两个人，他会问：可不可以只用一个人？我回去想了许久，终于将主角改成了只有一个人，想这回他总该满意了吧。没想到，他又会问：那么，可不可以，不用人？

可不可以不用人？这是一种将思维推向极致的方法。今天回想起来，这个方法其实非常有意义，它可以让我们挣脱传统思维的枷锁，尽情地放开去想，最后的成果往往会超出期待。它让我们相信，在创意当中，没有什么不可能。

虽然我是一个文案创意人，但我从来不会忽略视觉的重要性。经验告诉我，学会处理文字与视觉的主次关系，并合理地分配两者的力量，将会影响到广告最后的成品效果。

像这张汉高洗衣粉的广告，文字游戏足够有趣，就无须过多的设计美化。广告用了一句正反皆可读的文案，正着念是：“包不褪色（我们的保证）”，反过来是“色褪不包（他们的保证）”。既强调产品对衣物的功能承诺，也巧妙地贬低了它的竞争对手。

“没有老师，你就读不懂这句话。”在这张公益广告中，文案直白却发人深省。背景中的黑板和粉笔，也间接地补充传达了“尊师重教”的信息。这时，如果还要再加上“师生在教室里上课”之类的实景图片，就属于重复的元素，对主题造成干扰，显得画蛇添足了。

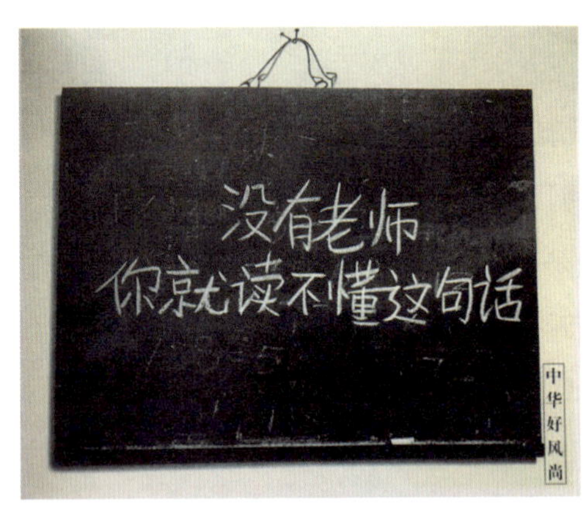

广告中，什么时候该用文案，什么时候又可以完全不用文案？文案与画面的比例应该如何分配？这就取决于我们对创意内容的整体理解与把控。接下来，我们先来介绍一下“纯文案广告”都有哪些创作的技巧与规律。

技巧一：文案，就是“说话”

媒体上平时刊登的大多数是书面语言，如果突然出现了一种口语化的文字，就会非常抓人眼球。很多文字类广告用的这种形式的创意：将原汁原味的、生活化的语言提炼出来，让它直接作为画面的主视觉。这样的句子跟周围的其他信息相比，就形成了一种“突兀”的感觉，自然就产生了视觉冲击力。而且，也会为广告增加一种亲切感。想象一下，如果一个销售员用拉家常的形式向你推销商品，是不是会让交流的气氛变得更加融洽？

场景感：就像面对面聊天

▶ 案例 6-15　戴比尔斯钻石

这是一则钻石的广告，画面中直接使用了一句来自妻子的贴心问候：“亲爱的，你跟兄弟们在看球的时候，需要多点啤酒和三明治吗？”一位温柔贤惠的妻子的形象是不是跃然纸上？通常男士带朋友到家里看球的时候，总是会把家里弄得乱糟糟的，妻子也会因为感到被冷落而闷闷不乐。而这位妻子如此善解人意的态度，是

从哪里来的呢？答案就是：De Beers（戴比尔斯）的钻石耳钉。这则广告，用生活化的语言营造出家庭中的常见场景，目的就是明白无误地告诉广大“直男”顾客：送钻石给太太吧，她高兴了，你的日子才会好过。

▶ 案例 6-16 玉兰油

再来看这则玉兰油抗衰老美容霜的广告，白色背景上只放了一句话：“不不不，他是我儿子。”玉兰油的瓶子，被设计成了引号，巧妙地融入到广告主体中。这句话为我们营造出一个场景：一位驻颜有术、长相年轻的母亲似乎正在向别人解释，因为当她和儿子一起上街的时候，一不小心就会被人误会成情侣。如果你使用玉兰油，也可能会碰上这种美丽的误会，想不想试一下呢？

“不不不，他是我儿子”

▶ 案例 6–17 耐克

这则耐克的户外广告，没有任何热血澎湃的赛事画面，但是它却比其他很多广告更能激起人们的运动激情。白底黑字一句话——“昨天，你还说明天”，似乎已经看穿了你的拖延症，是的，上次制订的运动计划，你还打算拖到什么时候？此时不动，更待何时？ Just do it，耐克的运动精神始终挺你。

▶ 案例 6–18 公益广告

这 3 张广告，看上去都是在求救，其实也是在用“喊叫”的方式吸引你的注意。画面下方的文案故意设计得很小，要等你凑近细看的时候，才看得清内容。它是这样写的：“现在您会凑过来看了，但若真的有人求救，您是否会伸出援助之手呢？救死扶伤，本是中华好风尚。”这样的广告，可以说几乎没什么设计，你用 Word 软件都能够排出来，但它的创意又极具张力，让人无法视而不见。

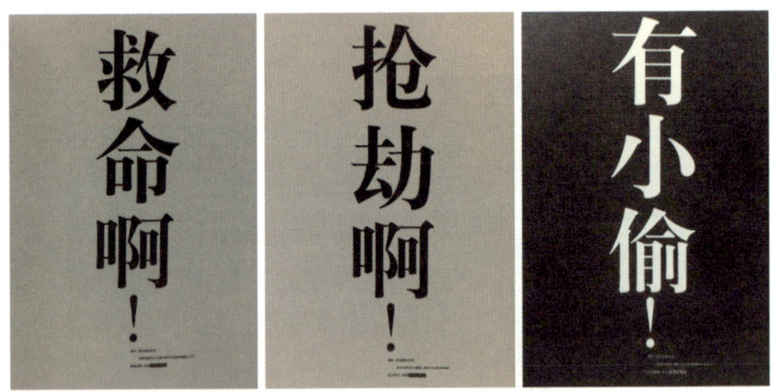

代入感：换种身份感受

职业文案有时就像个演员，需要有一种分裂自我的娱乐精神。在广告中，你所表达的，并不是那个真实生活中的自己，而是品牌赋予你的角色。这个角色，随时可能切换成男女老幼，你需要把自己代入到某个角色中，模仿某个人物去说话。

案例 6-19

新加坡教会
——上帝是个段子手

文案需要模仿各种人物的语气，甚至可以包括看不见的上帝。新加坡教会为了宣传“神的存在”，曾联合推出过一组特别的创意，以上帝的口吻跟公众对话。在这套纯文案广告里，上帝不再高高在上，而是变成了一个暖男——“上街请记得带伞，也许今天我要浇灌花草和树木”，“酒后别开车，我知道你还不想见我”，“世界末日？还不到时候呢，除非我宣布的才算”，“我当然有幽默感，我不是为你们创造了鸭嘴兽吗？”文案的口吻，简直比邻家大哥还要亲切，让人觉得上帝似乎就在身边，不再遥不可及。

It's not the end of the world.
Not until I say so, anyway. --- God

幽默感：用笑声卸下心理防线

有统计表明，在所有的广告形式中，幽默广告是最受欢迎的。因为它能轻易地穿透受众对广告的抗拒心理，让他们在轻松的气氛中接收品牌的信息。

▶ 案例 6-20 知乎

知乎的这套广告，它的标题用的是典型的无厘头式语言，有点莫名其妙，却能吸引人多看几眼。比如它说“这是一条适合凌晨两点看的广告”，就很能引发人们的好奇心，然后你再看下去，它又提出了一个问题：“22：00~6：00睡觉，真的比2：00~10：00睡觉更健康吗？”这时你才明白，哦，原来广告要说的是关于睡眠时间的话题：想了解更多学问，需要上知乎。这种幽默感，还被应用在广告的其他细节上，比如它在画面左下角本应该放二维码的地方，偏偏不放二维码，却加了一句话“有扫二维码的工夫，该搜的你都搜到了”，意思就是让你直接去知乎搜索就好了，体现了知乎的自信。

▶ 案例 6-21 UCC咖啡

看到下面的这几句话，是不是感觉扎心了？这是日本 UCC（悠诗诗）咖啡推出的一次营销活动“大人的腹黑语录”，看似平常的对话，甚至还带着那么点负能量，却因为它的真实，引发了无数上班族的共鸣，让人在自嘲的同时还忍不住想要多看几句。活动一经推出，就在网上得到了迅速传播，从腹黑语录联想到黑咖啡，让 UCC 品牌在消费者心里掀起了一阵“黑色飓风”。

技巧二：文案，就是“画面”

只要你发挥想象，文案主导的创意形式其实多种多样。除了用聊天的方式写文案，你还可以用文字描绘一个场景，或者将文字当成图形来设计。

文字即画面——广告像在眼前上演

▶ 案例 6-22 杜蕾斯《春日诗集》

我们都知道，杜蕾斯很擅长用自己的产品来追热点，但是，它在 2018 年发布的一组广告却画风突变：不出产品、不追热点，也没有所谓的激情画面，只有几句现代诗。当我们读完以后，才发现，这些看似朴素的文字，远比那些热辣的画面更惹人联想，这才是最销魂的情话。不妨这样理解，这份《春日诗集》，其实

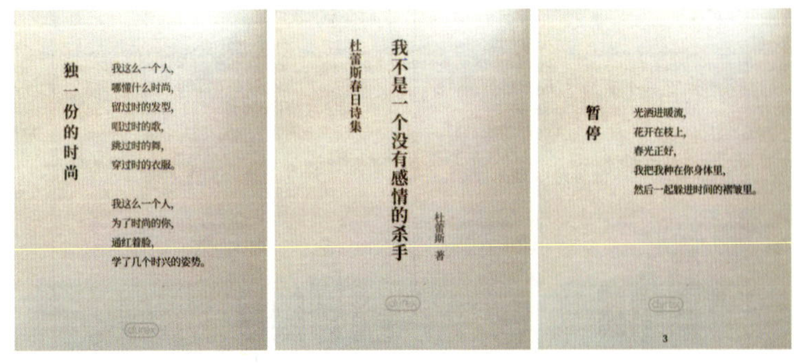

就是借助诗句的外壳，美化了杜蕾斯的使用场景与用户体验。

▶ 案例 6-23 天津洗衣粉

乍一看，我们可能还以为这是一段体操比赛的直播解说，但实际上，它只是一则洗衣粉的广告。由于品牌方赞助了世界体操锦标赛，于是，文案就借助体操动作中的专业术语，来形容衣服洗涤时的场景。不用图片，却让人犹如亲眼所见。

文字即图形——汉字快被“玩坏了”

▶ 案例 6-24 洁牙线

我们可以通过对字体的再设计，来直观地传递创意。因为汉字由象形文字演化而来，作为对释义的高度概括，它本身就是一个图形。在这张洁牙线的广告中，没有出现任何牙齿口腔的照片，聪明地避开了画面处理的技术难度，而是让“齿”字直接成了最核心的图形。它想突出的是，用牙线可以清洁牙缝中的残留食物，于是广告让一条细细的绿线在“齿”字的空隙中自如穿梭，既传递了深度清洁的产品优点，又让广告显得耐人寻味。

▶ 案例 6-25　脱毛器

这套脱毛器的海报，在视觉上异常抢眼。它选用“女、手、足”这三个汉字，并将其撑满了整个画面。三个字的相应部位，被添上了拟人化的毛发，显得十分不雅，进而强化了广告的主题：过于浓密的体毛会严重影响个人形象，你需要及时清理它们，让自己的外表更得体。

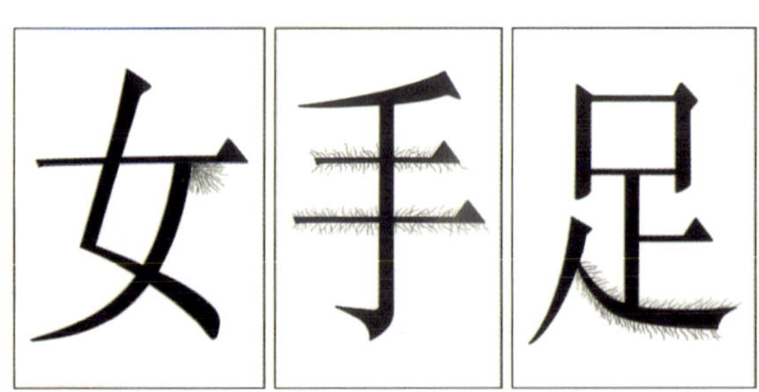

▶ 案例 6-26　禁酒广告

这套禁酒主题的公益广告，也是将文字当成视觉元素来设计的典型。它为了劝导公众“不要过量饮酒，更不要酒后驾车”，将酗酒的后果直接做了视觉化表现。画面中的文案，采用了模糊与叠影的效果，模拟成人们在喝醉以后所看到的样子。当读者看到这些真的会感觉头晕目眩，从而起到更为直观的警醒作用。

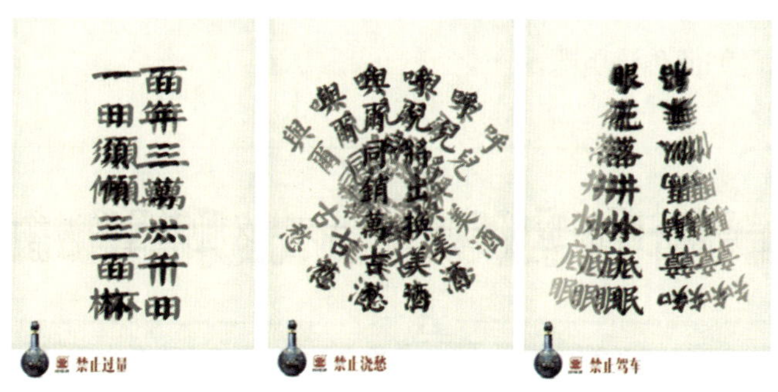

技巧三：文案，就是“声音”

与视频、广播广告等相比，平面广告具有天生的弱势，因为它只有文字和图像，既没有视频广告中动态效果的冲击力，又缺少音频广告中各种音效的辅助。不过，文字的想象空间是无穷的，平面广告中的文案，也可以模拟各种自然界的象声词，来表现与产品相关的各种特性，让人忍不住读出来。

▶ 案例 6–27 伊利牛奶

伊利牛奶广告，充分发挥了象声词的趣味。“嘎嘣嘎嘣、咔嚓咔嚓、哎呦哎呦”，这是什么声音？如果你的骨质缺乏营养，当你运动的时候，身体就有可能发出“警报”。伊利告诉你，一天一包纯牛奶，你的骨骼一辈子也不会发出这种声音。再看另一张，“咕咚咕咚、呼噜呼噜、滋溜滋溜”，这又是什么声音呢？这是喝牛奶时喉咙里发出的倍感享受的声音，不管怎么喝，伊利牛奶总是如此香浓美味。

▶ 案例 6–28 保列治

这是保列治的药品广告。针对患有前列腺病症的男士群体，广告标题用了放大的象声词“嘘……嘘……嘘”“叶……叶……啪”，来模拟嘘尿和尿胀的感觉，直接唤起目标人群的注意。粗大的黑体字，占到了 1/3 的画面，强化了症状给患者所带来的痛苦。

▶ 案例 6–29　芝麻信用

芝麻信用的广告，模拟说话结巴的语气，将文案标题中的动词重复了多次，从而强化了“排队、付押金、交材料”等审核程序的烦琐。这套广告的版式属于长条形，篇幅特别长，因此引起过不少争议，有业内人士觉得这种创意纯属哗众取宠。不过我倒不这么想，因为这批广告的主要发布媒体是人潮汹涌的地铁通道，在那种环境下，如果创意形式不够抢眼，是没有机会让受众关注的。只要有利于表现营销主题，在创意形式上，适当的“哗众取宠”是可取的。

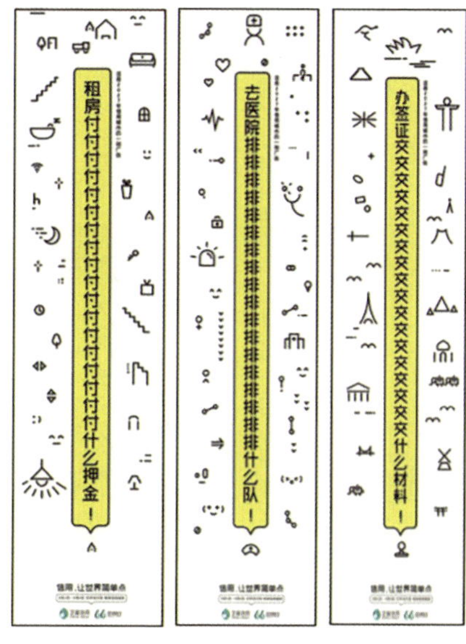

通过以上内容，我们分享了许多纯文案广告的案例，可以看到，文案的创意，并不一定只有写出“金句”这一条路可走。我们也可以玩出很多视觉系、听觉系的花样，让文字的魅力大于文字本身。

纯视觉广告的经典表现技巧

在上一节，我们介绍了很多纯文案的广告创意，大家听完以后可能会有两种反应：从事文案工作的同学会很得意，以后不用再看设计师的脸色了，我们单用文字，就可以做出很有趣的广告创意了；而很多做设计的同学，心理可能就会不平衡了——有没有只有画面、不需要文字的广告呢，不然的话，那些文案老是想出纯文字的广告，我们岂不是没活干了？

设计师们大可放心。纯画面的广告，比纯文案的应用范围更广，而且它的趣味度与想象空间更大。但是，纯画面的广告并不意味着只有设计才能发想，它同样需要文案的参与。你在构思画面的时候，一开始肯定不是单纯地去发想画面，而是先把创意源头的那套沟通逻辑给想清楚了。这个部分所需要的思维方式，跟文案写作之前所需要的是一样的。所以，不管是文案还是设计，都可以构思出很优秀的纯画面广告，因为两者背后的思考是相通的。

在一则广告中，当画面传递的信息量足够多，文案可以越少越好。如果你的创意能一个字都不用，那说明你的右脑思维很发达。人的大脑有左右之分，左脑善于处理连续的、线性的、语言类的信息，而右脑擅长处理平行的信息，善于用图像、视觉化思考，来纵观全局。常规的文案创作，用的是左脑思维；而视觉化的创意，就需要动用右脑了。如果想提升右脑的思考力，就要在你进行发想的时候，多用图像类的载体作为创意的表达，比如插画、卡通、摄影、图片等等。与文字相比，图像能够更深刻地触动受众的想象与情感，我们经常说的“一图胜千言”，就是这个意思。

关于纯画面广告的创作方法，可能因为它的过程太过抽象，又因为侧重于执行端的技巧，而极少有前人愿意去归纳提炼。但在实际的创意工作中，它又是一个无法回避的命题。为了帮助大家更好地学习应用，我尝试回顾了个人的创作经验，总结出 3 种最常用的思考方法。这三个方法分别是：1. 利用公共符号；2. 让产品做英雄；3. 给大家猜个谜。

技巧一：利用公共符号，让地球人都知道

如果一则广告不用文案也能让你看懂，很有可能就是因为它说了一件大家都知道的事情，所以，也就没有必要再用文案去做多余的补充或解释。

公共符号，就是这么一个“大家都知道”的东西，我对它的

定义是：地球人都知道的、公认的意义符号，类似：红绿灯、交通标志、红十字、洗手间标志、Wi-Fi 信号、电子产品开关（ON/OFF）等。这些符号，具有唯一的意义指向性，谁都明白它是什么意思，而不会产生其他歧义的联想，而且它可以跨越语言和国界，让不同地区的人看懂。如果我们在创意中善于运用这类公共符号，来直观地表达产品的特征与卖点，就可以省略文字。以下这几个案例很好地证明了这一点。

▶ 案例 6-30　麦当劳

这个广告想告诉大家的是：麦当劳餐厅，现在可以无线上网了。它用了一个众所周知的公共符号——Wi-Fi 的那个扇形标志。别出心裁的是，这个 Wi-Fi 是用几根薯条拼成的。这样一来，既向消费者传达了信息，又突出了麦当劳的食物特点。

▶ 案例 6-31　高露洁牙膏

这是一则令人意想不到的牙膏广告。画面摆了一盒水彩颜料，初看并没什么异常之处，但是似乎又有点地方不对劲。再仔细一看，原来，盒子的最右侧本该放白色颜料的地方，竟然被换成了一支比普通颜料大一号的牙膏。广告利用我们对于“白色颜料”这个公共符号的认知，直接制造了一个类比：这支高露洁牙膏的效果，就跟纯正的颜料一样，保证让你的牙齿更亮白。

▶ 案例 6-32 玉兰油眼霜

同样的道理，我们再来看这张玉兰油的广告。它要推广的是一款“祛除黑眼圈”功能的眼霜。我们都知道“黑眼圈”是大熊猫的鲜明特征（公共符号），但是在广告里却惊讶地发现，熊猫脸部的黑眼圈居然神奇地消失了！连大熊猫的黑眼圈都能去掉，你的那点黑眼圈又岂在话下呢？于是，这支眼霜的效果也就不言自明了。

▶ 案例 6-33　纤体饮料

月历也是大家司空见惯的一个公共符号，在常规认知中，每天的日期数字应该是同等粗细和大小的。但是，我们却发现，广告中的这张月历有点特别，从 1 号到 31 号，它的字体是越来越细的，直到右下角的产品最终亮相，我们才明白，原来它想强调的是这款低脂饮料，可以每天让你瘦一点，日复一日，纤体效果立等可见。

JANUARY

S	M	T	W	T	F	S
		1	2	3	4	5
6	7	8	9	10	11	12
13	14	15	16	17	18	19
20	21	22	23	24	25	26
27	28	29	30	31	Lose weight day after day.	

▶ 案例 6-34　安全带公益广告

这是一则主张佩戴安全带的公益广告，它的创意点，在于用了一个“生卒年月”的公共符号。“从 ×× 年到 ×× 年”，这个句式通常代表着生命起始与终结的年份。广告画面中，安全带正巧遮住了 T 恤上的第二个年份数字，这意味着：如果及时地系上安全带，就能阻止他走向生命结束的那一年。创意的良苦用心，让读者在恍然大悟之时，欣然接受了安全警告。

技巧二：摆平一切，让产品做英雄

纯画面创意的第二种方法是，围绕产品本身做文章，让它成为有能力摆平各种问题的“英雄”。我们可以将产品放大、缩小、改变原有的特性、增加一些部件，或者让它出现在某种特殊的场景中。总之，要对它做一些出乎意料的改变，吸引人们的注意。

▶ 案例 6-35　百事MAX饮料

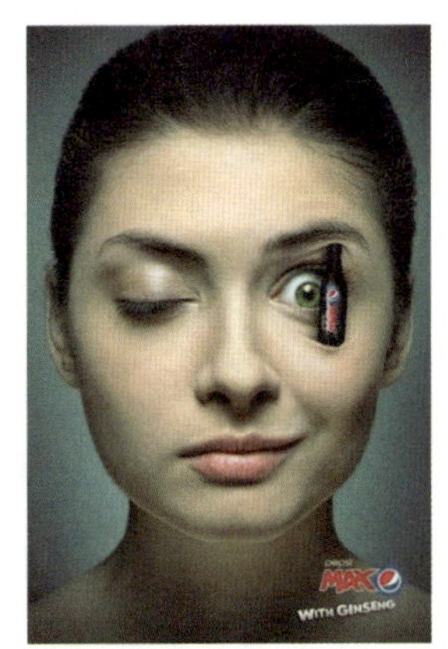

这是一则百事 MAX 饮料的广告，它所富含的营养成分，能够让饮用者快速地振奋精神。在广告中，深色饮料瓶，居然缩成一枚牙签的大小，硬生生地撑开了女孩的眼皮，而另外一只眼睛显然还处于熟睡中。略带惊悚的画面，夸张地表现了 MAX 驱赶瞌睡虫的强大能力，让你再现活力。

▶ 案例 6-36　TABASCO辣椒酱

这则辣椒酱广告，采用了通感的创作手法。画面中，手指夹着的那根香烟，居然两头都被点着了，这个时候，如果对着正在燃烧的烟嘴抽上一口，那该有多刺激！对，这就好像这款辣椒酱的滋味，足以烫焦你的嘴唇，辣爆你的舌头。

▶ 案例 6-37 百事瘦身可乐

这又是百事可乐的广告，不过这次的主题是“瘦身”。从前的猫抓老鼠，只要老鼠一进洞，猫就无计可施了，因为它的身材根本钻不进去。但现在，因为它喝了这款瘦身可乐，变得更苗条了，干脆就直接钻进洞里去抓老鼠。画面中，洞口的半截猫尾巴，巧妙地将读者的视线引导到右侧的易拉罐上，这只被丢弃的空罐子显然已经被喝得一滴不剩，可见它的美味连猫咪都无法抗拒。整个广告不着一字，易拉罐上的“Diet Pepsi”（瘦身百事可乐）透露了背后的秘密。

▶ 案例 6-38 CURTIS水果茶

在这张水果茶的广告中，为了突出新鲜又地道的果味，居然直接将整只柠檬变成了栩栩如生的茶杯。让人不由得想象，就连杯子上方蒸腾的热气，会不会也充满了“酸爽”？杯子边缘所挂着的黄色标签，提醒我们，享受如此美味，只需要一包袋泡茶。

▶ 案例 6-39　联邦快递

联邦快递的广告，将“交付的一瞬间”进行了夸张的表达，让它高效传输的优势变得直观可见。画面背景用了一张世界地图，凸显出两大洲之间的快件传递，就像是楼上到楼下送个东西那么方便，真正地实现了“天涯若比邻”。

▶ 案例 6-40　薇姿防晒霜

防晒霜的功能，不需要过多的语言赘述，因此它的广告，只要一个巨大的“阴影”就够了。无论是在沙滩还是泳池，你都可

以无惧烈日，放心玩耍，因为，有这款防晒霜为你直接挡住阳光，就好像“大树底下好乘凉”。

技巧三：猜谜创意法，投入才有趣

纯画面广告的第三种创意手法，看上去会略显含蓄，有点令人费解，但同时也会让人觉得最有趣味。很多得奖广告用的正是这种方法，我称其为猜谜创意法。

我们知道，一则谜语分为两个部分：谜面和谜底。这里的广告创意同样也是由两部分所构成：广告的画面就是谜面，而商品本身就是谜底。广告先用一个奇怪的画面作为谜面（问题）引发你的猜测，然后再用这个品牌的logo或者商品功能，来告诉你谜底（也就是答案），让你犹如参与了一次解谜的过程。

需要注意的是，这样的广告创意形式，一般适用于比较成熟的品牌，或者当消费者对这个产品的利益点和功能已经熟悉了，才可以这样玩。它能够让消费者在参与猜谜的过程中，对品牌产生更深层的体验。如果广告的主角，是一个全新的品牌或者服务，这个时候，首要任务还是要先讲清楚“你是谁”，就不一定适合采用这种拐弯抹角的创意了。这一点，我们在介绍创意迷宫的理论时已经有所提及。

这类的广告创意，还有一个明显的共同特征，就是它的构图方式都很接近。为此，我做了两张图片方便大家理解：第一张图，画面中央是谜面，画面的右下角，就等于是一个谜底（品牌 logo 或者商品图片）。第二张图，可以跟第一张对照着来看，谜面的位置替换成了问题，意思就是，在这个区域，可以提出一个问题或制造一种意想不到的场景；在画面的右下角，谜底的位置被替换成了答案，意思就是，用产品或者品牌来给出答案。是不是很简单？我们来看下面的这几个案例，用的都是类似的构图。

（谜面） （谜底）logo/产品	（问题） （答案）

▶ 案例 6-41　健齿口香糖

在画面中央，我们看到令人感到疑惑的谜面：一把金属调羹，居然已经被咬碎了！这是什么原因造成的呢？视线移到右下角，答案揭晓：原来嚼了 Extra（益达）健齿口香糖，让你拥有一嘴好牙，不怕任何硬家伙。

▶ 案例 6-42 杀虫剂

再来看这一张，画面的中央引发读者好奇：门旁的地面上，居然有一只蜘蛛侠的手，谁这么厉害，把飞檐走壁的蜘蛛侠也给放倒了？谜底就在右下角，原来是个杀虫剂的广告，品牌还玩了一个黑色幽默——看来这款产品的效果有点好得过头，居然把蜘蛛侠都给误伤了。

▶ 案例 6-43 无糖棒棒糖

再来看一则棒棒糖的广告。我们知道，蚂蚁只要闻到一丁点糖的气味就会马上聚集过去。但在这张广告的“谜面”中，一群蚂蚁居然从糖的旁边绕道而行，这可真是破天荒头一遭。是什么原因让蚂蚁对糖果敬而远之？右下角的谜底揭开：原来这是一支无糖棒棒糖。喜欢甜食又担心摄糖量过高的人，也可以放心品尝了。

▶ 案例 6-44 碧浪洗衣粉

在这则案例中，广告的谜面是：在一个狭窄而油腻的厨房里，居然还有人穿着全套的白色西装，神态自若地烧菜，到底是谁给了他如此大的勇气？画面右下角，一包绿色的碧浪洗衣粉，为你揭开了谜底：不用担心，再脏的衣服也可以交给它来清洗，肯定还你一个整洁如新。

▶ 案例 6-45 高钙牛奶

这则广告的谜面，是一只造型怪异的玻璃杯，杯身上居然有 5 个深深的凹陷，感觉就像 5 根手指印。你可能会想，这是不是给杯子做

广告？然而，画面右下角的牛奶品牌 logo、杯中残存的牛奶痕迹，很快就推翻了你的猜测，原来，这是一则营养牛奶的推广，它要表达的是：多喝牛奶，能增强你的体能，一不小心可能就把杯子给捏烂了。

以上就是纯图像广告的 3 种创意方法。这里提到的案例，虽然几乎都没用什么文案，但是它们背后的思考逻辑，却跟文案的创作是一脉相承的。视觉思考不是设计师的特权，作为一个文案，完全可以将文字和画面元素同步结合，双管齐下，激发了更多的创意可能。